青听——倾听青少年内心最真实的声音

谢 京 主编

知识产权出版社
全国百佳图书出版单位
—北 京—

图书在版编目（CIP）数据

青听：倾听青少年内心最真实的声音 / 谢京主编 . —北京：知识产权出版社，2020.10（2022.8 重印）

ISBN 978-7-5130-6592-4

Ⅰ . ①青… Ⅱ . ①谢… Ⅲ . ①青少年—心理健康—健康教育 Ⅳ . ① G444

中国版本图书馆 CIP 数据核字（2019）第 252023 号

内容提要

本书整理了北京市东城区阳光社区矫正中心的心理咨询案例，记述了一些青少年在青春期出现的心理问题及解决方案。本书的诸多案例从多个角度分析了青少年在成长过程中产生的心理问题，探讨了父母、师长、亲属等应如何应对这些问题，为青少年的健康成长保驾护航。

本书适合广大教育工作者、家长、学生等阅读，尤其推荐给教育工作者。

责任编辑：李　娟　　　　**责任印制**：孙婷婷

青听——倾听青少年内心最真实的声音

QINGTING——QINGTING QINGSHAONIAN NEIXIN ZUIZHENSHI DE SHENGYIN

谢　京　主编

出版发行：知识产权出版社有限责任公司	**网　　址**：http：//www.ipph.cn
电　　话：010–82004826	http：//www.laichushu.com
社　　址：北京市海淀区气象路 50 号院	**邮　　编**：100081
责编电话：010–82000860 转 8689	**责编邮箱**：laichushu@cnipr.com
发行电话：010-82000860 转 8101	**发行传真**：010-82000893
印　　刷：北京中献拓方科技发展有限公司	**经　　销**：新华书店、各大网上书店及相关专业书店
开　　本：787mm × 1000mm　1/16	**印　　张**：20
版　　次：2020 年 10 月第 1 版	**印　　次**：2022 年 8 月第 2 次印刷
字　　数：288 千字	**定　　价**：68.00 元

ISBN 978-7-5130-6592-4

本书编委会

（排名不分先后）

主　编　谢　京

编委会　程燕予　贺　昕　王　莹

目　录

男人好难（程燕予）…… 1

我要怎么拯救自己（程燕予）…… 18

窃取的片刻宁静（Halen）…… 34

唇之彩（贺　昕）…… 49

影子的舞蹈（贺　昕）…… 67

爱要怎么说出口（李心予）…… 87

恋爱是一座幻灭的城（李心予）…… 102

全优生的烦恼（李　严）…… 120

爸爸妈妈，我是你们生的吗（裴晶莹）…… 136

我不是不想上学（孙常宁）…… 156

我是一个模糊人（孙聿为）…… 175

我是妈妈唯一的指望（王卫华）…… 194
被忽略的孩子（王　曦）…… 209
一张黑色的大网（王　曦）…… 229
我想回家，却找不到回家的路（王　莹）…… 242
我的藏宝箱（许馨月）…… 256
逃学少年的故事（于冬梅）…… 266
失控的世界（游雅如）…… 283
我想长大（周　丽）…… 298

男人好难

程燕予

康康，一个高高大大的18岁男孩，细细长长的眼睛，显得似乎没有睡醒的样子，脸庞白白圆圆，皮肤细腻，甚至有些粉嫩，嘴唇上有一层淡淡的黑色绒毛。刚刚过了十一假期，北京的街道上还有不少姑娘只是穿着连衣裙、薄风衣，而康康已经穿上了一件宽大的黑色潮牌薄棉外套，围着灰色薄羊绒围巾，戴着一顶黑色NY的鸭舌帽，背着双肩包，在门口向心理咨询师微笑点头，随即面无表情地走进心理咨询室。

少年养生

康康坐下之后，并没有喝心理咨询师提前为他准备的热水，也没有脱去外套，而是从双肩包里取出一只保温杯，轻轻啜饮了一口水。

“我叫你老师，还是别的什么？算了，我还是叫你老师吧。毕竟你比我大。我是通过 App 找到你的，主要是看你的照片觉得还顺眼，我看了看价格，也能接受。虽然我现在不挣钱，但是这点钱妈妈不会反对的，关键是要有效果。”

康康很淡然地说完，又喝了一小口热水。

“我觉得自己最近可能出问题了。大概五六个月以前，我有一次拉肚子，然后就好像开始不对劲儿了。第一次拉肚子是在我 18 岁生日后，那次是真的拉肚子，但是不厉害，两三天吧，就不拉了。可是紧接着又感冒了，断断续续地持续了一两个月，刚开始的时候发低烧，后来退烧了，但就是觉得浑身不舒服，要不然胸闷，要不然心慌，有时候又背痛，还出虚汗。上个月刚开学我又开始胃疼，有时候也腰疼，今天早上脖子后面又不舒服，不知道是哪儿有问题。这几个月我去了很多次医院，抽了很多血去做化验，CT 都做两次了，医生只说我有点细菌感染什么的，有时候白细胞高一点，有时候指标又是正常的。但是我觉得自己好像是心理上有点问题，总是担心得了什么绝症，我还这么年轻，可不希望这么早就挂了。妈妈带我去看了中医，中医就说我

康康的情况听起来有些像是“疑病症”，因此需要去精神科专科医院就医，明确医学诊断。在此澄清一下“疑病症”的含义：也叫“疑病性神经症”，是一种心理疾病，主要指患者担心或相信患有一种或多种严重躯体疾病，病人诉躯体症状，反复就医，尽管经反复医学检查显示阴性及医生给予没有相应疾病的医学解释，也不能打消病人的顾虑，常伴有焦虑或抑郁。处于青春期或更年期的患者容易出现一些躯体感觉上的变化和自主神经不稳定的症状，如心悸、潮热、生殖器官的发育或萎缩等，对这类生理现象的不合理认知会促成疑病观念的产生。

是什么阳虚，也没听太明白。反正现在妈妈每天给我熬中药，先喝着吧。我这杯子里也是泡的各种养生保健的东西，也不知道有没用，反正我现在得补着点。”

康康一口气说了好多话，又喝了一口保温杯里的水。

我会不会死

“你觉得我有什么毛病？我还有救吗？其实你不用告诉我，我也知道我有病。我在百度上看了很多，我知道这个叫‘疑病症’。每次一查百度我就特别紧张，但是又忍不住还想查，我就想知道自己到底是不是得了‘疑病症’？学校已经开学一个月了，可是我一直请假没去，我怕一去学校又会哪儿不舒服。我上的学校挺好的，其实本来我从初中开始就经常不去上课，但是我聪明、成绩好啊，所以老师也不怎么管我。可惜中考没考上我最想去的高中，小姨就花钱让我上了现在这个学校的国际部。小姨和妈妈是希望我出国念书的，我也愿意出国，可是现在我这个状态，就是申请上了学校，一个人在国外可怎么办啊？出国了受不了再回来吗？所以我就想，如果做心理咨询能让我好了，就能很快挣好多钱，在国外不舒服我就回来，也不用考虑那么多了。

“唉……

“我还是实话告诉你吧，其实我去过安定医院。他们说我还不到‘疑病症’的程度，就是太焦虑了，他们建议我做心理咨询。可是我不明白我到底为什么这么焦虑。我也没什么可操心的啊！”

心理咨询师有一个大胆的猜测：康康的“疑病症”是不是因为潜意识中害怕离开家而开始“生病”的呢？心理压力大，情绪不好，似乎不能当作不出国的理由，而身体出了问题，那么就可以顺理成章地“不能”出国了。

康康是在18岁生日之后出现身体的各种不适症状，18岁意味着成年，要独立承担责任，生活、学习的压力更大了，这会不会也是焦虑的原因呢？

我喜欢姥爷

“你问我从小是怎么长大的？

“从小到大我都是家里的中心。小姨没结婚，所以家里就我一个孩子。噢，你不问，我还真忘了说，我住在姥爷家。姥姥有三个孩子，妈妈是老大，还有一个舅舅和小姨。我也不知道为什么，舅舅不怎么和家里来往，好像是因为小时候寄养在别人家一段时间，和家人不亲。但是我知道姥爷很早就立了遗嘱，把我们家现在住的房子给了那个舅舅，我也没搞明白为什么。但姥姥和妈妈、小姨她们好像都没说什么，虽然那是大人的事情，但是我觉得挺不公平的。至少对妈妈不公平，怎么说我是这个家的男孩，姥爷又那么喜欢我，总要给我留一份呀，房子难道不应该给妈妈吗？

“我觉得姥爷挺厉害的，他小时候在农村，家里穷，1949 年以前就当兵了，没上过什么学，但是挺能吃苦。好像按照当时的政策，家属不能够随军，所以姥爷和姥姥两地分居了挺长一段时间。后来因为身体不好，姥爷早早就退休了，退休金还不少。姥姥是那种传统的家庭妇女，每天忙着做家务，照顾孩子的生活，就是洗衣服、做饭、收拾屋子什么的，闲下来的时候只是看看电视。

“姥爷在我小时候可喜欢我了，虽然他不怎么说，但是我都知道。姥爷脾气不好，经常和姥姥吵架，小时候，印象中好像姥爷还动手打过姥姥，但是对我从来都是挺和蔼的。”

爱哭、爱生病的我

“还记得小时候上幼儿园，我特别不愿意去，每天早上都哭，其实到现在我都不理解，妈妈什么都顺着我，怎么就非要送我上幼儿园呢？别人家小孩子上幼儿园，据说最多哭一两个月，我足足哭了一年。每天哭，还得每天去，最后真是哭得死了心，实在没指望了才不哭的。可是每天下午，幼儿园老师带着我们散步的时候，我都能看到姥爷就站在幼儿园的围墙外面，他并没有看着

孩子上幼儿园的哭闹，是离开家庭、步入社会的一种分离焦虑的表现形式，是正常心理变化的外化形式，通过家长、幼儿园的合理安抚，正常情况下孩子都可以安然度过。刚上幼儿园，孩子的哭闹恰好证明了孩子内心有稳定的依恋对象，心中有安全的港湾。反而是那些根本不哭闹的孩子，要注意他们的心理问题。康康的哭

我，但是我却总是感到他就是在找我，而且总能找到我。

“我记得有几次没去上幼儿园，都是因为生病了，所以不能上学，免得传染给其他小朋友。记得有一次，不知道怎么回事，我得了腮腺炎，发烧得厉害，腮帮子肿得难受，但是因为生病就不用去幼儿园，我还挺高兴的。可是没两天我就开始觉得不对劲了。那一阵子，妈妈总是唉声叹气的，好像是因为正常情况下，打过疫苗就不会得这个病，可是我打完疫苗还是得了腮腺炎，妈妈就担心我的免疫系统出了问题。这些都是我长大一些后妈妈才告诉我的，我还记得她那时候忧心忡忡的样子，去医院跑了好几趟，每次都给我抽好多血，那时候我还以为自己快死了。后来，我还特意去网上查过，打了疫苗也可能发病，原因很复杂，但是这种情况并也不少见。不过，可能我的体质还是有些什么异常才会生病吧。小学时，我也常常生点小病，反正就是两三个月去一趟医院的那种。每次都是姥爷送我去，妈妈虽然也去，可是妈妈拿不了什么主意，还动不动就哭。每次姥爷和妈妈陪我去医院，拿主意的肯定是姥爷，妈妈就是跑跑腿或者陪着我。现在想起来，我反而觉得小时候身体还行，至少比现在好。”

闹，持续时间的确比较长，可能他天生就是高度敏感的孩子，对分离有着更焦虑不安的心理唤起。当然，还可能是在康康幼小的时候，经历过印象深刻的分离场景，甚至是丧失的“创伤”。如果康康在分离的问题上有一些障碍，那么出国留学，意味着更遥远、更长久的分离，对未来的恐惧、对异国他乡的担忧，很可能成为康康出国留学的心理阻碍。

孩子生病了，一般情况下，由于家长的医学知识贫乏，容易过于担忧、焦虑，生病的孩子很容易感知家长的情绪，过于关注自己的健康状况，并由此认为自己的身体有很严重的问题，有些孩子甚至过早地考虑死亡，承受了不必要的心理压力。因此，家长要相信医生的专业判断与建议，不要随意相信网络及道听途说的信息，要明确告知孩子病情，不要避而不谈或避重就轻，孩子有权利知道自己的健康状况。

妈妈和姥姥

“我觉得妈妈被姥姥惯坏了，不是什么大户人家却有着公主病，虽然也干家务活什么的，但动不动就喊累。毕竟是女人吧，体力不好也可以理解。妈妈虽然是家里的老大，但不像别人家的老大那样能给家里挑大梁、承担责任。我觉得主要是因为姥姥比较偏爱她，可能妈妈出生后，家里好多年都没有添小孩子，她俩算是相依为命吧。姥姥在姥爷面前很弱势，不过现在想想，她和妈妈两个人平安过了那么多年，姥爷对她俩应该算是还不错。那个年代，虽然家里的钱没有现在多，但妈妈也是被姥姥宠大的。我觉得妈妈比较糊涂，什么都不会，也不怎么爱操心，遇到事就是哭，然后就是念叨‘这可怎么办呐’。有时候我听着都烦，不过有点奇怪，妈妈和姥姥看起来也并不是很亲近，可能姥姥管得太多、太碎了。妈妈对我倒是还好，就是照顾我的生活，像个老妈子似的。我担心身体的健康情况，也和她说，她也只说‘这可怎么办呐’，不可能对我有什么帮助。

“姥爷可能是偏向舅舅，毕竟重男轻女，要不然怎么把房子给舅舅了呢，我还以为会给妈妈呢！可是妈妈对这事不置一词，只是悄悄流着眼泪对我说：‘那有什么办法呢，大人怎么说就怎么是吧。’所以提起这事，我还挺替妈妈不值的，可是就像妈妈说的，也没什么办法呀。小姨好像对房子这事不太在乎，可能她从小就能干，挣钱也多，家里就属小姨厉害，她现在也还是顶梁柱。

“妈妈小时候念书不行，很早就参加工作了，是姥爷给找的工作，现在也退休了。妈妈结婚、生我都挺晚的，好像快40岁才生的我。我觉得妈妈年轻时长得还算好看吧，可能她有点挑，所以结婚才这么晚。不过我觉得妈妈也有问题，她不敢离开家，连出去旅游都不敢，怕这怕那的。妈妈和小姨的性格特别不一样。妈妈和姥姥一样，每天在家看电视，其他时间就做家务、照顾我。嗯，妈妈还喜欢看言情小说，她的iPad就是用来看各种言情小说的。她不是中年少女，得算老年少女了吧。看的还都是什么霸道总裁遇上傻白甜，现在小姑娘都不看的套路，她还要付费看。其实家人和我也没什么可说的，姥姥和妈妈根本就不怎么出门，也没什么朋友，反正我没怎么见过她们的朋友。”

康康似乎认为，老大就应该“挑大梁”“承担责任”，他也是同辈表兄弟姐妹中的老大。这是否意味着康康内心的一些观念给自己施加了过多压力呢？

姥爷走了

“小姨念书好，脾气也大，我也不知道为什么她不结婚。不过小姨对我特别好，反正家里就我一个孩子，她挣钱多，没事就给我钱，不管什么需要的不需要的东西，她都给钱让我买，她高兴的时候和不高兴的时候都可能会给我不少钱。不少是多少呢？几千吧，算多还是算少？我也不知道，感觉还行吧。

“小姨对我这事的看法就是：搞不清楚就找专业的人帮忙，花点钱没什么的。如果姥爷还活着，估计也会是这个态度。小姨和姥爷比较像，都是能扛事的人。

“说起姥爷，唉！姥爷是去年六月一日去世的。之前姥爷的身体看着挺好的，有点高血压、心脏病，但也不严重，就是平时喜欢抽烟、喝酒。去年春节的时候，可能是吃错了东西，姥爷开始拉肚子，后来很快就好了。可是过了不到一个月，就老说胸闷、心慌，家人赶紧带他去医院检查，医生说，姥爷得了心肌炎。本来他的心脏就不好，得了心肌炎就更麻烦了。住了一段时间医院，医生就让他回家养着，我们都以为没什么事了。姥爷回家依然抽烟、喝酒，姥姥和妈妈劝他戒，他也戒不了。那时候，我和姥爷睡一个房间，五月份的一天夜里，姥爷突然发病，当时他的样子特别痛苦，估计在我清醒之前已经持续一段时间了。我发现的时候，他已经不太能说得

在一定程度上，姥爷替代了康康内心中父亲的位置，因此康康在潜意识层面可能和舅舅存在“竞争”的想法。这也是隔代养育的弊端之一，孩子在家族中位置的错位，往往会令其内心也充满秩序混乱的冲突。

在康康的描述中，姥姥和妈妈似乎境遇相同，她们像是旧时被养在深宅大院中的女人，外界的社会似乎与她们无关，她们也并不关心家庭以外的世界。妈妈付费看言情小说的状态，更像是活在虚幻童话中一般。康康叙述的语气中对她们充满了轻视的情绪，这两个女人可都是康康最亲近的人啊！康康看到身边最亲近的人竟然是如此的生活态度，会不会焦虑不安呢？

出话了，他的脸色特别不好，是那种青灰色。我当时吓坏了，赶紧去叫妈妈和小姨，她们立刻叫救护车送姥爷去医院了，结果姥爷就再也没回来。唉！那晚我没去医院，后来才去的。姥爷看着我，只是一个劲流眼泪，已经说不出话来。我特别后悔，如果那天晚上我睡得轻一点，没准就能早点发现姥爷不对劲，早点送他去医院，没准姥爷就活过来了。小姨说姥爷的死和我没关系，但是我还是觉得，如果不是我睡得太死，姥爷不至于就这么走了。我去参加了姥爷的葬礼，但在遗体告别的时候，我都不敢看姥爷。而且姥爷一走，我觉得整个家里的氛围都不一样了，有姥爷在，这个家是有男人、有顶梁柱的，现在只剩下女人和孩子，一下子空荡荡的了。

"今年，本来六月一日全家都要给姥爷去扫墓的，但是我那几天身体不是出问题了嘛，妈妈就没让我去。其实我也不敢去，我不知道怎么去面对姥爷。"

爸爸不是榜样

"你问爸爸在哪里？爸爸这个人，我能用'懦弱'这个词来形容吗？也可能我也不应该这么形容一个父亲，可是我觉得只能用这个贬义词形容他。按说，爸爸在外面的工作好像也还行，还是个小领

目睹姥爷发病，直至姥爷去世，对康康来讲是一次有关死亡的心理创伤。姥爷的离世，不仅仅是丧失亲人的悲痛，还有巨大的内疚埋藏在康康心底。从康康的描述来看，他的身体问题和姥爷从发病到去世的症状很相似，这种情况可能意味着"疾病认同"，即通过相同的疾病症状，表达和挚爱的亲人之间紧密的情感连接。

另外，康康第一次拉肚子的发病时间与一年前姥爷半夜的发病时间非常接近，这可能也是用躯体化反应（指一个人本来有情绪问题或者心理障碍，但却没有以心理症状表现出来，而转换为各种躯体症状表现出来）的方式代替内心强烈的情感表达。更为重要的是，姥爷对康康来说不仅仅只是长辈，而是在象征层面代替了父亲的角色。根据康康的描述，家里的"顶梁柱"没了、变空了，其实是在暗示自己，心里可依靠的力量消失了。

导，好像挣的钱还算不少吧，我也不知道。他在我们家里虽然还算有些用处，可是，和姥爷还有小姨比起来就差得远了。好像在我上小学的时候爸爸就调到外地工作了，半年或者一年回来一次，我觉得妈妈根本就不想让他回来，爸爸好像也无所谓。而且我觉得，爸爸在外边根本就不可能有别的事儿，他压根儿就没那个胆儿。再说了，还有谁能看得上他啊？我？我更无所谓了，他回来也就给点儿钱，一年给我的那点钱还没小姨一次给得多呢。对，我是有点瞧不起爸爸。做儿子的不应该这么说自己的父亲，可是每次一看到他那个窝囊样儿，我就心烦。

“上小学、初中时，我的成绩都挺好的，不过和老师、同学的关系都一般。我虽然成绩好，但不是老师喜欢的那类孩子。主要是我动不动就不去上课，不去上课的原因，主要是生病。是，小时候都不是什么大病。可是妈妈怕还没好利索就去上课，我又被传染上点其他什么病。毕竟一个班有 40 多人，差不多每天都有人咳嗽两声。所以，每次感冒什么的，我都得在家休息两星期。好像老师也说过，妈妈过于在意我的健康了，不过我的成绩一直很好，妈妈也不担心老师会因此把我怎样吧。不过我觉得，小学老师可能因为妈妈的态度，所以对我有点看法。老师倒不是觉得我不好，而是觉得妈妈这么做，会

在这里我们谈一下父亲在家庭中的作用。从远古时代开始，男性负责打猎，父亲可以给家庭带来更多的食物，例如肉，谁打猎杀死更多的野兽，就更能得到家人的尊重和爱戴，时代无论怎样发展、变迁，男性在家庭中的作用没有太大变化。

母亲在陪伴孩子时，主要是接纳、理解孩子，关心、照顾孩子的生活起居，而父亲主要是在孩子身旁，陪伴孩子探索世界，预先演练，带领孩子一起去面对、应对挫折和困难，这就是父亲的托举功能。同时，父亲也是孩子的榜样与表率。康康的家庭构成很特殊，姥爷从前是军人，有挺拔有力的气质、辉煌的人生历程，很明显地占据了一家之主的位置。随着康康的出生，一直没有离开过原生家庭的妈妈和小姨，在康康的成长过程中，妈妈承担了照顾康康的责任，小姨却承担了“打猎”的责任，姥爷在一定程度上

把我变得太脆弱了。现在想想，小学老师说得挺对的，我就是觉得自己现在太脆弱了，我也知道健康应该没什么大问题，可是我就是总担心。

“其实就我那点病，到现在都没有认真去医院检查过。上体育课，各项运动科目我也都能及格，可是最近这几个月我都不敢锻炼。你想啊，无论是练有氧运动还是练无氧运动，哪个不会加快心跳、呼吸啊？于是我就不由自主地担心，心脏会不会承受不了而出问题？”

是康康的榜样，而最需要陪伴在康康左右，与他一起去探索、去冒险的爸爸的角色，似乎缺席了。

为什么都说我像“谢耳朵”

“我和同学的关系啊？还行吧。小学的时候，班里的同学们总是说我胆儿小，这点我承认，游乐场上那种晃来晃去的吊桥，我都不太敢一个人走过去，如果再有熊孩子在上面乱蹦，我就更害怕了。小时候，妈妈从来都不带我去游乐场，还是小姨带我去过一两次，她很少有空带我玩儿，我对那些游乐设施也没什么兴趣。我觉得小时候那些小男孩儿玩的东西都太低级，不就是逞能嘛！从这儿跳到那儿，从那儿跳到这儿的，跑来跑去有什么意思？还不如我在网上下两盘国际象棋呢。

“上了初中之后，男生们基本都一起打篮球、踢足球，我也没什么兴趣，他们的话题也是各种球类运动，我实在不擅长。我和女生的关系还好点儿，至少有些事儿还能聊聊，例如聊聊电影、网上的八卦。我也玩游戏，不过也不像好多男生那样上瘾，只是随便玩玩，很快就觉得没意思了。不过我发现，现在有一个特别可怕的现象，就是我也和姥姥、妈妈一样，开始爱看电视了。最近，学校都开学一个月了，我也没上学，哪儿都没去，除了去医院就是在家看电视。其实这也是我来做心理咨询的一个原因，我不知道怎么和别人交往，好像同学们都不像我这样，他们都有朋友。我也会觉得孤独啊！毕竟我也是一个正常的男孩子吧，还想谈恋爱呢，可是我都不明白同学们是怎么追别人的。或者不用追？那两个人是怎么在一起的呢？

"其实，我也算谈过恋爱吧，和一个女生莫名其妙就算在一起了，我也不知道她看上我什么了，我看上她，就是觉得她好看吧。我也不知道这算不算谈恋爱，也没干什么，就拉拉手，也没什么感觉。她是我的初中同学，上高中就不在一起了。她上了我想上的那个学校，一开始我就是好奇那个学校到底怎么样，就和她联系，问了问那个学校的情况。后来找她吃了两次饭。噢，她说觉得我还挺帅的，看着挺高冷，觉得我和其他男生不一样，初中时就

家长对孩子的担心，往往是将对自己的担心投射到孩子的身上，因为孩子是夫妻双方共同的"杰作"，是基因的延续，因此有些家长过于关注孩子，甚至打着"爱"的名义束缚了孩子的成长。"妈妈觉得我冷"就是一个典型的例子，这是将家长的心理投射给孩子的表现。孩子的感受往往被忽视，时间长了，甚至会被家长的意识同化。康康即是如此，在意识层面上已经意识到家人对待自己的方式有问题，但在行为层面或者说潜意识层面却认同了家长的观念，所以产生了"我不能去探索更大的世界"的想法。可是，又有谁愿意不独立、不自由，永远做一个不敢迈出家门的"乖孩子"呢？

觉得我不太合群，也不怎么理人，觉得我有点像《生活大爆炸》里的‘谢耳朵’。我问她，我们算是男女朋友吗？她说，你觉得算就算。过了一个多月，她和我说，觉得和我在一起特别无聊，我也不怎么找她说话，也不浪漫，即使见面，在一起也没什么可说的。现在想想，好像我也就是在她面前看手机、刷微博，根本不像在谈恋爱。和她在一起的这一个多月，对我刺激最大的是，她觉得我不像一个男人，觉得我就是一个小孩子，根本不知道怎么与人相处，更不知道怎么与女生相处。我知道追她的男生也挺多的，这事也就算了，分开后我也没觉得怎么样。本来嘛，其实我对她和其他女生也没什么不一样，当时找她就是对那个学校好奇，想问问那个学校的情况。

“结束就结束了，也没什么，失恋不失恋的没有关系。我觉得自己根本不知道什么是恋爱，更别说失恋了。和这个女生在一起，纯粹是好奇一个男生和一个女生在一起是怎么回事。我们还小，也不能做什么吧。何况我最近身体也不好，不能想太多。

“不过她的那句话我还是挺在意的，挺想知道什么是真正的男人，怎么成为真正的男人？”

以上，是康康简短的故事。

康康的人际关系模式比较被动，这也与他在家中一直是被照顾的角色有关。生活中的需求都被家长主动甚至加倍满足，而家人的需求完全不需要康康考虑，长此以往，康康不再关心家人的感受，更不会为他人的感受而改变自己。因此，在人际交往中，别人也不会愿意与他长时间相处，因为难以得到平等的交流。

结　语

在心理咨询过程中，心理咨询师优先处理的是康康对健康的焦虑感。

心理咨询师告诉康康，他的健康状况是没有什么大问题的，同时也帮助康康梳理他的健康问题与姥爷去世之间的内在联系，康康认可了这一点。于是心理咨询师帮助康康做了哀伤辅导（一种针对近期丧失亲人的人，协助他们完成哀悼任务的心理辅导），康康去为姥爷扫了墓，并平静地接受了姥爷因病去世的事实。

在与姥爷告别的过程中，康康意识到姥爷的身上有很多他欣赏的男子汉的特质，例如有担当、有责任心、独立、坚定等。在后来的心理咨询过程中，心理咨询师慢慢地帮助康康学习姥爷这些优秀的品质，并逐步应用到生活中。

在人际关系方面，心理咨询师帮助康康更多地体会与他人互动时细微的情感变化，调整康康的行为习惯，康康越来越主动地结交新朋友，顺利认识了几个小伙伴，可以在假期中一起聊天、看电影。

康康暂时没有出国，而是选择先在国内上大学，再考虑出国深造的事情。心理咨询在康康考上大学之后结束了。在此，也希望康康有一个美好的未来！

心理咨询师的建议

给家长的建议：

1. 保护孩子，给孩子创造宽松、温暖、舒适的环境是每个家长的愿望与职责，要考虑到孩子的年龄、身体与大环境的关系。康康已经是年满18岁的大男孩了，他也提到希望去更广阔的世界探索。而对身体的担心，对陌生环境的惧怕，这些心理上的压力使得康康裹足不前。因此，作为家长，在做好孩子坚实后盾的同时，需要及时推孩子一把。就像鹰学会飞翔之前，需要经历从悬崖上摔下这样紧张而刺激的过程，在坠落的时候，翅膀才可以真正地扇动起来，才能感受到自身的力量。成长、独立的需求，恰恰也是人类发展的本能需求。

2. 在适当的时候，家长可以与孩子签署书面协议。家长要承诺，在特殊情况下，可以提供一些必要的支持。孩子也要做出承诺，遇到困难，必须先独立思考，尝试自己解决问题，循序渐进地培养孩子的能力。在康康的案例中，心理咨询师将康康的母亲及在外地工作的父亲一同请到心理咨询室，从如何坚持督促康康每天上学开始，设定一个个小目标，锻炼康康一步一步学会自立。

3. 父母需要重新明确各自的职责。母亲可以减少生活上“无微不至”的照顾，父亲即使身处外地，也需要通过电话、视频等通信渠道，更多地参与到康康的生活中，关注康康的心理、生理的变化。父亲回家的时候，多带康康走出家门，去探索外面的世界，例如参加体育活动、远足、旅行等。创造更多的机会，让康康学习处理各种突发情况，家长只需要在孩子无法妥善处理问题的时候提供一些帮助即可。总之，为康康的独立做好准备，创造更多的条件让康康锻炼各方面的能力。

4. 最重要的一条，家长要了解康康内心的需求，要相信康康的个人能力。

毕竟，家长的愿望是孩子成长为独立、成熟的人，将来要在社会上拥有一席之地。没有家长希望儿女永远躺在家里，当一个可悲的“啃老族”。

给孩子的建议：

1. 想要成为真正的男子汉，就要勇于面对困难与挫折。在这个过程中，有时候你会感到痛苦、不安、恐惧，一定要咬牙坚持，在克服困难的过程中能塑造一个人坚毅的品格。我们需要树立明确的目标，哪怕是一个很小的目标。例如，康康的小目标是坚持每天去学校上课，一点一点地进步。如果孩子在生活中暂时缺乏榜样，可以在影视作品中寻找喜欢的角色，学习他们的闪光点。那些优秀的人物形象，往往就是孩子想要成为的样子。学习、模仿榜样的品质，例如他们的努力与坚持、不服输的斗志、善良与爱心，可以将这些优秀的品质慢慢内化成自身的一部分。

2. 良好的人际关系是人生的重要助力，每个人都需要朋友或知己。建立良好的人际关系，应具备感知他人情绪的能力。人际关系中，情感是变动的，只有朋友间的相互有付出，才可能收获真挚的友谊，朋友关系才能持久、稳定。与人相处时，多观察对方的行为，多询问对方的想法，多倾听对方的需求，多表达自己的心声，总之要多联系、多沟通。像康康这样的孩子，需要做的是将注意力从自身转向外界、从小家转移到学校。相反地，对另一些从小被忽略的孩子来说，反而要将注意力转向自身才好。

我要怎么拯救自己

程燕予

我只不过是个漂泊者，尘世间的匆匆过客。难道你们就不是吗?

——歌德《少年维特之烦恼》

初　见

希遥（化名），17 岁，是北京一所著名中学的高二学生，由妈妈代为预约心理咨询，希望解决的问题是“情感问题和提高学习成绩”。但是经过简短地交流，心理咨询师发现是希遥自己希望寻求心理咨询。

已经比妈妈高半个头的希遥，乖乖地站在妈妈身后，妈妈化着淡妆，身材保持得很好，很匀称，脸上挂着浅浅的微笑。希遥的身材微胖，但在宽大的运动服遮掩下并不明显。她有一张婴儿般的小圆脸，皮肤出奇地好，几乎看不到这个年纪的孩子脸上常见的青春痘，她梳着齐耳短发，眼睛很漂亮。希遥低垂着眼帘的时候，心理咨询师只能透过她的刘海儿隐约看到她眼眸里闪烁的微光。

我不是想死，但我不知道怎么活

希遥静静地坐下，一张口却语出惊人。

“其实我想自杀已经好久了，主要是上了高中之后，真的找不到活着的理由。虽然我知道自己肯定不会自杀，但是也不知道怎么才能活下去。

一定不要轻易放弃生的希望！

“初中的时候，我的学习成绩好，同学之间的感情也很深厚。还记得有一天我过生日，那天的阳光很明媚，同学们一起吃饭，很多同学都送了礼物。我抱着一大堆礼物回家，书包里放不下，我就抱在怀里。上楼的时候，有的礼物从怀里掉出来了，正好碰到一位邻居的大哥哥，他问我：‘今天是你的生日吧？我帮你拿。’那时候我不太知道怎么和男生接触，其实现在我也害怕和男生接触，但那个大哥哥很好，他帮我拿着礼物，把我送到了家门口，将手里的礼物还给我的时候，微笑着对我说：‘生日快乐！’我看到他的牙齿很白，虽然他离我并不很近，但是我还是闻到了他衬衣上有阳光一样暖暖的味道。那一天的情景，我记得很清楚。

“虽然同学们都对我很好，但是我仍然经常感到心里空空的，经常想吃东西，但是又不敢吃。我觉得是因为学习成绩好，老师才会喜欢我，所以同学们也才会喜欢我。一个人待着的时候，我时常在用刀片在胳膊上、大腿上一下一下地划。每当看到血流出来、感到疼痛的时候，我心里才能好受一点。我知道这些不能让妈妈知道，这会让她担心，我不会自杀的，但也不知道怎么办才好。”

生来孤独

“我的童年？您需要我从童年说起？其实自己都不太记得，是姥爷、姥姥跟我说过一些小时候的事。

“我出生之后没多久，妈妈因为要上班，就把我送到奶奶家，据说1岁前我是奶奶带大的。妈妈和我抱怨过爸爸，说爸爸比她还要工作狂。那时候，生孩子男人是不休假的，好像因为当时男人休产假也是件挺丢脸的事情，所以妈妈坐月子的时候，爸爸基本上没帮什么忙。妈妈说，生我的时候，家里突然出了些状况，姥姥、姥爷没办法伺候妈妈坐月

妈妈生下希遥之后，并没有得到周到的照顾与关心，处于身心俱疲的状态。希遥从妈妈的角度去理解，体会到了当年妈妈的无助与委屈。一个刚刚做妈妈的女人，大部分注意力都在寻找丈夫的关爱、缓解自己的悲

子，他们来看妈妈，也真的只能是看一看。妈妈坐月子的时候挺难的，听妈妈说，那时候她好像因为家里的琐事，月子里还要冒着大雨、蹚着地上的脏水出去找爸爸。妈妈可能想请爷爷、奶奶来帮忙吧，但是爷爷、奶奶因为我是女孩子，月子里只是过来看了看。母乳喂养？这个我不知道，应该没有吧，妈妈好像说过她没有母乳。

"后来妈妈休完产假三四个月后吧，又要上班了，姥姥身体不好，就把我送到爷爷、奶奶家里了。好像本来说好爷爷、奶奶要一直带我的，但是爷爷、奶奶不愿意，我半岁的时候妈妈只好又把我接回来，送到了姥姥家。

"姥姥虽然身体不好，但很爱我，好像我要什么都能得到满足，不过我也不记得小时候要过什么东西。姥姥要求我从小就练字，我记得应该是两三岁的时候，有一次写的字不好看，姥姥不让保姆给我吃饭，让我重新写到她满意才行，我就一边哭一边写。所以我很早就认字、写字，上学之后成绩好也和姥姥很早就让我认字、写字有关系。姥爷会给我讲故事，他说话有老家的口音，现在还能想起他抱着我读《安徒生童话》，'卖火柴的小女孩'居然带着西北口音。姥爷的个子很高，我还记得坐在他的腿上感觉很温暖。其实我一直觉得奇怪，童话里为什

伤，那么刚刚出生不久的小婴儿希遥呢？小婴儿时时刻刻需要妈妈熟悉的味道，需要爸爸、妈妈的拥抱、抚摸、声音，当无法得到这些时，小婴儿的内心会是怎样的无助与孤独呢？

正常的孩子在婴儿时期，饿了立刻有奶吃，排便了很快有人来清理，哭了妈妈会抱着他/她，睡觉时妈妈会在身边轻轻地拍着、哄着，即使什么状况都没有，妈妈也会温柔地关注着小婴儿，这种状态叫"原初母爱灌注（指母亲从婴儿出生前到出生后数周内，对婴儿高度敏感的、全神贯注的一种特殊状态）"。每个人最初都是从别人眼中确认自己存在的价值，即"我在妈妈的眼里是值得被爱的"！得到足够关爱的孩子，就会建立健康、适度的自恋，在以后的生活中呈现出自尊、自信的状态，感到自己在这个世界上是有价值、有意义的，

么都是这么悲惨的孩子，那么小就要自己出去卖火柴，太可怜了！不是说童话里都是美好的事物吗？

“我在姥姥家里好像也没有待得很踏实，妈妈说，从我1岁多到上幼儿园之前，姥姥、姥爷家和爷爷、奶奶家是每周一次轮换。为了让两边的老人不那么辛苦，我就在每家只待一个星期。

“我快3岁的时候，爸爸、妈妈觉得差不多可以上幼儿园了，就把我送到了幼儿园，应该是那种正规的幼儿园，妈妈担心不能每天接我，所以当初给我报的是每周接一次的那种托儿所。我记得她说会尽量争取每天来接我的，一开始的时候我还会等着，但最后还是只能等到周末她才会来，慢慢地我也习惯了。那时候还有两个小朋友和我一样，也是家长每周才接回家一次，不知道怎么回事，有一天，那两个小朋友都被家长接走了，外面正好下着雨，可能那是个秋天吧，我就站在教室的窗前，一直看着外面的雨，觉得教室里很冷、很空。

“幼儿园的老师对我挺好，可能是因为我听话又懂事，和她们在一起的时间也长，白天小朋友多的时候，我还经常帮她们管管其他小朋友。老师也挺负责任，还记得有一次周末，妈妈来接我，托儿所规定当孩子接走的时候，老师必须听到小孩子叫人，看到孩子认识来接的大人，才会让人接走孩子，

这就是最初的安全感的来源。而原初母爱灌注不足的孩子，可能会呈现出不自信的状态，更严重一些，就可能像希遥这样常常感到内心“空虚”。在希遥的描述中，妈妈生完孩子后没有母乳，而且由于妈妈在产假期间，缺乏丈夫及亲人的支持与帮助，心理咨询师假设希遥在婴幼儿时期并得到高质量的照顾。

在养育过程中曾经被严格训练的人（像希遥曾经被姥姥严厉地、带有条件地教育），对学业或者工作往往也有着更严苛的自我要求。这种心理状态的内在核心是“如果我不能达到要求，我就是不好的”。这样的人，表面上看起来更容易获得普通意义上的“优秀”人生。

希遥很小的时候，频繁轮换居住在姥姥、姥爷家与爷爷、奶奶家，这意味着她没有被精心照顾，这样的孩

可是我就是不叫。恰好那天的老师新来没多久，可能没见过妈妈，我又怎么都不肯叫她，妈妈怎么说老师都不让她接走我。后来，还是来了别的老师，曾经见过妈妈，才让我们走的。妈妈很不高兴，说了我半天，我也觉得那天自己挺过分的，可是也不知道为什么，那天看到她就是叫不出口，觉得她的样子很陌生。

“我的中考成绩还不错，所以上了现在这所学校。刚接到录取通知书的时候，家人都挺高兴的。可是一个星期之后，姥姥就去世了。其实，姥姥一直有高血压、冠心病，那次是突然脑溢血，没救过来。办完丧事之后，家里的氛围很压抑，变得很寂静，姥爷整天都不说一句话。妈妈担心姥爷，所以让我好好陪陪姥爷。其实，我没有办法开解姥爷的心结，那个暑假，我们只是在各自的房间里待着，不知道姥爷在做什么，而我只是每天在房间里看各种书、电影。到了饭点儿，姥爷出去买点现成的食物，我们两个人默默地吃完，然后再回到各自的房间。那个夏天，晴天的时候我觉得阳光很刺眼，雨天的时候我觉得冷得像冬天。

“高一那年寒假，妈妈出钱让我和姥爷去海南旅游，当时是想让我陪姥爷散心。在海边，我买了两盏孔明灯，姥爷在他的那盏灯上写的是‘愿老伴

子往往不容易产生归属感，也不认为“我是好的，是值得被爱的”，长此以往，就会大大影响孩子的自信心。过早地上幼儿园，或者有过被暂时“安置”在某处经历的孩子，往往会产生一种心理——“怕麻烦别人”，其实，这种心理背后的原因是——“我不要再成为别人的麻烦”，因此，这一类孩子就会变得非常“懂事”“省心”。为什么希遥有那么好的学习成绩呢？原因很简单，学习成绩是希遥获得妈妈及他人关注的重要条件，同时也是能够给希遥带来价值感、成就感的一个途径。

在天堂里生活得快乐’。我们放孔明灯的时候，姥爷一直默默地看着自己的那盏灯，直到那盏灯飞得很高、很远了，他还是一直看着。我看着他的背影，突然觉得姥姥好幸福，即使死了，在这个世界上还有一个人这么爱她！原来我觉得姥姥对姥爷一点都不好，姥爷对姥姥也不怎么样，可是姥姥去世了，才发现姥爷居然这么爱姥姥。是不是只有人死了之后，才能知道有没有人真正爱自己呢？

“高一那年的春节过了之后，妈妈逼着姥爷去医院做体检，其实姥爷的单位每年也有体检，可能姥姥死后，妈妈担心姥爷身体吧。可是，这一次体检居然查出来姥爷有肝癌！为什么人一旦知道自己得了绝症，身体立刻就不行了呢？如果不去体检，姥爷就会没事？我知道这样想好像不对，可是姥爷做完体检，三个多月就走了。我看书上说，如果两个人是真爱，一个人先走了，另一个人也会跟着走的，最长拖不过一年的时间，姥爷和姥姥就是真爱吧。想想也是啊，留他一个人在这个世界上，活着又有什么意思呢？人到底为什么要活着呢？是不是只有真爱才能让一个人愿意留在这个世界上呢？好像很多人都挺爱我的，可是为什么我还是觉得心里空空的呢？

“我已经很久没有见过父亲，记不清见过他几次。妈妈的工作也特别忙，经常出差，不出差的

父亲在希遥成长过程中的缺席，一方面无法给予妈

时候，也经常是她晚上到家了，我已经要睡觉了。早上，我起床要去上学的时候，她又去上班了，印象中好多年我都只能看到她的背影。但是我知道妈妈是很关心我的，尤其是我的学习成绩。开家长会的时候我最开心，因为妈妈无论多忙，都一定会去开家长会，而且我的成绩好，这让她特别自豪。虽然每次回家她都会说，‘你的数学还不够好’，但是我知道，她还算是满意我的成绩。可是上了高中之后，我就很害怕开家长会，高一的第一次期中考试，我只考了全班第 17 名，不敢告诉她，但还是得告诉她。果然，她回来之后的样子特别可怕，妈妈从来不打我，但是只要她一用眼睛瞪我，我就觉得都是我的错。可能是自己的问题，其他叔叔、阿姨都说妈妈是特别温柔、特别好的人。”

妈妈，他们抛弃了我

“上小学的时候，我的成绩一直挺好的，那时候妈妈也不给我什么压力，可能是因为那时候不用麻烦她管我的学习情况。爸爸、妈妈没有离婚，只是我不知道爸爸到底在哪里。妈妈说，他的工作是驻外工作，我原来还想，驻外也会有回来的时候吧？可是我已经很多年没有见过爸爸了，我也不关心他

妈支持与安慰，另一方面，使希遥缺失了婴幼儿时期与最亲近的异性相处的学习机会。姥爷作为希遥生命中的重要异性，留给了希遥温暖而美好的感受。但姥爷的不幸离世，使希遥经历了一次痛苦的打击。

在哪里。有没有这个人对我没什么影响吧，反正生活中好像一直也没有爸爸。

“上小学时，中间有几年，妈妈也总是出差，姥姥身体又不好，所以就让我在爷爷、奶奶家住了几年，我也不记得是几年级的时候，大概是中间的三四年级吧。记得有一次，我在手工课上做了很多剪纸拿回家，我很喜欢那些剪纸作品，可是那天不知道为什么和一个亲戚吵架了，我特别生气，然后把所有的剪纸作品都剪碎了，好像就是从那时候开始，我特别想用剪子戳自己。奶奶回来，看到地上一地的碎纸，什么都没说，只是对那个亲戚说：‘别理她，让她自己待着吧。’后来，自己扫了地、收拾了房间，一边扫地，一边很想回姥姥家。

“最像家的地方，可能就是姥姥的家吧。姥姥的家里有一个老式的大樟木箱子，记得小时候不高兴的时候，我就会偷偷钻到那个大木箱子里，从里面盖上箱子盖，箱子里还有被子，有一次我甚至在里面睡着了，黑黑的，盖着被子，谁都不知道我躲在里面。那个箱子像是世界上最黑暗但又最安全的角落。小时候，当我躲进箱子里的时候，总是幻想会有一个人突然打开箱子，对我说：‘我是那么那么地爱你，我终于找到了你，我再也不会离开你！’可是我知道，那只能是幻想。

希遥剪碎了剪纸作品的举动，其实是自我毁灭的一种表现，与自残行为是一脉相承的。作品其实就是孩子个体的一部分延伸，把对他人的愤怒反而转向自己的作品去发泄，在潜意识中是表达对人际关系的一种极度失望。

这个箱子，相当于希遥为自己重新创造了一个秘密生长的“子宫”，黑暗而安全，甚至有被子，钻进去会安稳地睡着，隐喻着希遥渴望回到最初与母亲连接最紧密的地方。因此，希遥的内心独白应该是——“我渴望有一个人来到我身边，无条件地爱我，永远不会离开我！”“这个人”本应该是母亲！

“上初中，我是被推优的，就是那种占坑班，凭着自己的好成绩上的，到上高中时，我考了一个更好的中学。其实，现在成绩不好，不是因为我恋爱了，而是因为我的心情非常不好，恰好有个男同学那时候追我。妈妈把因果关系搞反了，她总是认为，因为我谈恋爱学习成绩才不好。男同学对我很好，我喜欢他什么？我喜欢他对我好吧。对了，他唱过一首歌——李志的《这个世界会好吗》。我特别喜欢听，后来让他把那首歌的歌词抄下来，一直放在我的钱包里。”

歌词是这样的：

妈妈，他们抛弃了我
当我歌唱的时候，就抛弃了我
妈妈，我是多么爱你
当你沉默的时候，我爱你
只是那些猛烈的情绪
在睡不着的时候折磨着我
我的早已失去的过去
在没有星星的夜晚看着我
妈妈，我会在夏天开放吗
像你曾经的容颜那样
妈妈，这种失落会持久吗
这个世界会好吗

一般来讲，有希遥这样成长经历的孩子，往往很善解人意、乖巧、懂事、省心，不愿意给大人添麻烦。希遥的成长环境使得她必须要善于察言观色，这样才能不被“嫌弃”。妈妈的工作繁忙，双方老人还有其他晚辈需要照顾，因此希遥的童年是一种被边缘化的生活状态。当一个孩子呈现出过于乖巧、懂事的状态时，作为家长就需要反思一下，是否真的了解孩子的需要和感受？

这里需要补充一点关于记忆的知识。人们往往认为，那么小的婴儿能记得什么？3岁之前无论怎么对待婴幼儿，他们都不会记得。而在心理学上，记忆分为情绪记忆与逻辑记忆。情绪记忆是一种内隐记忆，无须意识参与，是属于潜意识的范畴。逻辑记忆，即外显记忆，绝大部分普通人是从3岁左右开始拥有长期记忆，是需要意识参与的记忆形式。有研究表明，情绪记忆是从胎儿

忘记一些隐秘的委屈
在回头观望的时候迷失了自己
我的正在老去的身体
从某一天开始就在渐渐逝去
妈妈，我爱你
妈妈，我居然爱上了她
像歌唱一样就爱上了她
妈妈，当你又回首一切
这个世界会好吗

妈妈，我居然爱上了她
像歌唱一样就爱上了她
妈妈，当你又回首一切
这个世界会好吗
这个世界会好吗
这个世界会好吗

的神经管发育就开始的，婴儿自出生的那一刻开始，就具有了情绪记忆。并且，越是生命早期的情绪记忆，影响越是深远。

我在叫作“家”的地方无家可归

“不知道为什么，男同学唱这首歌的时候，我简直哭成了‘狗’！他当时就抱着我唱，我把他的衣服都哭湿了，太丢人了！我居然就这么爱上了他，从来没有人给过我那种感觉，我离不开他了。

希遥从小就缺乏关心、照顾，成长过程中，内心无法形成“我的背后是有人可依靠的”的意识，因此，当她的男同学出现时，长期处

“他的成绩挺好的，我们说好了不影响学习，可是我只要看不到他，就心里发慌。我只有和他在一起的时候，才没有那种空得发慌的感觉。我知道自己太矫揉造作了，可是控制不住。我曾经看过一部日本的老电影，好像前几年又翻拍了，叫《东京物语》，讲的是一对老夫妻从乡下去东京看望三个儿女的故事。里面有一句话：‘我在叫作“家”的地方无家可归。’我就有这种感觉，现在姥姥、姥爷已经没了，我和妈妈的家，爷爷、奶奶的家，不知道算不算我的家，可能应该算吧。但是我又觉得，好像和那个男同学在一起之后，这辈子才知道什么叫作‘家’，他在哪儿，我的家就在哪儿。我知道这样不对，这么说妈妈可能会很伤心，可是，唉！都是我不好。

“坐地铁回家的时候，我常常会给别人让座，我想：既然可以对一个陌生人好，为了让别人舒服点而不怕自己累，为什么不能对妈妈更好一些，让她也开心一点，再努力些又怎样呢？可是，每次看到妈妈买很多零食时候，我心里就会很烦。我的身材没那么好，想减肥，可是她还是给我买好多吃的。我想对妈妈好，希望自己的成绩可以更好，让妈妈开心，可是有时候抑制不住，邪恶的念头就会冒出来：‘你之前那么忽略我，凭什么要让你开心？你给我那么多我不想吃的东西，还不是为了弥补你觉

于缺爱状态的希遥，在等待17年之后突然看到了希望。这就像深陷沼泽、在死亡边缘挣扎的人突然抓到了一样东西，无论是轻飘飘的稻草也好，还是坚固的绳索也罢，面对这些希遥失去了判断能力。希遥感觉到爱才能让自己活下去，这是她将男生看得比自己生命更重要的原因。

幼年时期频繁变换养育场所，是希遥产生“在叫作‘家’的地方无家可归”的重要原因之一。由于希遥的内心无法与一个固定的重要关系人建立稳固的关系，因此，内心的孤独无依令希遥更加珍视爱情，珍视象征爱情的一切美好的情感、关系与希望。

得亏欠我的东西？其实你根本就不在乎我！’

“妈妈想让我和那个男同学分手，可是，她根本不知道那个男生对我意味着什么！不瞒您说，其实我和他已经在一起了，妈妈不知道这事，我也不敢让她知道，她仅仅知道那个男生的存在，就已经非常不高兴了。我对男女之事其实没什么兴趣，可是他紧紧地抱着我的时候，那种感觉我只能用迷恋来形容！‘喜欢’这个词已经不能形容那种感觉，如果让我和他分开，感觉真的没必要活下去了。

“其实，我只想要别人关心我，把我当成小宝宝一样地抱抱，很幼稚，是吗？但是很多个夜晚，我睡不着，觉得只有被抱着、哄着，才能睡着。所以我就趴在床上，用身体压着床板，想象自己是被人抱着的，才能安然睡去，并且，我多么希望就这么睡下去，再也不要醒来。

“老师，道理我都明白，用刀片划自己的事我只告诉了你，妈妈不知道，那个男生也不知道。我上网查过，这种行为本身就不正常，即使妈妈不让我来做心理咨询，我也不希望继续这样。我更不想让那个男生知道这件事，可是现在只要看不到他，我就会瞎想，就想用刀片划自己。我担心这样下去，真的控制不住自己。

“老师，您能帮帮我吗？我该怎么办？”

希遥对爱情的强烈渴望，并非成熟，更多地呈现出一种母婴关系中的依恋状态,希遥所迷恋的是一种“融合”的感觉，这并非内心的平等交流。如何理解希遥的自残行为？内心太痛苦了，痛苦到只有让身体来疼痛、流血，才能稍稍缓解内心的痛苦，即内心的隐秘之痛远远大于肉体上的疼痛，同时，流血的伤口能提醒自己：“我还存在于这个世界上。”

结　语

以下是尝试从精神分析学的角度去分析希遥这样的孩子。

希遥的讲述，让我眼前出现出这样一幅画面：身处黑暗、寒冷中的她，苦苦地寻找着自己存在的证据，从一个柔弱的婴孩，到眼前这个亭亭少女，希遥在人生路上是孤独的，心中充斥着绝望。

希遥的主要问题是极度缺乏存在感，从而产生了焦虑，她的虚空、怀疑、绝望，都来源于此，她的“矫揉造作”、自我伤害，也是本能地在抗衡无边的焦虑。

如果对人类的存在感进行剖析，会发现两部分内容，一是生命的基本存在；二是生命存在的价值，包括个体角色的价值……就像一株植物，从生命伊始的萌芽，逐渐丰满健壮，稳稳地伫立，甚至成长为参天大树。

我们试图分析希遥伤害自己的原因，并非要追究是谁的责任。希遥才 2 岁多，姥姥就要求她写好字，而作为姥姥的女儿，妈妈可能也深受影响。根据爷爷、奶奶在希遥刚刚出生之后的疏离，可以推测父亲的成长环境可能也是他忽视家庭的重要原因。追根溯源，是为了帮助希遥改善内心的想法，但外部环境复杂，因此希遥的改变不可能一蹴而就。

在心理咨询中，心理咨询师需要对家长做一些必要的宣教工作。

对家长来说，重中之重是帮助希遥重新建立安全的家庭关系。希遥，既是处于青春期的孩子，同时在她的潜意识里，自己也是刚刚出生不久的婴儿，因此家长需要注意以下方面。

坚持不懈地用行为、言语向希遥传达信息：

1. 我们爱你！不是因为你的学习成绩，不是因为你的懂事乖巧，无论你变成什么样子，作为父母，我们都无条件地爱你！

2. 我们永远不会离开你！在你需要的时候，我们会放下一切来到你身边。

3. 我们不会轻易承诺，但如果我们承诺了，一定会做到。

4. 在你需要的时候，我们愿意不带评判地倾听你所说的一切。

5. 我们愿意尽力去理解你的内心，即使我们不一定能做到，但愿意为之努力。

6. 我们不会干涉你的任何决定，但我们会在你身边提供一切你所需要的保护。

在此，作为心理咨询师，也想对希遥说，过去的你经历了很多创伤，但这些不是你的错！那个受伤的孩子隐藏在你隐秘的内心世界，深深地影响着你现在的生活。你现在已经 17 岁了，希望拥有美好的爱情，希望得到他人的关心，这都是再正常不过的事情！请好好爱自己！无论遭受怎样的挫折，都不要轻言放弃！请坚定地告诉自己，我爱自己！

心理咨询师的建议

1. 当孩子透露有自杀的念头，家长一定要重视！这是孩子在求救！

2. 抑郁症不可怕，可治！可防！不要回避！尽早带孩子去精神科医院就医求治。

窃取的片刻宁静

Halen（海伦）

记者来电

高考刚结束，考生们陆陆续续开始接到大学录取通知书，刚结束考前心理辅导的心理咨询室才安静了几天，就又开始陆续接到考后心理咨询的电话。有一天，天气热得厉害，我正想午间小憩时，“叮铃铃”的电话铃声响起。

来电者急促地说：“你好，我是 ×× 记者，希望您能马上为一位高考生做个心理咨询，这关系到孩子能不能被大学录取。”

我问：“这个孩子遇到了什么问题？”

记者喘了口气接着说：“孩子的学习成绩很优秀，已经收到一个重点大学的通知，可昨天早上，这个孩子因为在图书馆偷盗 Mp3 被送到了派出所，警察还在他家搜到了两抽屉的 Mp3、手机、电子词典等电子产品，父母说从未见他用过，抽屉一直上着锁。昨天已经送这个孩子到本市医院的精神科做了诊断，结论为偷窃癖，如果让校方相信他的偷窃行为不是品质问题，而是由于心理问题造成、通过心理咨询干涉可以改正，可能这个孩子还有机会上大学。”

我问：“孩子还在派出所吗？”

记者说：“警察说，孩子没到 18 岁，看起来又是很规矩的学生，已经做完笔录，办理了取保候审，已经让家长带回家了。”

偷窃癖的表现是：反复出现的、无法自制的偷窃行为，当事人经屡次教育也难以改正。这种偷窃不是为了满足物质需求，也不具有其他明确目的（如挟嫌报复、窃富济贫或引人注目等），而是由一种无法抗拒的内心冲动导致的，与一般偷窃行为大相径庭。

见到亦鸣

一个小时后，我和亦鸣在心理咨询室见面了。

从他填写的基本信息卡上，我知道了他叫亦鸣，17 岁，一个本市重点中学的学生。中等个头，身材微胖，声音细而低沉，语速缓慢，腼腆，走路的步子不急不慢。如果不是事先知道发生的那件事，丝毫看不出他就是偷窃事件的主人公。

我问：“能跟我说说遇到了什么事吗？”

亦鸣用带着一丝微颤的、细而低沉的声音缓缓道来："我偷了人家的Mp3……被抓到派出所了。警察还在我家里搜出了很多我以前偷的东西，有Mp3、录音笔、手机，还有电子词典。这些东西没有新的，都是看上去有点破旧的。每次偷东西回来，有时候，我会在房间里了解下怎么使用，更多的时候直接就把它们锁在抽屉里，从来没有拿出来用过。"

"被抓住过几次？"我问。

"这是第一次被抓住。我从不偷新的、贵的东西，偷的都是看上去用了一段时间的、不是最新款的，我以为人家丢了也不会在意。我觉得，只要坚持这个原则，就不可能被抓住。这次是调录像抓到的我。"此时的亦鸣，头低得更加厉害，声音也更加低沉。

内心的好奇、震惊，推动着我继续问："还记得第一次偷窃是怎么发生的吗？"

"从高一开始，回家吃完饭后我就去图书馆，冬天的图书馆更暖和，也更容易让人感到困，没过多久，我就开始疲倦了，也有些无聊，我东张西望地看看周围，想休息下大脑。隔着几张桌子的一张桌子上，放着一些东西，但人不在，我看到桌子上有电子词典，可能是很久以来我都想要一个电子词典，突然有了拿走那个电子词典的冲动，想到这里，我的心怦怦地快速跳动起来，又等了一会儿，那人还没回来，我决定拿走那个电子词典。然后，我开始往书包里收拾自己的东西，一边收拾一边感到自己心跳得厉害，从来没有过这么兴奋的感觉。我起身从那个桌子旁走过，顺走了那个电子词典，当时紧张得感觉心都要跳出来了。回到家，锁上房间的门，我研究了一会儿，很快就知道了电子词典怎么用，其实那东西对我来说没有什么用处，我更喜欢把什么都记在脑子里。”

“既然对你没用，是什么让你继续去拿别人的东西呢？”我刻意避开了“偷”字。

亦鸣微微抬起了头，看了我一眼，这一眼里似乎少了点无地自容，多了点愿意接受心理咨询师帮助的意思：“那种电子词典，我的同学都有，他们还常常说说笑笑地讨论电子词典的功能，感觉电子词典挺神的，可以让学习变得轻松愉快。我曾想，如果我有个电子词典，就可以和同学们一起讨论电子词典的功能了，也可以让学习不那么枯燥。可父母挣钱真的太辛苦，我根本不忍心把钱花在电子产品上。第一个电子词典，给我带来的不是学习上的帮助，而是一种兴奋感，这是从来没有过的。我不喜欢运动，也很少和同学交往，只是偶尔和同学一起讨论个问题啥的，感觉自己像行尸走肉似的，拿走他人东西的刺激感，我从前没有体会过。而且，一直以来，都是只能看着别人拥有那些好东西，我什么都没有，拿走别人的东西满足感、刺激感，弥补了我的缺憾，心里的不平衡感真的少了很多。后来的行为，就是弥补我的缺失感，让我内心感到平衡，别人有的，我也有了，对这种感觉的渴望让我常常产生顺走别人东西的冲动。”

“除了锁起来，还有过其他的处理方法吗？”虽然在我推测中，亦鸣应该只是把那些东西锁起来，满足其兴奋感、缺失感，但为了澄清事实，还是需要问下亦鸣。

“是的，只是锁起来。我知道偷窃是可耻的行为，我也从未想过要拿这些偷来的东西做些什么，知道它们躺在我的抽屉里，心里就平静多了。我也认真想过如何才能不被抓，图书馆里的人们互相不认识，没人会注意到我。不偷新的、贵的东西，丢的人就不会非找回来不可，甚至他们的表情告诉我——丢就丢了吧，无所谓。所以，后来我偷完东西，还会继续在图书馆里学习，当什么都没有发生，丢的人只是四下找人问问，然后就走了。”

第一次心理咨询很快到结束的时间了，我问亦鸣：“能见见你的父母吗？如果可以，帮我和你父母约个时间，我们明天一起见个面。”

亦鸣的父母工作很忙，每天回到家累得没有时间、精力和亦鸣交流，看到亦鸣的学习一直在进步，还能照顾好自己，父母心里觉得很满足，甚至认为不需要过问这样优秀的孩子的个人生活，看到锁上了的抽屉，父母也不问里面是什么，不像其他父母那样去偷偷打开抽屉。父母忽略了和亦鸣的沟通，认为自己没文化、没能力，无法为亦鸣提供人生指导，因而过早地退出了父母的角色。

亦鸣马上和他的父母约好了时间。

父母眼中的亦鸣

第二天一早，本地的报纸上刊登了亦鸣的事，并附上了读者的讨论。大致分为两派意见，一派认为偷盗者必须受到惩罚，不能因为亦鸣家庭贫寒、学习成绩好就选择原谅，大学不该录取亦鸣。另一派认为亦鸣还是高中生，应予以教育、管束，贫寒家庭的孩子如果失去了上大学的机会，未来更可能走上犯罪之路。

从报道中，我了解到亦鸣的父母是靠着做辛苦且不稳定的体力活来养家糊口的。在约定的时间，我见到了亦鸣的父母，妈妈穿着雪白的衬衣显得特别干练，爸爸穿着平整的灰色衬衣，看起来更像是一位老师。

“能说说你们眼里的亦鸣吗？”我问。

妈妈说：“亦鸣这孩子的学习成绩一直特别好，邻居、亲戚都知道，也特别懂事、有礼貌。亲戚、朋友都很喜欢他。发生这件事，是我和他爸忽略了那两个锁着的抽屉。”

“有没有想过打开看看亦鸣抽屉里锁着什么？”我问。

但是，亦鸣偷窃的目的不是为了钱，他享受偷窃过妈妈接着说："没有。从小这孩子就不用我们操心，学习成绩一直特别好，还帮忙干家务，我们在外干活，常常回来得特别晚，连晚饭都很少给他做，有时候他还给我们准备晚饭。我和他爸没有文化，我俩还常常向他请教一些事。我和他爸负责干活、挣钱，其他的事我们都听亦鸣的，孩子在家里就是我们的主心骨儿，我一直把他当大人看。我们能做的就是尽力支持他上学，我们相信儿子做的都是对的。锁着的抽屉，我想的是，孩子大了，有自己的秘密，不想让我们知道，这是正常的，即使我们知道了，也给不了他指导，儿子是聪明、有头脑的，所有的事都能妥善处理，他不想我们知道，是因为我们帮不上忙。如果我们能打开抽屉看看，就不会到了今天才发现。哪儿想到会发生这样的事情啊！"

妈妈接着谈论亦鸣："小学时，亦鸣是学校里学习成绩最好的学生，所以被重点中学跨学区录取。那时候亦鸣爱说、爱笑的，还有好几个常在一起玩的同学。后来，上了中学后，亦鸣的话越来越少，也没见他和同学交往，可能是中学的学习太紧张了吧，但亦鸣的学习成绩一直是班上的前十名。每次问亦鸣有什么需要的吗？他总是说，没有，没啥需要的。除了每天的饭钱和购买学习资料的钱，

程中的紧张、兴奋及偷窃成功后的心理平衡感，严重的心理问题使他产生了偷窃冲动并付诸实践。

亦鸣从没向我们要过其他东西。虽然挣钱很辛苦，但是买个电子词典的钱还是有的，就是亦鸣太懂事了，知道我们挣钱不容易，所以从不开口。可我们还是不能理解他，为什么偷了那么多根本不用的东西。”

从过去抽离，与未来相见

第二次见到亦鸣时，一见面他就问："老师，你说我还要继续接受记者的采访吗？你说我是不是应该拒绝记者继续报道我的事了？”我和亦鸣一起分析了继续报道可能会带来的几种后果。分析的结果是——显而易见需要叫停这个热点报道。

之后的心理咨询不再像是为了完成一个重要的任务，我们彼此都放松了下来。

心理咨询继续进行，我问亦鸣："可以说说被抓到的那天是怎么回事吗？”

亦鸣一边回忆，一边缓慢地说着，声音里少了被掩藏着的慌乱："高考完，我的很多同学都出去游玩了，我也没什么地方可去，就又去了图书馆，在那里安安静静地随便翻点书看是打发时间的最好方式。后来，我去洗手间时路过一个桌子，上面有个 Mp3，牌子是魅族的，听同学说，魅族的 Mp3

音质特别好，我心里产生了好奇，真想听听魅族的Mp3播放声音是怎样的。回到座位后，我就忍不住时不时往那边看，Mp3的主人不知什么时候离开了，等了一会儿，也没见他回来，那时我的心跳加快，兴奋感又来了，在这种兴奋感的驱动下，我就像往常一样，开始收拾书包，去洗手间路过那张桌子时，就顺手拿走了那个Mp3。后来，警察带着Mp3的主人来我家敲门，再后来的事就和报道中说得差不多了。”

“警察是怎么找到你的？”我明知故问。

“图书馆是有录像的……我一直以为丢东西的人不会在意，也不会报警，那些小东西，丢了再买，对别人来说都不算事儿。我的图书证上有家庭地址，这个被我忽略了，因为我从没想到过会有人报警，有一天会被抓到。我觉得每一次都一样，没人在意丢了什么。我拿回来也只是藏在抽屉里，心里感觉放松一下，我又不用，谁会知道是我拿走了那些东西呢。”

“有没有担心过，有一天父母会打开你的抽屉？”一般情况下，孩子的秘密只能藏在心里，连日记本、书包都不会被放过的父母，怎么会从不打开被锁着的抽屉？对此我依然有些疑惑。

亦鸣稚嫩的眼神里闪烁着成熟的光芒，这个小

成绩优秀的亦鸣考入了重点中学，而这个重点中学的学生家里的经济状况大多明显比亦鸣家好一些。经济上的差距让亦鸣感到自己和同学们不一样，他不能理解这种物质上的不平等。父母在亦鸣面前，除了嘘寒问暖，也不知道应该和他说些什么。没有可以畅快交流内心感受的同学，也没有可以给予正确指导的师长，从初中时候起，亦鸣一直是在孤独中成长的。亦鸣没有想过未来会发生什么，他的认知只停留在过去和现在——过去的我努力学习成绩就好；现在的我努力学习成绩也会好。过去的我偷了东西没被发现，没人在意那些丢了的

大人缓慢的讲话语调，不仅表现出了他的沉稳，还有他的一些困惑："爸爸、妈妈做体力活，挣钱太不容易，只要有人打电话，无论要去什么地方干活儿，他俩都会马上答应下来，总是拼命挣钱，一家人很少在一起。从小爸爸、妈妈就常告诉我，要照顾好自己，总是说他们什么也不懂，很多事都是让我来做主。我也习惯了在家里出主意，自己的事自己说了算，例如上文科还是理科，报考什么学校，参加什么学校活动。父母也很少参加我的家长会，老师也没有在意过。锁着的抽屉，我从没担心过父母会打开看，他们不会这么做，在他们眼里我做什么事都是对的，什么事都能做好，只要我愿意。"

"被抓到的那天，心里的感受是怎么样的？"我又问。

亦鸣吸了口气，端起水杯，咽了几口水，停顿了一会儿，我静静地等待着。

"一看到警察带着那个失主，我就知道发生了什么事。脑子里马上浮现出父母失望的脸，亲戚、邻居、同学、老师鄙视的目光，然后，我想到了冰冷的监狱。第一次体会到恐惧，那种站在悬崖边的恐惧感，我从来没想过这一幕，如果想到过，就绝不会为了满足内心的刺激感而去偷这些并不需要的东西。我以为，只要好好学习，学习成绩就永远都好；小东西，这很令人兴奋；今天的我偷东西也不会被发现，依旧不会有人在意那些小东西，这让人心安理得。

在精神层面，亦鸣是孤独的，没有人和他交流成长过程中内心的感受及困惑；在认知层面，亦鸣从没想过偷窃行为的可怕后果，也从没想过偷窃对未来的影响。父母、记者、警察、同学和老师的宽容、信任、支持及心理咨询的帮助，这些温暖的力量对亦鸣很有帮助。

只偷那些旧的、不值钱的东西，就不会有人在意；每次偷东西都没被抓住，就永远不会出事。现在后悔都晚了，希望得到失主们的原谅，希望我还有机会上大学。我不认为自己对偷有了瘾，我一定再也不会偷东西了。”

“除了在图书馆，还在其他地方拿过别人的东西吗？”这样的质问，让我觉得自己像是警察在审问犯人，可我必须让亦鸣面对自己曾经的行为和想法。

“没有。”亦鸣毫不迟疑地说，“只在图书馆，我只从书桌上顺走他人的东西，从没有伸手到别人的包里去偷东西。我要的不是人家的东西，要的是拥有那件东西后的平衡感，同学有的我也有了。一直以来，我都感觉不公平，父母挣钱那么辛苦，妈妈挤着公交车去做小时工，爸爸在冬天也得骑着摩托车去接活，早出晚归，过着最简朴的生活。同学的父母有休假、有周末，有房、有车，他们经常换着用各种各样的电子词典、手机、Mp3。爸爸、妈妈常说，他们没文化，就只能干体力活，虽然能挣到钱，但是太累了，让我好好学习，将来不用像他们那样辛苦。可我还是不能理解，都是工作，为何差别那么大，只有挣钱不容易的人才懂得节省，那些挣钱容易的、奢侈浪费的人又怎么会在意丢了个小东西。上初中后，我就开始感到自己和同学不一样，除了在学习上交流，我从来不和同学谈论学习以外的事，和同学的感情也越来越疏远。我不能像他们那样想吃什么、用什么、玩什么，只要向父母开口就可以了，我只能少花点钱，父母就不用那么辛苦。自从我拥有那些东西后，心里才很少去想什么公平不公平的事了，那些东西神奇地填补了我内心的缺憾，也挡住了我前进的道路，才有了今天这样后悔都来不及的恶果。”

一个半月的时间很快过去了，每周两次的心理咨询持续进行着，亦鸣不断地回忆、诉说、反思着，从过去抽离出来的亦鸣，回想起曾经发生在自己身上的一幕幕情景，终于意识到——大家把东西留在桌子上暂时离开一会儿，是对他人的信任，并不是不在意那些所谓“旧的、破的”东西。亦鸣仿佛看到了失主的愤怒，看到了放在他人桌上的东西变成了手铐。我引导亦鸣将目光看向未来时，他仿佛看到自己在大学校园里勤奋读书，看到自己坐在宽敞、明亮的办公室里努力工作，看到凭借自己的聪明才智、勤奋努力，一样可以得到那些同学们向父母开口索要才能得到的东西。亦鸣对人生的追求不再停留在物质上，他明白了——只有付出努力，才能拥有自己想要的东西。

结　语

经过长时间的心理咨询分析，我相信亦鸣完全有能力改正这种偷窃癖，于是就向派出所出具了心理咨询意见：亦鸣偷窃的目的不是为了钱，他只是沉迷于被偷窃过程中的紧张、兴奋感及偷窃成功后的心理平衡感。亦鸣的偷窃行为从来没有被别人发现过，也没被失主抓到过，所以暂时无法判断亦鸣被惩罚后，能不能改正偷窃的癖好。但考虑到亦鸣的偷窃行为已经持续了 3 年，时间过长，医院心理科医生的诊断是：中等程度的偷窃癖。亦鸣的偷窃行为是心理问题造成的，不是品质问题，经过心理干预，他完全可以改正。在每周两次、持续一个半月的心理咨询后，亦鸣明显认识到了问题所在，并掌握了觉察、控制偷窃冲动的方法。同时，亦鸣也向派出所写了保证书，保证自己再也不会偷窃，并表明在将来如果有偷窃冲动时，一定会及时寻求心理咨询。

医院心理科医生认真地诊断、心理咨询不间断地帮助，亦鸣积极配合，与大学校方、派出所进行沟通，虽然大家都努力帮助亦鸣，但大学校方还是取消了录取通知书。有一个好消息是，派出所本着挽救青少年的原则，同意不把亦鸣的偷窃处罚放入他的档案，以免影响他的人生道路。

之后，亦鸣的心理咨询又以每周一次的频率进行了许多次，直到他的心情平复下来，专心投入新一年的复读学习后，心理咨询改为每月一次，后来，亦鸣说学习很忙、情绪已经稳定，想要结束心理咨询，本次心理咨询自此结束。

第二年高考结束后，亦鸣的成绩比第一年高出了许多，顺利被一所名牌大学录取，亦鸣主动告诉了记者、警察这个好消息，也专门来心理咨询室报喜。再后来，亦鸣在大学里争取到去国外大学做交换学生的机会，学校还给他发了奖学金，这些好消息都是他通过 QQ 告诉我的。后来 QQ 被微信代替了，我们失去了联系，现在的亦鸣已经拥有一份好工作了吧！

亦鸣之所以能完全摆脱偷窃癖带来的刺激感、兴奋感、心理平衡感，与父母、老师、同学记者、警察、心理咨询师的宽容、信任、支持、帮助有很大的关系，心理咨询的成效也离不开周围人群的正能量。没有大家的支持，仅凭心理咨询方面的帮助，是难以帮助亦鸣改正错误的。

因此，当青少年有不当行为时，要及时寻求心理咨询，以免孩子堕入深渊难以自拔。

复读后的亦鸣考上了名牌大学，正如他所言：要用优异的成绩来感谢那些原谅、帮助他并给予信任的所有人。

心理咨询师的建议

给家长的建议：

有些青少年的认知水平较低，还没有建立正确的人生观，面对复杂的现实世界，很多青少年对未来感到焦虑，需要家长、老师给予适当的引导，如果青少年的问题如果牵涉到法律、道德，尤其要重视，这可能是青少年产生了心理问题所导致的恶果。

如果发现孩子有偷窃等违法行为时，家长要先想一想，为什么孩子会做出这样的事情？平时的生活中，是否疏忽了孩子的某些需求？是不是孩子遇到了某些困扰？应该如何帮助孩子？出现问题后，不要急于责备、打骂孩子，应该先和孩子沟通，弄清楚事情的起因。尤其是那些成绩优秀的孩子，父母要重视和孩子的沟通。成长中的孩子总是会有困惑的，有些家长虽然不能辅导孩子的学习，但在对事物的看法上，大部分父母凭借自己的人生阅历，可以给予孩子积极的指导。

给孩子的建议：

对青少年来说，如果有像亦鸣这样不以物质需求为目的、只为满足内心的刺激感或兴奋感的类似不当行为，要积极主动寻求心理咨询师的帮助，不要回避问题，要正确看待外界的评价或评判。要相信心理咨询师，他们可以通过心理咨询来帮助你了解自己的心理状态，分析事情的原因，和你一起寻求解决问题的方法，而不仅仅是批评、教育你的不当行为。通过持续的心理咨询，有些不当的行为癖好是可以消除的。

唇之彩

贺　昕

过了元旦，我们的心理咨询室就要搬家了，这几天大家都在抽空打包东西，接待室门后的墙边，已经码了两排写好名字的纸箱。清空了一个抽屉，我伸手进去摸了一下，想确认有无遗漏物品，居然在尽头处摸到一张卡片，以前的一段记忆也随着卡片一起被掏了出来。

去年，也是这个季节，不过那时候刚刚入冬。可能是高强度的案头工作太过集中，我的肩颈部位频繁感觉不适，朋友推荐了一个按摩的地方，离心理咨询室不远，是一家看上去很别致的国医女子养生馆，从业者及客人均为女性，据说很私密、舒适，于是我就办了一张卡。那段时间，我每周都会去一次，就是在那里，我遇到了小安。

当时，我并不知道和小安的缘分能够一直延续，也没想到她有那么一段曲折的往事。

那天，小安和一股混着蒜香的炸鸡味同时进入了养生馆的休息室，一下子吸引了我的嗅觉和视线。她是那种看上去挺普通的高中女生，中等个头，圆圆的脸，不算是很漂亮，但再普通的五官配上无敌的年轻也是极为美丽的。小安在校服外面穿了一件白色大棉袄，整个人显得圆滚滚的，背包、围巾是浅蓝色和银灰色，右手那个缤纷的快餐店纸袋显得很跳脱，她的左手正托着手机，好像在聊天发语音，脸上挂着一丝疲惫和不耐烦。小安的目光经过我时，似乎定格了一下，随即迅速划过，让我省下了一个礼貌性的微笑。“行啦，我知道，给她买好了。”发完最后一条语音，她把手机和纸袋丢在沙发上，又把脱下的大衣和书包一起堆了上去，我这才发现，小安其实很瘦。

很快，养生馆的周医生生走了进来，淡淡地说了句“你来啦”，就直奔那个纸袋，小安“嗯”了一声，便伸手帮忙拆纸袋的包装，脸上瞬间布满了顺从与乖巧。我预约的是37号技师，她站在门口，对我说，已经准备好，随时可以开始。周医生这才注意到我，热情地打招呼，邀请我一起吃点东西，又忙着让小安叫阿姨，声调的迅速升高让人感觉不太自在。小安也微笑着问候我，脸上已经很自然地表现出真诚和适度的羞涩。打包的食物已经拆开，休息室里洋溢的热情混着蒜香和炸鸡的香味，还好有 37 号技师在，我就迅速离场了。

有人开玩笑说，适度的八卦有益身心，空闲时，遇到独特的人、有趣的事、别致的蛛丝马迹，自顾自地推理一番，确实很让人放松。那天，接下来的时间，我的脑子里会时不时回想一下休息室里的那一幕，妈妈的表演痕迹显然重了些，多少有点假，女儿的表演却很到位，且表情转换非常熟练。整理时间线时，我突然意识到，周医生是发现我之后才开始变得热情的，显然是演给我看的，而小安的表演不像是给我看的，之前她已经知道我的存在，但是选择了无视，妈妈出现时她才第一次变脸，等妈妈的演出开始，她开始了第二次变脸。显然，周医生的观众是我，而小安，其实是在熟练地配合妈妈，她的观众是妈妈。另外，还有件小事也引起我的注意，就是母女俩有着一模一样的发型。其实穿亲子装、母女发型一样不算新鲜，有人是为了美，有人是为了有趣，妈妈扮少女，女儿扮成熟，让人感觉到亲子关系的可贵。但她俩不一样，都是过肩的直发，没烫发、没染发、也没设计发型，只用黑色发圈随便抓了个低马尾，即使是周医生那个年龄，这

青少年逐渐具有独立意识，在青春期尤为明显。随着生理发育的成熟、认知水平的提高，青少年的自主性、独立性增强，开始关心自己的身体、容貌特征，关注别人对自己的评价。这个时期，青少年有一定程度的叛逆倾向是正常的，是自我发展的必经之路，反之，如果孩子一直很乖，不惹事、不顶嘴，可能是为了获得表面的安全感而回避变化和压力，就可能有自我压抑的情绪。

个发型都略显粗糙，更何况是小安那张青春洋溢的脸。即使学校管得严，这个年龄段的女孩子也有的是办法，至少也该用漂亮的发圈扎个高高的马尾辫。

37号按摩师是个爱说话的人，只要我不拒绝，一个小时内能获取很多信息。她是个很懂得观察的人，如果我不怎么搭话或者闭上眼睛，她会很快安静下来并全程静音，所以我挺喜欢她的。她按摩的手法和力度我也颇为受用，于是每次来都会找37号。对周医生的那点了解，就是37号按摩师的功劳。周医生是养生馆里唯一有执照的中医师，负责给有需要的客人把脉、开方、针灸，还有做健康心理咨询什么的，有时候也会给按摩师们做专业的指导。我就遇到过，她进来观看技师的工作，询问我的感受，在按摩穴位、手法力度上提出一些有针对性的建议，当然也会指正按摩师们的错误。37号按摩师觉得周医生特别会说话，总是很客气，就算是批评谁，也会先夸几句，而且声音总是很温柔。37号按摩师说，周医生的命很好，女儿小安特别听话，常常来养生馆，跟妈妈说，话也总是轻轻的，不像别的孩子，时不时跟家长闹个脾气、顶个嘴什么的。她没怎么见过周医生的丈夫，不过经常听周医生提起，说丈夫对她很体贴，有时候听他们打电话就知道两人很恩爱。

有 37 号按摩师在，周医生自然也对我的职业略有耳闻，私下里跟我提过两次，说女儿上高三了，很乖、很懂事，就是太自卑，尤其在男孩子面前容易紧张，想让女儿跟我聊聊，解决这个自卑的问题。类似这种情况，心理咨询师经常会碰到，在各自的社交圈里，一旦聊起我们的职业，熟的、不熟的亲朋好友都爱提问，替自己、替家人、替朋友询问，心理咨询孩子问题的人最多。基本上都是孩子很难沟通，进入青春期后，变得不听话，亲子关系出问题，谈恋爱太早或太迟，总之是让家长们很头疼。有的人想讨个秘方、窍门什么的，回去自己教育孩子；有的人就只想把孩子交给心理咨询师，教育好了再还给他们。我告诉周医生：如果孩子愿意，她可以跟我联系，我会介绍合适的心理咨询师给她。所以，那次休息室中热情洋溢的寒暄过后，周医生也没忘了让小安加我的微信，但是加完好友后，小安却没再理过我。

一般来说，偶尔会被陌生人勾起的好奇心，很快会被忘掉，小安却不同，那段时间里，我时不时会想起她，尤其是她那整齐却了无生气的发型，总让我隐隐地有种心疼的感觉。之后又在养生馆碰到过她几次，也只是远远地点个头而已。但因为互相加了微信，我有机会看到她的朋友圈，于是好奇心

小安在母亲面前熟练地乖巧、顺从，保持和妈妈一样的发型，对这个年龄的孩子来说，并不是真诚的亲子关系。孩子成长过程，伴随着年龄增加，各种问题都会出现，孩子在社会环境、家庭环境、父母教养方式的影响下，问题更是会组合变形，呈现出千奇百怪的样子。有时候，孩子可能只是遇到了一些成长过程中的阶段性问题，只需要父母的理解与及时引导，这就要求父母具备相对于健康的心态，与孩子一起面对成长中的问题。父母过度担心、干涉孩子的生活，很大程度上是将自身的焦虑带入与孩子的关系中，不仅无法帮助孩子成长，还可能对亲子关系产生破坏性影响，衍生出更复杂的问题。

便有了续集。以小安的年龄来说，朋友圈算是很清净了，也许是我能看到的部分有限，小安的朋友圈里发的，大部分都是自己画的小画作，配文极简，一般只有两三个字，什么醒、嗯、呵呵、等不了……有时候干脆一个字没有。画里偶尔会有些模糊的人物或风景，更多的是比较抽象的图案，看不出具体内容，只是各种颜色的重叠或搭建。画作的尺寸都不大，但色彩尤为浓重，饱满、热烈，暗色、亮色都会用到，有些配色真的是独特大胆，整个画面看起来却很舒服，有一种独特的美，反正我挺喜欢。开始，我只是好奇她用的什么颜料、哪种笔，后来看得多了，也会猜猜她在借这些画表达什么，用色如此嚣张而笃定，背后蕴含的情感该相当饱满。

小安的朋友圈隔三差五的更新着，我的好奇心也随着她的节奏断断续续，不紧不慢地低频运转着。

再一次与小安的近距离接触，更准确地说是我单向的暗中观察，小安并不知晓。元旦放假，我本来约好的朋友，出了一点状况，要迟到一会儿。于是，我跑去旁边商场的咖啡店里等。可能是假期的缘故，咖啡店里的人很多，只剩下窗边条桌的一个座位，我坐下后，就看到了小安。咖啡店的窗户是面向中庭，外面的天气虽然很冷，但商场里却很温

不同色彩会给人带来不一样的感觉，面对同一种色彩，每个人的感受也不尽相同，绘画时，运用色彩的过程，是一种表达内心世界、传达内在情感的方式。线条特点、图画大小、构图位置等，都与绘画者的内心状态相关。小安和其他女孩子一样，也喜欢肆意地打扮并享受其中的乐趣，与其年龄发展的特点相符合，家长应该支持她。同时，通过其夸张的装扮风格，隐约感觉到小安是在另辟蹊径，释放自己被压抑情绪。

暖。小安穿了一件深色的针织罩衫，一条紧身的浅牛仔裤，手里拎着那件白色的外套，罩衫的V字领口开得有点低，显得她更瘦了，挺好看，是那种我很羡慕的纸片人。小安的发型与之前相比，酷得简直判若两人，她梳了一头的脏辫，脸上化了妆，让原本普通的五官显得立体且有层次，确实加分不少。最吸睛的是小安的唇彩，隔着深色的玻璃我分辨不出是哪种红，只感觉很高级、很浓厚，让我想起她的画，和她现在的样子一样，让人看着感觉很舒服。其实，这个年纪的女孩子偶尔打扮成这样，也并不会让人太惊讶，只不过和之前那个小安太不一样了，我甚至惊讶仅凭肉眼竟然能认出小安。她离我很近，也就是两三米的样子，只隔着一层玻璃，不过她的反应让我确信，小安看不到咖啡店的里面。我就这么看着她的脸，努力想把之前的小安和眼前的这个酷酷的女孩子联系到一起。在这张妆容精致且浓烈的脸上，我好像看到了一丝得意，还有些许享受的意味。小安一个人站在那里，似乎是在等人，但她的表情、姿态，感觉更像是有个摄影师藏在人群里，悄悄替她炮制街拍照片。

一个跟小安一样酷炫的姑娘出现了，手里并没有任何摄影设备，穿着厚厚的外套，一看便知是刚刚匆忙赶来。两个人很快一起离开，消失在茫茫的人群里，不过，我的好奇心还是延续了一阵子，有种想知道更多小安的事情的冲动，但我明白，现实不是推理小说，只需熬个夜就能看到结果，于是也只能就此作罢。那一瞬间，还真有些遗憾，当时我并不知道，很久之后，有一天小安会带着她的故事出现在我面前。

体重常常是春节后最热门的话题，几个同事相约去健身房锻炼，我也跟着他们坚持锻炼，身体好了很多，去养生馆的动机就减弱了，也就没以前去得那么勤了，更是难得见到小安这个忙碌的高三学生，再遇到她已是临近清明。清明节前的一天，下午的工作提前结束，我不想浪费意外多出的这点时间，决定去养生馆。前台说，37号技师几分钟后就下来，而且后面没有其他人预约按摩，看来运气不错。休息室的单人沙发面向房门，我能看到远处周医生的诊室，门是开着的，看来这时没有客人。休息室只有我一个人，很安静，隐约可以听见周医生在说话，语调、语气听起来不太友好，声音压得特别低。不一会儿，小安出来了，手里拿着杯子走进休息室，我看着她在饮水机前接水，想等着和她目光相遇时打个招呼，她接满水侧身后目光迅速扫过我，又瞥了一眼房间，脸上空空荡荡没有表情，低头看着手里的杯子，沉默了几秒，静静地走回周医生的诊室，随手关了门。整个过程不到两分钟，我感觉好像手里有一棵隐身草一样，在她眼里我就没有存在过。虽然我丝毫不在意她对我的态度，但对她的举动却非常好奇。

前台那边有了动静，很快有人去敲周医生的门，估计是约的客人到了。周医生出现在门口，热情地跟客人打招呼，把客人让进房间。小安随后走了出来，她手里拎着书包径直走回休息室，开口对我叫了一声“阿姨”，坐在对面的大沙发里，目光停在我的沙发扶手上，沉默了一阵子，幽幽地开口说道：“你们都被她骗了！”

我大概知道这个“她”指的是谁，但没有向小安求证，也没出声，只是循着声音把目光移向她，然后落在她的脸上，看向她下巴的位置。小安冷冷地对着沙发扶手继续说话：“你们都觉得她温柔吧，那是捏着嗓子说话呢，没人的时候可不是这样，在家分分钟就能悍妇上身！”她的声音不大，但很有力度，语速也稍微加快了一些，明显是带着愤怒的：“怎么总是冲我来？什么事都是我的问题！我无论怎样做都让她不舒服！”然后她突然就收了声，继续盯着沙发扶手，我能听见她的呼吸声，很重、很深沉，小安又沉默了一会儿，深呼吸几次后又恢复如常。终于，她抬起头看着我，很慢很慢地说：“前世我俩一定有仇，这辈子她是跟我杠上了！”我注意到，她的目光随着语速渐渐晶莹闪烁，一大滴眼泪已经在眼眶边晃悠，同时我的余光瞥见她身后的门外，37 号技师正匆匆朝我们走来，于是我赶紧起身迎了上去，顺手从茶几上抽了一张纸巾，经过小安身边时塞给了她。

风风火火的 37 号技师根本没注意到屋内的尴尬气氛，忙着跟我解释，前面那个客人要加做一个项目，差不多还要半小时，麻烦我再等一会儿。我想尽快打发她走，连忙说没问题。我俩熟练地说着各种客气话，各自转身回屋。休息室里空空的，小安已经离开，书包也不在了。

不到放学时间，街对面的饼屋还没有被学生们挤满，显得有些冷清，正好有时间享受一份简单的下午茶，端着托盘转身之际，我看到坐在远处的小安冲我招手。她的面前只有一杯奶茶，我把点心放在两人中间，示意她一起吃。她没理会桌上的食物，深吸了一口气，几乎没有犹豫，休息室里的那一幕就接上了：

“我讨厌妈妈，而且越来越讨厌，我不知道是她不正常，还是我疯了，想问问您。”我告诉她这个问题不会立刻有答案，如果她希望有人帮她找到答案，我可以推荐同事给她，但现在我只能像个朋

对现实中无法解决的困难，每个人都可能本能地回避。对小安来说，妈妈的情绪问题就是她的困难，从恐惧到适应，她的自我保护策

友一样陪她聊天。她表示听懂了，会认真考虑我的话，但此刻很希望能跟我聊聊天。

“妈妈又生气了。她经常生气，在外边还只是沉着脸不说话，回到家就控制不住了，大喊大叫，又哭又闹的，你们没见过绝对想象不出来，也不会知道她闹起来有多可怕，她对外人特别温柔，你们都被她骗了。其实我一点都不担心她，反而觉得她哭闹的时候最痛快，应该挺享受的，比捏着嗓子装温柔要舒服得多。妈妈一直是这样，我早就习惯了，知道什么能让她生气，也知道怎么对付她，平时尽量哄着她，不是因为怕她，只是不喜欢她在家里闹。现在不知道为什么，有时候看她哭闹的样子很恶心，那些难听的话也让人特别生气。我越来越讨厌她，有时候都想故意气她，看她被惹毛的样子我也觉得过瘾。

“妈妈总能找到让自己生气的事，今天就是因为那个阿姨没按她说的去做，妈妈说，过去说人家，结果人家敷衍几句转身走了，估计不够毕恭毕敬吧，反正妈妈就气疯了，觉得人家看不起她、不尊重她，可又不敢直接跟人家吵，就会自己生闷气，然后跟我急。知道她说什么吗？‘还不是她女儿有出息，才会不把我放在眼里，你要是也有本事，她哪敢这么对我？’什么逻辑啊？可笑吧，这竟然也能怨我

略逐渐形成。习惯性压抑的情绪，随着青春期自我意识的爆发，可能导致对母亲的负面情感加剧，甚至有报复冲动，就像她所说：故意气妈妈很过瘾。从小安的叙述中可以知道，小安妈妈确实存在一些问题，形成的原因及过程我们无法得知，但对小安的影响是显而易见的。小安妈妈没有清楚地意识到自己的自卑心理，她因对同事的不满而带来的负面情绪，借由其他事件发泄在小安身上，破坏了孩子的自我认知，在妈妈这面镜子里，小安看到的自己是令人厌恶的。

头上！那个阿姨的女儿我见过，才上初二，长得还行吧，学习成绩好，说是物理特别厉害，参加过什么竞赛、拿过奖。我不清楚这些跟那个阿姨的工作表现有什么关系，反正跟我没半毛钱关系，不知道妈妈凭什么就觉得跟她有关系，这都能扯进去把自己气疯。”

小安眼神里透出了不屑，脸上挂着一个幸灾乐祸的浅笑。

“我不知道妈妈怎么有那么多气要生，而且还总看我不顺眼，我很肯定自己是亲生的。妈妈总说你看人家谁谁多漂亮，就好像我多难看似的。真正天生漂亮的有几个，不都是后来打扮的吗，我也行啊！再不然就说我太瘦，女孩子的身材不好，没人喜欢的，给我吃各种奇怪的东西，一点用都没有，明明她自己就是个飞机场，这能赖我吗？再说，很多明星都是我这样的，不是也有很多粉丝嘛，当然，人家比我漂亮。

“她还特爱说我懒、贪图享受，其实最没资格说我懒的就是她，在家里她一会儿说不舒服，一会儿说没时间，干什么都指使我。同学的妈妈就什么都不让她干，吃的、穿的都替她准备好，我不仅要做饭，还得替妈妈操心。今天就是，她跟我说不舒服了，让我早点过来，然后爸爸发微信嘱咐我给妈

看小安妈妈的表现，我们不得不怀疑，作为女性，在小安妈妈的成长过程中曾经被怎样地对待过。她对女性魅力既渴望又厌恶，对待小安的态度十分矛盾。而同样作为女性的小安，成长过程中需要去明确自己的性别，建立理想的女性形象，这个过程中，妈妈的作用是非常重要的。很明显，小安并没有得到妈妈足够的支持。

值得庆幸的是，小安有自己的朋友、同学，帮助她认识自己、寻求榜样、获得认可。虽然这些远远比不上母亲的作用，同时也会存在一定的风险，但至少能让小安得到一些正能量，帮助她成长。抛开小安爸爸工作的实际需要，他常年在外这一事实，多少也算是一种对家庭生活的逃避。小安妈妈的问题，估计小安爸爸也没有解决的能力，所以只能回避，逃避现实的本能是不分年龄、性别的。女儿的成长

妈买点吃的，陪陪她。我高三了哎！有没有人想过我能不能请假，会不会耽误功课，别人的爸爸、妈妈恨不得一直把孩子关在学校里呢！

“缺课？哦，没事，我把英语课上完了才出来的，剩下两节课是做数学练习和答疑，然后就是晚自习，要说也没太大损失，就是妈妈为这么点破事儿心安理得地把我找来，我感觉心里不舒服。有时候，我觉得她特别幼稚、低能，不像妈妈，更像是姐姐——老大姐。”

小安配合着自己的幽默笑了笑，我笑不出来，看着她捧起那杯已经凉了的奶茶，心里涌上一股心疼的感觉。小安收了笑容，继续跟我聊：

“要是大姐就好了，可惜她就是妈妈，而且管我超级严格。她不喜欢我打扮，平时，衣服都是她给我买，老买浅色的，说深色更显得我瘦。发型不重要，但必须要整齐梳好，即使在家也不许披着头发，显得不正经。说女孩子打扮得太显眼，容易引起男孩子的注意，可反过来又嫌我没人家漂亮。有时候我觉得她真是个奇怪的人，一会儿怕我不丰满没人喜欢，喂一堆东西给我，一会儿又给我弄一身傻傻的造型，怕男孩子喜欢我。她到底是想让人喜欢我，还是想让人讨厌我啊？有几次周末，她不在家，我跟网上视频学着梳各种好玩的发型，她特别

过程中，父亲也是不可或缺的，适度的陪伴、保护、疼爱，可以帮助女儿建立自信心、安全感和幸福感，与母亲的正向影响相辅相成，帮助女儿塑造健康的人格。爸爸的常年缺席，给小安的支持不够，在家庭关系中，爸爸对妈妈妥协并合谋贬斥小安，是对小安的否定和伤害。

不高兴，还说我心里不干净，打扮肯定是想给哪个男孩子看。可笑，她心里倒是干净，不打扮给人看，一年到头那个样子，真不知爸爸怎么想的。”

这个话题也许有些尴尬，小安开始一口一口地喝那杯凉了的奶茶。也许跟一个陌生人这么说自己的妈妈，多少会有些不自在吧，毕竟不是在心理咨询室里，没那么放松，小安的警觉性一直在。也许是奶茶太凉，让小安冷静了一些，再开口她的语速慢了很多，语调也平缓了。

“爸爸的脾气还行，挺正常的，就算批评我也能好好说话。他和我一样，都不希望妈妈不高兴，所以为了世界和平，我俩偶尔也会配合一下。妈妈不吃牛羊肉，爸爸就劝我也别吃，不过他偶尔会偷偷带我出去撸串解馋，其实他也很爱吃这些的。可惜爸爸的工作项目总是在外地，一年出差三四次，每次一两个月，所以大部分时间只剩我一个人跟妈妈周旋。不过，就算他在家，如果妈妈跟我意见不同，大多数时候他都会支持妈妈。而且不管妈妈是在外边受了气还是跟爸爸闹别扭，只要不高兴了，最终都会拐到我这儿，拿我来说事，反正找我的毛病很容易。然后爸爸也开始跟着批评我，两人瞬间就变成战友，也不吵架了，也和谐了，妈妈闹够了，爸爸也安全了。一起数落我，是他俩合作最好的一件事！

小安的家庭有一种存在已久的平衡关系，母亲把自身的焦虑转嫁给小安，父亲选择逃避，小安感到困惑并尝试寻找出路。三个人都有调整和改变的空间，即使只有其中一个人改变，也可以导致平衡被打破并重新建立关系。小安无疑是三个人中最有希望、也最让人心疼的一个，但无论怎样，如果没有努力改变现实的愿望，外力是无法影响家庭关系的。

“我今年高考，挺想去外地上大学的。妈妈不同意，说不放心我，爸爸也说一个女孩子，最好能留在北京，他们都不愿意我去外地。”

也许愤怒和怨恨的情绪渐渐退去后，无奈的情绪开始占上风，小安越说越慢，话题也变得沉重。就像一列飞驰的火车开始减速驶入扭曲的弯道，小安的聊天内容转向了：“无论是谁不正常，她都是妈妈，他们是我的父母，怎么都得继续过下去，自己想办法排解，排解不了就忍，我觉得总能找到办法的。”她最后的语气有一丝放松的味道，不过看得出她并不打算再细说，我也没有提起咖啡馆里灯光下那个酷酷的纸片人。

小安的脸上开始显出疲惫之色，应该不是说得累了，而是没了说下去的动力，我猜她是想结束聊天了，毕竟我帮不了她什么，做一个专注且安全的倾听者，已经是我此时能做的全部。现实中并无交集的两个人，没有共同话语，坐在一起变得很奇怪，小安突然又开口了：“嗯，跟别人说自己的爸爸、妈妈的坏话是不好的，可你不算别人吧，不是熟人，也不是陌生人，不是任何人……”我接过话茬儿：“我只是某人，无关联的某个人。”我知道，其实她是有点后悔和担心了，一个人透漏了很多私事后，就容易有这种感觉。37号技师的电话恰逢其时地打

不过小安在长大，成长一定会带来变化，而没有改变意愿的家庭成员会试图阻止这些变化，妈妈宁可辞去工作也要跟着女儿，就是在极力维持旧的家庭关系模式。我希望小安成长的力量足够大，能建立一个相对于健康的、平衡的、全新的家庭关系。

进来，我也该走了。

起身跟她告别的时候，我特意告诉她，我已经在其他地方健身了，养生馆的卡内余额快要用完了，以后不太容易再遇到她，但是帮她介绍心理咨询师的承诺永远有效，需要的时候可以微信找我。这些似乎无关紧要的话，此时说出来也许能让她安心些。

返回养生馆，37号技师这个情报官依然尽职尽责，都不用我开口问，门一关上就开始八卦："周医生今天生气啦，估计是12号技师给闹的。她年龄比我们都大，不太爱说话，人缘还不错，就是学什么都比别人慢，偶尔还会出错，所以周医生经常说她。她自己也不在乎，每次都乖乖地听，今天不知怎么了，好像顶了一句嘴，谁还没有个心情不好的时候啊，可是弄得周医生特别不痛快，中午好像都没吃饭，闺女过来一直陪着。要说周医生命真好，闺女多懂事，知道心疼妈妈。"

一个懂事体贴的女儿，一个有面子、享受家人关爱的妈妈，这种家庭组合也不算少见吧。

小安没有再联系我，我们也没再遇见过，那张快用完的卡也被我随手丢进了抽屉。偶尔在朋友圈里仍然会看到小安的小画，还是那样的风格，我还是会被那些画作的配色吸引，继续好奇是哪种颜料，惦记小安的次数却比之前少了，通过那些细碎

人在情绪的驱使下，可能出现一些不寻常的言行，平静后恢复理智，就会对之前的言行感到尴尬，有时候还会故意躲避当时在场的人，所以小安有意无意地回避我，后来也没有找我介绍心理咨询师。这是一种正常的情况，可以理解，社交圈有或大或小的交集，也会使人产生不安全感。心理咨询有一条规则：心理咨询师和来访者不能有双重关系，即心理咨询师和来访者在做心理咨询之前应该没有其他任何关系，双方只有一种在心理咨询中建立起来的关系。也就是说，心理咨询师不给认识的人做心理咨询。

当然，心理咨询开始后，除了咨访关系，心理咨询师与来访者也不允许建立其他任何关系。所以，心理咨询不能在熟人间进行，除了在心理咨询室中的工作关系，开始之前及结束之后的一定时间内，都不得有其他

的聊天内容拼出的画面，就在那里，无论美好与否，她若不行动，我又能做些什么呢？

每年的四五月份，心理咨询的工作量总是会增加，日程和脑子一样都是满满的，加之朋友圈也逐渐被卖东西的微商占据，很难看到有趣的分享，小安和她的画也一起被淹在朋友圈里，许久未见她，也就逐渐淡忘了。暑假里来了一个高考失利的男孩子，让我又想起了小安，当时心里还冒出一个念头：但愿小安的高考顺利！而与她有关的记忆也就这样停在了夏天的一个闪念。

我把养生馆的卡丢进纸箱，开始用胶带封装，心里一直在想，这几个月有没有发生什么事，小安现在是怎样的情况，去了哪所大学？带着思虑干完手里的活儿，我拿出手机，很认真地点开她的朋友圈，像是看望一位老朋友。

还是和以前一样，零星几张风格熟悉的小画，最后一条朋友圈还是在 6 月底，仿佛小安的生活被封印了一般。

像是一本书的封底，小安的最后一条朋友圈与之前的稍有不同，没有画作，取而代之的是三张照片。第一张是一堆散乱的唇膏、唇彩，很多盖子都掉了，有的已经裂了、碎了，露出里面的颜色，混杂在一起，狼藉又不失壮观；第三张是一个鞋盒，

直接或间接的现实关系。否则，会让来访者对人际关系感到焦虑，无法专心、放松地进行心理咨询，甚至出现潜意识的筛选、回避问题，从而影响心理咨询的效果，甚至导致心理咨询无效。

里面整整齐齐装满了几十支各色唇膏唇彩，按色系分类排列；中间那张是小安的自拍，梳着一头脏辫，没有化妆，两片绿色的唇含着一抹奇怪的笑容。配文比平时多了几个字：

祭奠，我的唇……我的彩……

于是我明白，小安的小画中独特、浓烈的色彩是从何而来。仔细看了小安朋友圈的日期，还好，的确是在高考之后。不过，那些有趣的画作，恐怕很难再看到了。

新办公室离养生馆很远，处理完搬家事宜后，我还是拿着卡去了一趟养生馆，打算把里面的余额用掉，也确实想过没准儿会遇到小安。前台还认得我，37 号技师请假回老家，给我安排了新技师。这个新技师刚来没多久，也不太爱说话，我听说坐诊的医生也是新来的，之前的那个医生上个月辞职了，说是女儿要去外地上大学，不放心，跟过去照顾她了。

影子的舞蹈

贺　昕

“记不清那是什么时候，在哪儿或者发生了什么，我和妈妈在一起，只记得地上有两个影子，我的那个影子很小很小，走一走、动一动就会融入妈妈的影子里，我觉得特别好玩，当时应该是玩了好一阵子，蹦蹦跳跳、张牙舞爪，在妈妈的影子上来来回回地蹦……”

柯阳说这段话的时候，已经在心理咨询师做心理咨询两个多月了，当时我俩正在讨论记忆中感觉最放松、最踏实的时光，他眼睛盯着地面，沉默了一阵子，给出了这个答案。这是个 19 岁的大男孩，在一所职业学校读酒店管理专业，因为跟同学打架，有人受了伤，家属强烈要求严惩肇事者，学校权衡利弊后的结果是，处分柯阳，让他休学三个月，接

简单地说，自我认同就是一个人能够理智地看待、接受自己及外界的大部分事物。就像一个人的影子，有光就能看到，并且影子会一直跟随着你。

受心理辅导。于是，我有幸听到了他的故事，并断断续续跟他交流了一年多。

柯阳是一个很帅的男孩，身高在180厘米以上，偏瘦，喜欢打球，也算健壮吧，在男孩子里他的皮肤算是比较白，眼神暖暖的，酷酷的寸头，头发又黑又密，感觉头顶放一本字典都不会倒。然而，当他开始讲述自己的故事，里面那个主人公和我眼前这个硬朗、阳光的大男孩竟然大不一样。

“我觉得自己是个特没劲的人，没经历过什么有意思的事儿。从哪儿说起呢？要不你问我答吧，你肯定想聊打架的事，我就是因为这个才来这里的。如果聊我脑子里想得最多的事，那就是我的女朋友了，前女友，我俩已经分手了。其实一点都不意外，说实话，我俩刚在一起的时候，我就知道早晚得分手。我这个人太普通，也没钱，就是喜欢她，想对她好，自己都弄不清她喜欢我哪一点。她挺漂亮的，追她的人有好几个，我觉得和他们比起来，我没什么优势，但她说喜欢我，我们就在一起了。刚开始挺好的，我有一种从来没有过的高兴的感觉，后来好多事，也说不清，但是我经常感觉她在撒谎，她也承认了，却说我不信任她，再后来就分手了。”

柯阳说到这里停下来，沉默了好一阵子，才开口继续：

自我认同的价值感，能直接影响一个人的自尊心、自信心，柯阳在提到自己的时候，理所当然地评价不高，我能够体会到他内心中自我价值感的缺失。

“不说了，感觉这件事特别乱，说不清楚，要不我还是按时间顺序讲吧，从小时候说起，省事。

“听妈妈说，她休完产假就把我放在姥姥、姥爷家了，后来大概在小学三四年级的时候，我才回家和爸爸、妈妈一起住。姥姥家那条胡同里，孩子很多，每天都可以和小朋友一起玩，现在想来，那段时间是很快乐的。妈妈常到姥姥家看我，爸爸也一起来过，但次数太少了，我的印象不深。上小学时，我的学习成绩还行，虽然贪玩，但低年级功课简单。姥姥、姥爷都对我很好，妈妈总说，担心他们太宠我，会耽误学习。后来姥爷去世了，姥姥一个人带我太辛苦，我就回去跟爸爸、妈妈住。后来，功课也变得更难了，同学们的差距就大了，我的学习成绩开始退步。妈妈特别着急，她说过，她的儿子是一定要上大学的，所以天天监督我学习，上各种辅导班，最后也没什么用。不知道她是太失望了，还是工作太忙，反正最后她也放弃了，就让爸爸管我。爸爸脾气不好，总打我，尤其喝了酒就更凶了，小时候我挺怕他的，有时候打我打得狠了，我也开始有点恨他。印象中他经常喝酒，总跟妈妈吵架，好几次妈妈都回姥姥家住了，再后来，他们离婚了。我本来想跟着妈妈，可她说工作太忙，照顾不了我，最后我就跟了爸爸，每周可以见妈妈一次。

就像影子的形状会随着光线而变化，自我认同的发展与周围的人、事密不可分，尤其在生命初期，父母与孩子的关系、对孩子的态度，对孩子塑造自我认同感有非常重要的作用。柯阳在婴幼儿时期没有与父母一起生活，相处的时间很少，关于父母的关爱记忆极少。姥姥、姥爷的宠爱当然会有正向的作用，但相对于父母的爱来说，仅有其他亲人的关爱是不够的。相反，父亲的疏离、打骂，母亲的严苛、离婚时的抛弃，对年龄小的孩子来说，就是否定与抛弃。柯阳感知到的是：爸爸不喜欢我，妈妈不要我，并且为此找到了理由——因为我不够好。这就是柯阳的自我认同的开端——一个小小的、被抛弃的影子。

每个人都有被接受、被喜爱的心理诉求，当一个人

“他们离婚那年，我好像在读小学六年级，记得上初中后，就只有我和爸爸两个人一起住。他说过，不再喝酒了，我还挺高兴的，可不知道为什么，爸爸没坚持多久又开始酗酒，跟原来一样脾气大。我那时候开始进入青春期，叛逆，学习成绩一直不好，几乎是天天挨骂，急了爸爸就打我。我烦透了那样的日子，也试过各种办法，尽量不惹他、顺着他，耐心地跟他解释，有时候忍不住就跟他吵，反正都没什么用，特别无奈。记得有一次，挨完打给妈妈打电话，说想跟她住，求她来接我，她说，不行。还有过一次离家出走，那次是被爸爸打急了，就推了他一下，然后跑出去了，心里挺后悔，觉得不管怎么样，离婚的时候爸爸要了我，还是挺感激他的，所以后来就自己回去了。之后我俩还是经常吵，但爸爸很少再打我，就算偶尔打，我也没再还过手，可是心里总感觉特别难受。

“高一的时候，妈妈觉得有条件照顾我了，就把我接到她那里了，到现在我就一直和妈妈一起住。我本来的学习成绩就不怎么样，初中三年日子过得乱，心情也总不好，中考成绩不怎么样，勉强考进了一所普通高中。上了一年，妈妈觉得反正我也考不上大学，就想办法把我转到这所职业学校，就这样留了一级。不过职业学校的功课没那么难，总算

被拒绝、被打击的时候，会产生失望、悲伤、愤怒等负面情绪。如何处理这些不好的感受？一般来说，在各个年龄发展阶段，人们会有不同的应对策略。小时候的柯阳是弱小的，没有得到足够的爱与尊重，他的攻击性是向内的，对自己失望、生自己的气：父母不爱我是因为我不够好，不配得到他们的爱。当柯阳进入青春期，自我意识不断成熟，开始反抗这种反常的亲子关系，然而，父亲的打骂、母亲的再次拒绝，让柯阳的愤怒与反抗变得空洞、虚弱，最终，柯阳的不良情绪再次伤害了自己。不断承认自己的无能，一定是痛苦的过程，柯阳的那些“说不清的难受”，就这样长年累月地积累、压抑。

混了个中等的学习成绩，妈妈说，毕业后再想办法给我找个好点的地方上班。妈妈挺关心我的，很多事都替我打算，我们很少聊天，主要我不知道聊什么，有时候想跟她待一会儿，但是两人都沉默着，挺尴尬的，也就拉倒了。她管我很严，偶尔急了也骂我，我明白自己挺让人失望的，现在我长大了，一般也不跟大人顶嘴。这次打架的事，一开始，她也很急、很气，跟我嚷嚷，我就听着，也没怎么说话。后来好像她有点担心我，不再骂我了，反而总是催我去见心理老师，接受心理辅导。

“我很小的时候，妈妈在工厂里的财务科上班，后来‘跳槽’进了一家合资的酒店，现在已经做到了财务总监，她确实挺厉害的。爸爸的工作能力就不太行，原来在一家企业总务处工作，后来单位效益不景气，他就下岗了，后来换了好几份工作，现在我也不清楚他具体在干什么。我不知道该怎么形容我们三个人，可以用动物？好吧，我试试。我小时候，爸爸是驴，强壮、犟、喜欢大喊大叫；我是小羊，小小的、软软的，比较沉默；妈妈是梅花鹿，高傲、矫健，对我这只不起眼的小羊，她很失望，不愿看见我。现在呢，爸爸是牛，又老又瘦，很可怜；我是马，还没长大，将来也许会是一匹骏马；妈妈还是梅花鹿，但是老了，没那么盛气凌人了，

在情感上，柯阳对母亲的渴望一直存在，只是他鲜有与父母的情感连接体验，爱与被爱对他来说都很陌生，无论是在感受层面还是行为层面。

在柯阳的叙述中，清晰地勾勒出自己、父母各自的样子，这就是他自我认同的发展历程。

柯阳感觉自己很弱小，没有太多的优点，不被人关注，比起自己的平庸，妈妈却显得高傲，在自我认同中，柯阳缺乏自信。在母亲的眼中，父亲是无能的，所以，平时在言语、行为中一定有所表现，柯阳能够感觉到母亲对父亲的鄙视、不屑，这就导致他的同性认同对象被弱化。

柯阳羡慕父亲的强壮，

也愿意接受我这匹小马了。

“有时候觉得自己挺没用的，爸爸、妈妈都不容易，我也帮不上忙，还显得有点多余。小时候，我的学习成绩不好，一点都不优秀，让妈妈特别失望。离婚的时候，妈妈不要我，后来也拒绝带我走，我当时挺难受的，但不怪她，我能理解她。妈妈是个要强的人，有时候真觉得她本该有个优秀的儿子，也许是中间出了什么变故，是抱错了孩子？还是别的原因？我知道这些都是瞎猜，那时候爸爸要了我，确实挺感激他的，虽然他对我很严厉，我没少挨打，但我知道他也是为我好，所以我不恨他。现在，爸爸的工作不稳定，挣不了什么钱，居住条件也很差。那天我去看他，他住的房间很小，乱七八糟的，东西都很旧。他起身对我笑，看着他又黑又瘦的脸，有那么一会儿，突然觉得他特别可怜、特别惨，可又有点生他的气——爸爸怎么这么弱、这么窝囊？两种感觉搅在一起，我都不知道该说什么，想对他好点，又想吼他，挺别扭的。”

柯阳在说到父母的时候，经常是边说边尝试去理解、体谅他们，就好像一个人在走路，往前走几步，又往左或者往右挪一挪，摇摆不定。而当说到他自己，柯阳的情绪就稳定了很多。

“我没有关系特别好的朋友，只是偶尔和他们

但并不想成为父亲的样子，柯阳讲的马和驴的对比很有深意，说明在生活中，他缺少同性榜样。

在一起打球、打游戏，或者嘻嘻哈哈逗个贫，大家都不当真，也不关心别人心里在想什么，相处的时候反而简单。就算人家告诉你一些事，谁知道是真的假的，以前也不是没吃过亏。刚上初中那会，有两个同学跟我住得近，放学一起走，慢慢就成了朋友，经常一起玩，有什么事也愿意互相说说，那时候如果感到心烦，跟人聊聊感觉挺好的，有一次我离家出走，就在其中一个同学的家里待着。当时，学校里有一帮人抱团、拉帮结派，也特别横，经常欺负别人，或者做一些出格的事情，没人敢惹他们。跟我关系好的一个同学，认识他们中的几个人，然后我们仨也经常跟他们混在一起了。虽然感觉挺酷的，但其实我不太喜欢跟他们干那些坏事，私下里也常常和那两个同学抱怨，他们也觉得这样不太好，可又怕不参加就会被孤立，反过来被他们欺负，挺难办的，那时候没少跟着那帮人稀里糊涂地打架。后来，我搬家了，跟同学们都不同路，正好也就慢慢地不怎么跟那帮人混在一起了。

“有一天，他们一群人在我家附近堵我，把我打了一顿。其实挨打也没什么，但那次他们那么一大帮人打我一个，就在大街上，很多人看着，我被打得一个人躺地上，抱着头。你知道吗，那两个同学都在现场面，虽然不清楚有一个同学有没有动手，

缺乏自我认同感的青少年，常常会有加入某个群体的欲望，寻找被接受、被尊重的感觉，同时会尝试利用群体的力量、价值，去提高自我认同感。

以前，柯阳遭遇了父亲的否定、母亲的抛弃，后来，又被朋友背叛，这些让柯阳感到羞辱，对他而言，这是又一次被否定自我价值。

不断承认自己的无能，已经无法解释、平息巨大的心理创伤，“空空”的感觉，是柯阳在本能地保护自己，瞬间清空所有感受，让自己逃脱痛苦的现实，同时消失的还有委屈、愤怒等令他无法面对的负面情绪。

但另一个同学真的跟着那帮人一起打。我记得特别清楚，我躺在地上缩着，几个人围着踢，那个同学也跟着他们踢我。有些细节我已经想不起来了，只记得他踢我的样子，记得浑身都疼，我只能拼命护住头和脸，怕回家被爸爸骂，心里空空的，不生气，也不想哭，但特别难受，好像也有点委屈。后来我都不愿想起这件事，也没跟任何人讲过，今天说出来，自己都有点惊讶，不过感觉说了也没什么，以前可能想得太多了。”

柯阳在说到朋友和别人一起围殴他的时候，明显感觉到他的情绪十分低落，语调里似乎有哽咽声，眼睛也闪着亮光，但很快又都消失了。就像柯阳描述的那样，感觉自己的心瞬间空了，他的语调也回到了正常。

“我觉得，现在没朋友也挺好，我也不喜欢跟人深交，可能跟这件事有关吧。不过也挺好的，现在我擅长浅交，就是跟别人嘻嘻哈哈，聊大家喜欢的话题，别人说什么，你给个走心的反馈，一般人都会觉得高兴，所以我有一堆普通朋友。老师也都喜欢我，愿意把班级的事交给我做，这对我来说不难，那会儿为了少挨打，没少琢磨计策对付爸爸，而老师不会打我，只需要哄他们高兴而已。休学前，我还是学校的年级学生会主席呢，很拉风的。不是因为我真的那么优秀，只是我表现出了让人喜欢的一面，其实，根本没人了解真正的我，虽然天天端着那股劲头有点累，但是我喜欢这种拉风的感觉，不过出了打架这件事，以后在学校想当班干部也没戏了。

“如果还用动物来比喻，朋友更像是一群狮子，我是一只没什么特点的年轻狮子，因为还未成年，不会被狮王赶出去。如果我不见了，应该会被注意到吧，就像少了其他狮子，我也会感到遗憾一样。我也想长大后当狮王，可惜应该轮不到我。我觉得自己现在更像阿宝，《功夫熊猫》里那个，你是那个师傅，我来你这儿，跟你学一些东西，阿宝后来成了武林高手，我也学到东西，应该会有一些变化的，也许变化会很大。

“我对心理咨询没什么兴趣，但开始的时候我还是挺想来的，感觉好歹有个事儿干。那会儿跟女朋友分手，本来就心情特别不好，后来又休学，不用天天去学校，就每天打游戏到凌晨，然后一觉睡到下午，饿了就叫外卖，边吃边打游戏，然后又玩到凌晨。我也不喜欢这样，但停不下来、改不了。我约了心理咨询后，不管怎样，有个事儿等着我按时去，逼着我起床。那段时间里，我特别能吃，一天能叫好几次外卖，体重都增加了，总感觉饿，饿

自己不够优秀，那就假装成别人喜欢的样子，就能获得片刻的欢愉。就好像在舞台上，如果戏剧中的角色为演员带来了掌声，演员也许就会爱上那身戏服。

柯阳有成长的欲望，可能被现实条件所束缚，他看不到路，也不知道自己即将走向哪里，他只希望能一夜之间变得强大。

打游戏、吃东西，填满的不仅仅是胃，更是内心深处的伤痛：女友离开了，不再有被爱的感觉；学生会主席的头衔不再属于自己，失去了存在感。柯阳好不容易才建立起的价值感消失了，一切又回到了原点。

得心慌，吃了就感觉心里特别踏实。是哪种踏实？就好像以前女朋友在我身边待着时的感觉，即使她不说话，心里都觉得舒服，整个人很放松。

“我俩刚开始在一起的时候，真的挺好的，放学经常一起走。我们住得不算近，但有一段路可以同路走，有时候下车一起买瓶饮料或者零食，就为了多在一起待一会儿。妈妈的工作不错，跟着妈妈过，生活肯定是比跟着爸爸强多了，但我家也是普通家庭，我的零花钱没多少，所以买东西很小心，都不敢想买礼物给她的事。周末，我们偷偷约着一起出去玩，我也总是担心去哪儿玩？钱够不够？我挺自卑的，她的家境很好，那几个追她的男孩子家里也都挺有钱的，他们肯定会说我配不上她。其实，我压力很大，但是真的特别喜欢她，跟她在一起很开心，也就顾不了那么多了。我知道她早晚会离开，但是至少她现在喜欢我，跟我在一起。我这人没什么主意，有选择困难症，就连买个饮料都不知选哪个好，都是她帮我选，后来我就每次都喝这种饮料，直到下次她帮我选了另一种饮料，我才会换换口味。”

说到这里，柯阳瞟了一眼桌上那瓶饮料。

“今天我想换一种饮料，选了好久，老板都要不耐烦了。

“接着说吧，后来，妈妈给我办了转学，那段时间，在节假日里，如果学校放假，我俩就打电话或者微信联系，就是从那时候开始，我总觉得她好像在骗我。每次问她在哪儿、在干吗？总感觉她的语气怪怪的，有一次，她瞒着我，大晚上跟几个女孩子跑去夜店玩，我发现后，忍不住朝她发火了，她哭了，也认错了。后来，她又有过撒谎的情况，虽然不是什么大事，可我心里越来越别扭，感觉她和我没以前那么亲近了，不再是一伸手就可以触摸到。后来我到了新学校，见面的机会更少了，我几乎每天都联系她，有天晚上，我问她在干吗？她说在家，马上就要睡了。但是她的语气又很不自然，我脑子一抽，就打车跑到她家楼下，给她打电话。她很久以后才接了，我说想她了，让她下楼，她说懒得换衣服，我说如果你在家，就马上把房间的灯打开。她沉默了，我也没说话，我们就在电话里沉默了一会儿，后来是我先挂的电话。我很生气，第二天也没联系她。又让我抓到她撒谎了，我以为跟以前一样，她会找我认错的，然而这次我想错了。她一直都没有音信，我开始是真生气，故意不联系她。第三天中午，突然间我感觉很不踏实，是不是她要离开我了？瞬间，我的心里紧了一下。虽然知道会有这天，但事情真到了眼前，还是很难受，一下子不知道该怎么办，越琢磨越觉得，我没本事、

在柯阳的叙述中，很少涉及异性间的交往情况，更多的时候，他在探究自己在恋情中的位置、分量，反复衡量恋爱关系的稳定性。

有女友在身边，柯阳觉得踏实、放松，但是柯阳又觉得自己不够优秀，女友随时会走，可这也很合理；如果对女友好，也许她舍不得

又没钱，还总管着她，跟她发脾气，凭什么人家还想再理我啊，这几天一直沉默，估计就是不好意思直说分手的事。这些想法让我不舒服，既难过、又害怕，好像有东西在抽打我的心，一下、一下地，特别疼，心里越来越空，又开始胃疼。那天晚上，我打电话给她，说，如果想分手，可以，不用不好意思直说。她哭了，我不记得她具体说过什么，依稀记得，好像我还劝了她几句，然后，挂了电话，这段感情就结束了，虽然我还是特别难过，但好像不害怕了，胃也不那么疼了。

"我认为这件事处理得很干脆，可之后心里总是特别撮火，恨完女朋友恨自己，甚至有时候觉得爸爸、妈妈也挺可恨的，也不知道该恨谁。打架就是那时候的事，其实跟那个人没什么太大的关系，本来我可以妥善处理争抢篮球场地的纠纷。上了初中以后，我就没再打过架，但那天不知道怎么了，我一点都没有犹豫，冲上去就开打了。那个人也没想到，周围的人也都傻了几秒，后来才过来拉架，那个人的眉毛那被打破了，流了很多血，还缝了两针。我现在觉得人家挺无辜的，本来没多大事，结果弄成这样，不过他的家人一闹，我也休学回家了，算是报应吧，这样就算扯平了。可当时我真没想那么多，冲上去的瞬间感觉特被痛快，也特别熟练，

走，只要她不走，柯阳愿意付出任何代价；最后女友果然还是要走，那也没办法了。

柯阳儿时与妈妈的分分合合，与他在恋爱关系里的矛盾心理有很大关系。柯阳的内心一直有很多负面情绪，从小到大他都觉得自己被抛弃、被压抑，在与女友的关系中，动不动就发脾气，也许是这些负面情绪在作祟，积攒了太多的失望，心里装不下爱情了。

就像我天天都打架一样，感觉一点都不陌生，还有种豁出去、不顾一切的兴奋感。

“那时候，我的心里总有股无名之火，虽然平时我一直在控制，偶尔没人的时候也撒过几回邪火。有一天早上，我在吹头发，有一缕头发怎么都梳不顺，我一急，直接把吹风机砸在镜子上，也摔过两个杯子，还摔烂过一个台灯，把桌子也砸出一个坑。其实，有好几次我都想打人，除了在篮球场打架那次，我都忍住了，不过在梦里倒是真打了几回架。那时候，我总做梦跟人打架，记不清细节，好像梦见坐地铁，有人抢别人座位，嘴里还不干净地骂着，被我给暴揍一顿，其实跟我也没啥关系，抢的不是我的座位；还梦见过一群人开会，有两个人争论个没完没了，我把那俩人都揍了，还用椅子砸他们。唉，要是篮球场打架那次也是做梦就好了，回家三个月，搞不好得又留一级，挺后悔的。刚回家时，搓火的感觉没那么频繁了，但总感觉很饿，动不动就饿，而且忍不住，只有吃饱了心里才踏实。而且还得一边打游戏一边吃饭，不然就会不由自主地瞎琢磨，很快就又饿了，各种难受的感觉也随之而来，那就只能接着吃呗。我特别享受刚吃饱时那种满足、踏实的感觉，就好像女朋友在身边一样温暖、踏实，所有的破事儿都没发生过，也不存在。我只

儿时的失望、愤怒情绪，大多转为对自己无能的不满、无奈，刚开始有把情绪转向外部的趋势，但他不知道该埋怨谁，情绪仍然是弥散的。对着没有生命的物件发脾气，梦里殴打陌生人，那样的场景、人物，对柯阳来说都是安全的，不会有可怕的后果，也不用经历心理上的痛苦煎熬。在篮球场打架那次，柯阳在现实中要承担责任，但他在心理上无法承受这种痛苦，只能用游戏和暴饮暴食去回避问题。

喜欢过她一个人，没有人能给我这种感觉，就算吃饱后的那种踏实、享受，也只不过是很像和她在一起的感觉。朋友之间，不会有这种感觉，都是哥们儿，不可能有这种感觉呀。”

柯阳说这段话的时候，是在一个夏日的午后，暴风雨正在赶来的路上，天阴得厉害，房间里开着灯，还是有种暗淡的感觉。一般遇见这种天气，我都会把墙边的落地灯打开，增加点房间里的光亮和暖意。柯阳正巧坐在光影里，本就颀长的身体被拉成了更长的影子，和长长的灯影一起并排躺在我面前的地板上。他盯着地上的影子，沉默着，我也不确定他是否还在思考这个问题，正盘算着怎么才能适时地打破沉默。

此时，柯阳边说边抬起手，伸进旁边的灯影里，五个手指交替动着，随着他的动作，地上出现了各种奇怪的影子。接着他慢慢收了手指，握成拳头，胳膊弯曲，影子与地板上的灯影融合在一起。摆弄够了，他才抬起头继续说：

“那会儿我太小了，应该还没有自己的想法吧，蹦蹦跳跳就等于高兴。要说踏实，我觉得肯定是得走进影子里面才可以，我的影子那么小，一进去就全被妈妈的影子包住了，藏在妈妈的影子里是最安心的。不说妈妈了，我突然想起另外一个人——姥爷。他的影子也很大，不一样的是，他总是会带着我，我要是跑来跑去的，他也会凑过来，就又可以把我包上了。

“姥爷才是对我最好的人，小时候在姥姥家，都是姥姥做饭、姥爷带我玩，他好像很少责备我，总是夸我，我要什么他就给我买，想玩什么他就陪我玩，我上幼儿园也是姥爷每天接送，我们一起一路玩闹着回家，后来上小学也是姥爷接送。姥爷陪我的时间最长，我不记得他对我发过脾气，反正就觉得他特别喜欢我。你知道吗，我一直觉得老天眷顾我，派姥爷来保护我。大概在我上小学二年级的时候，姥爷去世了，我特别想他，后来，好几次我都梦到他。姥姥说，那是因为我乖，姥爷也惦记我，所以专门来看我，我还挺高兴的。后来，我长大了，很长一段时间都没再梦到姥爷，姥姥说，因为我太淘气了，姥爷不喜欢我了。当时，我听了心里特别不舒服，觉得对不起姥爷，也担心以后再也不会有人对我好。虽然初中时，我跟那帮人混在一起，但始终不愿跟他们学坏，所以才被他们孤立，被他们群殴。”

接下来的暑假，柯阳需要补课，准备重回学校，我也休假了一段时间，心理咨询停了一段时间，再见面的时候已经是国庆节后了。柯阳给我讲了这段

柯阳的姥爷，很突然地就出现了，在他的生命中，姥爷的存在无疑是一种幸运，就像他所描述的——那是上天的眷顾。

虽然姥爷的身份、位置与父亲不同，而且去世又很早，但姥爷的存在至少让柯阳在生命初期有了被宠爱、被欣赏的体验，有了被爱的记忆；姥爷的影子很大，不会突然就离开，随时会跑过来抱住柯阳，让他享受过在亲子关系中无忧无虑的快乐。

即使那时柯阳还小，无法真正理解爱的意义，但当年那个小小的影子真实地感知到了姥爷的关爱，没有被残酷的现实吞没，那是柯阳的成长过程中难能可贵的美好时光。

时间发生的几件事：他回到了学校，不出意料，留级了，但是转到了厨师专业，因为转专业的事，柯阳还跟母亲大吵了一架。后来。柯阳偶遇前女友，又开始联系，然后复合了，不过现在正犹豫想分手。

“我跟妈妈是因为回学校的事开始吵的，不过后来越吵越凶，越吵越乱，都不记得为什么开始吵架。她希望我留一级，这样还能学原来的专业，我不想再留级，而且想学点具体的东西，我觉得当厨师就挺好。她说做酒店管理比当厨师有发展潜力，她还能帮我找到一份好工作。我明白她是为我好，可当时听了她的话，就是感觉不舒服，她根本不知道留级的感觉有多难受，就在那唠叨什么有发展、有前途。我没那个本事，也发展不了什么潜力，当个厨师怎么了？她嫌丢人我就走，以后自己找工作，去她看不见的地方。她哭了，骂我没良心，我也哭了，感觉很委屈，也心疼妈妈。我们从没这样吵过，之后有几天，我俩都挺不自在的，不过她没再干涉我的事，我就转专业了。

“暑假里，有哥们儿约我打球，去了原来的学校，居然碰到了前女友，随便聊了几句，我之前就听说她又交了新的男朋友。分手后我俩没再联系过，那天之后，她偶尔发微信给我，有一次约我出去吃饭，虽然我心里觉得不该去，但最终还是没忍住，我去

柯阳仍然觉得自己平庸、不够优秀；仍然没有足够的安全感；仍然像孩子一样，渴望父母无条件的关爱；仍然需要改善与父亲的关系，更好地理解、审视亲子关系。

曾被母亲抛弃的孩子，不良情绪的存在是合理的，这是一个孩子成长过程中的伤痛。表达真实的情感，对亲子关系的影响是正向的。内心压抑的不良情绪会慢慢流向它们该去的地方，孩子可以抛开不完美的过往，真正开始自己的生命历程。

和她一起吃饭了。她告诉我，已经和男朋友分手了。再后来，我们联系越来越多，她说，还喜欢我，一直都喜欢，以前不懂得珍惜，过去是她错了，不是我不信任她，是她辜负了我的信任。不知道为什么，她说那些话的时候，我觉得特别舒服，而且我也挺想她的，脑袋一热，我就跟她就复合了。当时，我们两个人都很激动，开始的那段时间也挺甜蜜的，现在已经平静下来了，我觉得自己对她没以前那么上心了。她对我挺好，总跑来找我，还经常主动汇报行程，按理说，一切都很顺利，可我就是觉得，这样的爱情没太大意思，是不是我太矫情了？

“我不可能继续当年级学生会主席了，不过学校的各年级、各专业都成立了篮球队，老师让我当了队长，我却感觉没以前那么拉风了，不过工作也简单，安排时间、场地，组织集合、训练、比赛，主要还是和大家一起打球，有意思，也没那么累。”

结 语

柯阳在接下来的整个学年中，除了节假日，基本上有规律地每周来做一次心理咨询，讲了更多的身边的人和事、学校的人和事、爸爸的近况、妈妈的工作。

柯阳跟前女友复合后，大约三个月就再次分手，这次是他主动提出来的。他告诉我，仍然觉得自己配不上她，是那种不合适的配不上：前女友活泼、贪玩，长相、性格都很吸引人，可自己除了打球，更喜欢一个人待着，管不住她，也嫌累。柯阳能感觉到前女友对自己的不舍，挺得意，分手了也不觉得委屈，只是有点遗憾、不忍心。前女友也没有生气，她说，既然不合适，谁也没办法。至少，在与异性的关系中，柯阳找到了自己的存在感，这是个很好的开端。虽然仍无法给柯阳带来足够的安全感，但是始于儿时的自我价值建设，想修补、增值，要慢慢来，不可能一蹴而就。

柯阳的学习过程非常顺利、愉快，他没想到自己竟然这么适合做厨师。柯阳很喜欢琢磨、尝试新菜式，也喜欢跟我分享各种学习心得，高兴的时候还传授给我几招，后来我都一直在用他教的做菜方法。钻研厨艺，让柯阳经历了“有想法—去操作—有成果”的成功过程，带给他实现自我价值的真实体验，虽然目前收效甚微，但是柯阳在慢慢积累经验。

有一个比柯阳低一届的学妹追求他，他犹豫了很久，也跟我探讨过好几次，觉得那个女孩子也爱玩，性格不适合，怕交往以后会有麻烦。后来，柯阳突然发现那个女孩子是女汉子的性格，兴趣、爱好跟自己相近，于是被她吸引，两个人开始交往。最后，柯阳还是发现那个女孩子心性不定，相处的时候太累，两个人分手了。

又一个暑假即将到来的时候，柯阳告诉我，他准备去实习了，自己要去找工作，如果找不到，学校也能帮忙推荐。妈妈安排柯阳去自己工作的酒店上班，他说，感觉特别高兴，可以每天跟妈妈在一起。至少，妈妈暂时接受了这个做厨师的儿子，这对柯阳来说很有意义，妈妈爱他，无论他是否优秀。妈妈的影子就在身边，和自己的影子重叠在一起，柯阳会走过去，妈妈也会走过来，两个人重新建立了稳定的亲子关系。

开始实习以后，柯阳的时间变得紧张，无法保证每周都来做心理咨询，柯阳的情绪已经稳定了。视频通话一段时间后，我们共同决定结束心理咨询工作，我承诺柯阳，如果有需要，可以随时发邮件沟通。

从柯阳后来零星的邮件中，我知道了他跟妈妈偶尔还会有分歧。柯阳喜欢在后厨工作，妈妈更希望他待在餐饮部，多接触些管理和销售事宜。餐饮部有个比他大的已婚女士，教了他很多工作上的事宜，私下里也常提醒他各种跟工作相关的人际关系处理技巧。他说，喜欢跟她一起工作，她请假不在的时候，会感觉不习惯，会想她，柯阳说，自己没有别的想法，只希望她在身边。

柯阳的最后一封邮件提到爸爸，说，他的肝不太好，身体越来越差，不太适合出去工作了。柯阳常去看爸爸，也很惦记她。他说，现在就想好好实习，快点毕业找个好工作挣钱，让爸爸过得好一点。

之后，我没再收到过柯阳的邮件，想来是没有联系的必要了，或者忙得没时间、没心思写信，无论哪种情况，对柯阳来说，应该都不是坏事吧。我愿意相信，柯阳是在积累能量，和自己的影子一起，努力地长大。

爱要怎么说出口

李心予

我痛
叫我怎么能不难过
你劝我灭了心中的火
我还能够怎么说
怎么说都是错
——李宗盛

子平，女，18 岁，高三学生，第一次见面，子平是被妈妈带来的。子平的个子不高，娃娃脸，戴着眼镜，短短的琥珀色头发很有型，穿着破洞的牛仔裤，紫色的露肩 T 恤很扎眼，还有一双镶着金边的白色旅游鞋，在人群中一眼就能看见她。子平的脸色很差，肤色暗淡，一副疲惫不堪的样子，好像背负着沉重的心理包袱；子平妈妈看上去却完全相反，只有一点点柔弱的感觉，头发卷曲，衣着朴素，中等身材，不胖不瘦，说起话来眼角、嘴角都有些细微的皱纹，看上去似乎心情沉重，但又有些不甘心的样子。

子平和妈妈是并排走进来的，但是她们之间有些距离，好像有什么东西隔着这娘儿俩。子平妈妈说，自己管不住孩子，不管说什么孩子都会跟她对着干，气得自己要发疯了；子平每天宅在家里什么也不干，除了玩手机就是追剧；现在子平已经上高三了，正是紧张的时候，她却像没事儿人一样，也不听学校老师的管教。子平妈妈在电视上看过心理访谈节目，所以把子平带到了这里，希望心理咨询师能够帮助她教育孩子。子平看着我，眼神有些生硬、躲闪，也有些无所谓的感觉，很多家长带来做心理咨询的孩子都是这样——他们不愿意来做心理咨询，但又无可奈何。我注意到，子平的穿着虽然夸张，但脸上的表情却很冷淡，于是开口打破现场的平静："子平，你穿的露肩 T 恤，今年很流行呀。"子平抬起眼睛，看了一下我，然后拉了拉自己的肩带。就在那一瞬间，我仿佛看到了阳光下子平的脸上闪现出一丝清澈的笑容。

想说爱你不容易

做第一次心理咨询时，子平一直在那里坐着，我问了一些问题，她的回答都很简单，似乎不愿意和我谈话。我想到刚刚子平的那一抹微笑，就和她聊起今年夏天衣服的流行款式，只简单说了几句，子平就打开了话匣子，滔滔不绝地谈论起衣服流行趋势：“我每年都看巴黎时装展，每个月都买时尚杂志，今年最流行紫色。老师，你也关注时尚吗？你刚才说这件T恤很流行，我还挺意外的。”

我冲着她微微笑了笑。

突然，子平低下头，好像想起了什么，又陷入沉默。

我问：“怎么了？”

子平说：“没事，这些东西也没什么意义。”

我问：“这样说是什么意思？”

子平说：“妈妈不让我看这些，她说没用，耽误学习时间，我都是偷偷地买了看，她老说，我买的衣服都是一些破烂儿。”

我说：“你和妈妈好像对某些事情的看法有分歧。”

子平说：“不是分歧，我们完全是两个世界的人。”

一般情况下，孩子出生后，立刻成为家庭的核心。第一次为人父母，很多家长没有经验平衡孩子和自己的生活，常常会把生活的重心全部放到孩子身上，无微不至地照顾孩子。

虽然，家长给了孩子足够的关爱，但是如果过分关注孩子，过犹不及，家长的爱也会让孩子产生负担——孩子要被迫负担起家长的过高期望，有些家长还会对孩子提出过分的要求。这对孩子不公平，他们的自我意识还不成熟的时候，基本上会按照家长的要求去做。

但是，随着年龄的增长，孩子的自我意识增强，慢慢地发现自己想要的生活和家长的期望不一致，冲突和矛盾随之而来。矛盾不可调和的时候，孩子就会逃避甚至叛逆，甚至会得抑郁症。

后来，谈到子平做心理咨询的原因，子平说：

“我其实不想来心理咨询，但是为了妈妈，我愿意来，我们经常吵架，每次都是又喊又叫的，要不然她就哭，说为我付出这么多，我还不听话，然后十多天不理我。妈妈天天都说我，觉得我什么都不好，她根本就不懂我。我也不理解她，为什么天天都围着我转，吃啦、穿啦、学习啦、朋友啦，我干什么她都要过问。我知道这是母爱，所以每次吵架，她一哭我就很自责，我觉得自己辜负了妈妈的爱，觉得自己不应该这样对她，我应该听她的话，但是我真的也很难受呀。她还总说，我变了，变得不乖了，说我以前很乖，什么都听她的，现在不听话了。可是我没办法听话呀，她说的那些话我接受不了呀。哎，老师，这是不是一道无解的题呀。我感觉自己都要抑郁了，这半年经常是做什么都没有精神，就想猫在一个地方，一个妈妈找不到的地方。我在百度上查了一下，这个好像就是抑郁症。老师，我是不是没救了？”

抑郁症是常见的一种心理疾病，以连续且长期的心情低落为主要的临床特征，抑郁症患者常常表现为心情低落、长时间地消沉甚至悲痛欲绝，自卑、痛苦、悲观、厌世、消极、逃避，甚至产生自杀倾向。青少年处于人生的重要阶段，逐渐变得成熟，面对复杂的现实世界，有时候无法面对、理解理想与现实的矛盾、冲突、落差。遇到一点挫折，就厌世、逃避。

爱的奉献

“小时候，爸爸、妈妈工作很忙，我在外地的姥姥、姥爷家生活过一段时间，妈妈每周末的时候来看我；后来，上了小学，我就被他们接了回来。上小学五年级的时候，妈妈辞职了，因为爸爸那时候经常出差，妈妈说，要全心照顾我的生活、学习，否则初中就会跟不上了。妈妈其实挺辛苦的，每天接送我，还要做家务，晚上回来给我做饭，陪我写作业，周末到处去上补习班，妈妈把我的生活、学习安排得井井有条。不过回忆起那段时间，记忆里好像基本都是在学习，很平淡的感觉，像一杯白开水，没有什么味道，但是那时我好像也没抱怨过，现在觉得好奇怪呀。还有，我的东西都是妈妈买的，自己没买过什么东西，包括什么衣服啦、书包啦、学习用品之类。我记得同学们都是自己去文具店买文具，例如漂亮的笔袋、本子之类的，我央求过妈妈给我买，但是她说花里胡哨的文具会影响学习，所以就没买。

“其实，小时候我挺听话的，小小年纪知道帮妈妈干活，因为家里就我和妈妈两个人，爸爸很久才回来一次。所以我很想帮妈妈擦地、洗碗、洗衣服，但是妈妈都不让我做，说让我好好学习就行。老师，你说我算不算是一个挺懂事的孩子？但是妈妈总是有很多的要求，不过，小时候，我好像觉得妈妈有要求也是应该的，妈妈是为了我好，所以她的要求我都照做。有没有不听她话的时候？有一次吧。我

“足够好的母亲（good enough mother）”，是客体心理学的代表人物温尼科特提出的，是指开始的时候几乎完全适应婴儿的需要，并且随着时间的推移，母亲逐渐适应得越来越少，并根据婴儿逐渐增长的能力来应对失败。不同于完美主义、理想主义的育儿思路，“足够好的母亲”不会剥夺孩子成长的快乐，并给孩子创造机会去应对外部挫折。对孩子来说，不需要100分的母亲，只需要走上正常的成长道路。

记得有一次出去旅游，好像是初一或者初二，妈妈带我去了西安，路过一个美食街，我很想去吃当地的小吃，妈妈说，太脏，不让我买。我说，出去玩不就是要吃当地的小吃吗？那次我有些坚持，妈妈就很生气，说我不听话，后来妈妈就甩手走了。我吓坏了，毕竟当时是在外地，我赶紧追过去。后来妈妈很长时间里都一直不理我，我只是默默跟在妈妈身后。那次的事，我的印象很深，现在说起来，突然觉得自己当时很可怜。

"我上初三的时候，爸爸的工作比较稳定，不怎么出差了。但是，不知道为什么，从那时起我和妈妈的争吵变多了。有时候，我们因为一点小事儿就大吵起来，我都不知道为什么。她一生气，不是哭就是冷战，最长的时候能持续十几天。每当这时，我都非常害怕，感到不知所措。我也不知道自己在害怕什么，有时候我会去哄哄她，有时候管用，有时候不管用。我们吵架时，爸爸有时候会劝架，但是大多数时候他都不管我们的。有时候，妈妈生气了还会胃疼，没办法吃饭，我会有些担心，所以我就不得不把内心的火气压下去。但是心里好像压着一块大石头，喘不过气，也看不见光。这样说好像有些夸张了，不过这就是我的真实感受。"

我的爸爸

“爸爸在事业上有些成就，是单位的一个领导，但是我也不知道他具体做什么工作，他很少在家说单位的事儿。爸爸看的书很多，兴趣、爱好广泛，什么画画啦、收藏啦、养花啦……初三以后，爸爸不出差了，经常在家，我才慢慢发现他的这些爱好。但是，爸爸的脾气很暴躁，和妈妈也是经常几句话说不到一块儿，就会吵起来。不过妈妈对爸爸好像好一些，我感觉有时候她都会退让、隐忍，不知道是不是和爸爸挣钱养家有关系。

“可能我不该说这样的话，但是有时候真觉得妈妈配不上爸爸，我觉得妈妈没办法和他交流，妈妈说的都是家长里短的事儿，爸爸根本不感兴趣。爸爸呢，感兴趣的是美学、艺术，对历史、地理也都很精通，可是妈妈在这些方面一窍不通，你说他们能说到一块儿去吗？说出来您可能觉得可笑，我记得高一的时候，实在觉得妈妈这样下去不行，就给她买了一套四大名著，想让她没事读读书，可她却不屑一顾，说没时间看这些书。要说妈妈辞职前，也是在银行工作的呀，也是大学毕业生呀，不知道为什么就成了现在的样子。有时候我鼓励她化妆，买些漂亮衣服，但是她说这些都没用，所以我看时尚杂志都会被她骂。

“正说着爸爸，怎么话题跑到妈妈这儿来了？我总觉得爸爸在外面一定有别的女人喜欢他，事业有成、博才多学，肯定招人喜欢，所以我总替妈妈担心。对他们的婚姻，我好像比妈妈更有危机感。怎么又说到妈妈了……我和爸爸的关系还不错吧，他爸不怎么管我，可能他觉得有妈妈管我，他就放心了，我们的谈话也不多。他在家有时候，基本上都是在书房里看书、画画，他也不怎么做家务，妈妈有时候也会抱怨，但是她不会因为这些琐事对爸爸发脾气。所以我觉得，妈妈也忍了爸爸很多年吧，不过她怎么就不能对我宽容一些呢？”

童年的记忆

“小时候，我不是在姥姥家生活过一段时间嘛，妈妈说，姥姥是个很懦弱的人，什么都听姥爷的，说她是个没有自我的女人，说她总是讨好别人。但是我觉得姥姥挺好的，一想起姥姥，就是暖暖的、软软的感觉；姥姥对我非常好，我想吃什么姥姥都给我做，她对我的照顾无微不至。你要问我姥姥和妈妈对的照顾有什么不同吗？肯定是不一样的，但是到底有什么不一样？让我想想哈。姥姥对我的照

有些传统观念认为，妈妈是孩子的主要养育者，事实上，父亲和孩子之间建立良好的亲子关系，会对孩子产生正向的激励。家庭是由男人、女人共同缔造的，孩子在成长中通过对爸爸、妈妈性别的认知，才能明确自己的性别。孩子的成长需要学习、模仿不同的养育者，从而在不同角色中慢慢认识自己的角色，学会简单地处理家庭关系。在日常的相处和互动中，爸爸可以帮助男孩子培养男子汉的气概，可以为女孩子提供安全感，甚至成为女儿未来伴侣的参考原型，因此，“丧偶式”育儿不可取，爸爸的角色不可或缺。

顾很舒服，就像躺在一张舒服的大垫子里；妈妈对我的照顾有些让人窒息，感觉被什么东西紧紧地包裹着。我不知道是不是因为那时候太小了，确实需要妈妈无微不至的照顾，后来我长大了，就不需要了？

“妈妈好像不是很喜欢姥姥，这只是我的感觉哈。她有时候会说姥姥一些不好听的话，就像说我一样。但是姥姥也不怎么反驳，也不生气。有一次，妈妈来看我，好像我做错了什么事，我都忘了具体是什么事情，总之妈妈很生气，想要打我。姥姥劝妈妈不要动手，但是妈妈不听，姥姥怎么也拗不过妈妈，你猜怎么着，姥姥‘扑通’给妈妈跪下了。当时我都傻了，可是妈妈反而更加生气，一边骂我、一边说姥姥惯着我，会把我宠坏的。不过最终我还是在姥姥的庇护下逃过了一劫。

“我还记得，小时候，妈妈给我报了钢琴班，我不喜欢弹钢琴，妈妈还特意买了一台电钢琴送到姥姥家，让我平时练习弹琴。其实，我平时也不怎么练习，因为不喜欢呀。但是妈妈每次来看我，都要检查我学得怎么样了，如果弹错了，妈妈就会打我手，打得双手通红，姥姥劝也不管用，妈妈根本就不听她的解释。那时候，我真的恨发明钢琴的人，真想把世界上所有的钢琴都砸了。妈妈走了以后，

在孩子的成长过程中，如果有多个养育者，则要统一养育的方式及规则，这样孩子认识外部世界、建立规则秩序的过程中条理清晰。

规则也好、秩序也罢，没有好坏对错之分，面对大千世界时，能顺利找到自己的坐标，孩子就不会产生焦虑感，长大后处理学习、生活、工作关系也会得心应手。

姥姥就用凉毛巾给我敷手，好言劝我以后好好练琴，省得妈妈再打我，我觉得有姥姥在，很温暖。可是妈妈却经常说，姥姥太软弱，没有底线，好像姥姥那样的人不好，不能成为姥姥那样的人。但是我总觉得，姥姥像柔软的棉花一样，让人感觉温暖而舒服。

“姥姥长得挺好看，年轻的时候一定是大美女。据妈妈说，姥姥年轻的时候，村里喜欢她的人挺多的。姥爷年轻的时候是一名军人，很有阳刚之气，姥姥选择了和姥爷结婚。因为姥爷是军人出身，在家里管得很多，也管得很严，家里有很多规矩，姥姥一般都是很顺从的。姥爷也不怎么做家务，但是姥姥好像没怎么抱怨，总是笑盈盈的。但是我感觉姥爷对姥姥并不凶，姥爷对舅舅和小姨很凶，有时候看到他吼他们，我都会害怕。姥爷不怎么管我，可能因为主要是姥姥在照顾我，只有我犯错的时候，姥爷才会说我几句。但是他也不会责罚我，只是告诉我应该怎么样做。我感觉，姥爷好像不是很喜欢我。后来，我长大了，有时候回姥姥家，姥姥对我又搂又抱的，但是姥爷好像没什么反应，只是说一句‘来了’就完事了。

“现在想想，那段时间里姥姥给予我的温暖，现在还让我感觉得美美的，记忆中也有姥爷远远的背影，好像他们一直在我身边。”

不知所措的恋爱

“上初中的时候，有高年级的男生追求我，给我买小礼物，给我写小纸条，我都不记得内容了，大概内容是说要保护我、照顾我之类的。我觉得挺可笑，因为我根本就不需要被照顾、被保护，有妈妈还不够吗？我对那些男生没啥感觉，不过有别人喜欢自己，这种感觉还是挺好的，所以我也未置可否。但是妈妈管我很严，禁止我谈恋爱，最后也就不了了之。

“我好像对男生没什么兴趣，班里的女生一起讨论哪个班的男生帅或者哪个男明星的绯闻，我觉得她们特别幼稚。那些男生哪儿好看呀，我怎么一点都看不出来。

“高二的时候，我喜欢和一个女生玩。她很孩子气，长着一张娃娃脸。她的思想很简单，性格很活泼，想干什么就干什么，而且总能突发奇想地带来一些小惊喜，让我觉得很有意思，我特别喜欢她那种活泼、随性的性格，跟她在一起我觉得自己整个人都活起来了，觉得除了学习，原来生活还可以这样美好。不过有时候，她也很任性，想做什么就一定要去做。开始的时候，我们是好朋友，后来不知道为什么就渐渐疏远了，一段美好的友谊就这么结束了，唉……”

如何看待同性之间的亲密关系？每个人的意识或潜意识层面，都可能被优秀的同性吸引，从而产生特别的情愫。

原因大概有以下几种：在成长过程中，同性父母的缺位，或者同性父母的特征混乱，导致孩子对同性父母性别的认同失败；异性父母的角色缺失，或者其他人替代了异性父母的位置，导致

茫茫人海，一叶孤舟

“我没有什么玩得特别好的小伙伴，上小学时，有几个同学经常在一起玩，后来小学升初中后，我去了另一个区的重点中学，因此搬家了。小学那帮同学都是就近上的中学，所以也就没有再联系。上了中学，我基本上没有自己的时间，放学后就要去各种课外班、补习班，感觉那段时间都是昏天暗地的，除了学习没干别的事。初中的时候，我的学习成绩确实不错，老师也挺喜欢我的，老师都喜欢学习不错的学生，所以这也没什么可骄傲的。你问我当时和同学的关系？我突然想起来，那时候，每天坐在教室里，无论是上课还是课间，周围有那么多同学，但是我感觉好像离他们很远，好像自己在一个模糊、透明的橡胶球里面，他们都在外面，我也听不见他们说什么，只能模模糊糊能看见他们，但是他们看不到这个球。

“我中考的成绩还不错，考上了现在这个重点中学。我很高兴，妈妈也非常满意，到处向别人炫耀。但是，班里很多同学都是从这个学校的初中直升上来的，他们很熟悉，关系非常好，我们这些从别的学校考来的同学，就显得有些格格不入。老师们呢，好像对本校升上来的学生和考进来的学生有

孩子没有机会和异性父母建立亲密关系；父母的期望比较特别，导致子女把这些期望同化为性别刻板观念，例如把男孩当女孩子养；父母的性别观念异常，也会潜移默化地影响子女的性别角色观念，例如重男轻女等。

些不同，也许我太敏感了，但是除非你成绩特别好，否则不会入老师的法眼。有时候，我觉得挺难受，也说不明白为什么，就是每天都感觉很压抑。在这里，大家的学习成绩又都特别好，不像以前，我稍微努力就能考进前三名，现在好像怎么努力都还是那个样子，学习的动力也不那么强了。成绩差了，自然也就没有老师关注、喜欢你。

“所以，我经常用看不见的橡胶球把那些不喜欢的人挤到外面去。你问我橡胶球里面有别人吗，好像有妈妈，但是她在橡胶球的另外一层，和我不在一个层面，妈妈好像离我很近，但是她碰不到我，我也听不见她说话；还有姥姥，在特别远的地方，很模糊、很小，不过隐隐约约能听到姥姥的声音，但是听不清她在说什么；再有就是那个女生，她和我在一个空间，很清晰，但是她背对着我。”

隔离的人际关系来源于被隔离的情感，成长环境中没有和他人的有效互动，表达自己的需求时没有得到反馈，或者得到的反馈总是和自己的期望错位，慢慢地孩子就会退缩到自己的小世界中，封闭自己，不再和外界发生关系。关注、陪伴、爱……如果需求一直得不到满足，那么实现需求的人际关系就不再有价值。

心理咨询师的建议

给家长的建议：

1. 做优秀的家长：妈妈和孩子是一个从共生到分离再到个体化的过程，在这个过程中，孩子才能学会独立，成为一个真正的人。早期，妈妈和孩子相依为命，彼此间没有界限，孩子是妈妈的一部分，妈妈也是孩子的一部分。当归孩子产生问题时，妈妈自然会感觉痛苦，很可能无所适从。孩子有自己的人生道路，家长不应该试图控制孩子，而是要帮助孩子解决问题。家长们也有自己的人生，不要把生活的重心全部放在孩子身上。不要寄希望于通过孩子实现自己的理想和抱负，家长也要活出自己的精彩，给孩子做一个好榜样。

2. 管理好自己的情绪：不要把自己的理想强加在孩子身上，也不要把自己的情绪强加在孩子身上。有不良情绪的时候，要分辨是孩子带来的，还是源于自己。如果把不良情绪带给孩子，孩子就会紧张、惧怕，时时刻刻关注家长的情绪，从而产生心理负担。家庭常见的一种情况是把对伴侣的情感和对孩子的情感混在一起，把不良情绪转移到孩子身上。孩子虽然是婚姻生活的结晶，但是家长之间的矛盾，不应该转移给孩子，这不是孩子应该承担的责任。

3. 不要用“乖”去要求孩子：在一定程度来说，乖孩子普遍会压抑自己的部分想法和需求，对父母而言，可能乖小孩比较省事，他们事事都顺着父母。但是对孩子来讲，也许内心并不快乐，仅仅为得到一个“我是一个好孩子”的积极评价，乖小孩不得不按照家长的规则生活，甚至忽视自己真正的想法，久而久之内心就会产生缺憾。每个人都有自我发展的需要，都有实现自我价值的需要，长时间不被尊重，久而久之，孩子便失去了独立思考的能力，隐藏自己的需求，甚至逃避生活。

4. 建立多元化人际关系：帮助孩子建立稳固的多元化人际关系，有助于提高孩子的心理素质。在多元的人际关系体系中，如果某个部分出现问题，有其他关系的支撑，整个人际关系体系不容易坍塌。就像一张桌子，如果只有一条腿，那么只要出现问题，桌子就会倾斜甚至倒掉，桌子有多条腿，就算出现问题，也不会立刻倒塌。与此同时，孩子遇到困难的时候，也不会感觉那么孤单无助。

恋爱是一座幻灭的城

李心予

我在幻想着，
幻想在破灭着，
幻想总把破灭宽恕，
破灭却从不放过幻想；
——顾城

罗焕焕，女，17岁，职高二年级学生，清瘦、高挑、皮肤白皙，脸上的皮肤如同婴儿一般嫩滑，脸上没有什么表情，看起来很沉静、冷漠，总给人一种距离感，但是她笑起来却像个孩子，纯净而明媚。不过她很少笑，做心理咨询这么久，屈指可数的笑容如昙花一现，但我总是很期盼她笑的那一瞬间。

因为情感问题，焕焕自己提出要做心理咨询，她说，上初中的时候就想做心理咨询了，这件事已经耽误了很久。现在遇到问题了，真的不知道怎么办，她用“走投无路”来形容现在的状态。我问，你是不是在恋爱中遇到了什么问题？她说，自己不是很喜欢现在的男朋友，但是却不能忍受和他分手，每次对方一说要分手，自己就难受得不知道该怎么办。可是，自己不知道要不要继续和他在一起，自己到底爱不爱他，感觉非常痛苦。说这些话的时候，焕焕开始流泪，只是安静地流泪，没有愤怒、激动，不像有些因婚姻、恋爱问题来心理咨询的人那么歇斯底里。

现实中，有些人因为在婚恋问题上遇到了一些问题，不知道怎么解决，就会来做心理咨询。亲密关系在某种程度上是过去在原生家庭中与主要养育者的关系的复刻，但是，如果面对的另一半并不是当年的养育者，所以矛盾与冲突就出现了。

关于焕焕恋爱问题的心理咨询，在她的默默哭泣中开始了。

没有自己的世界

“我不知道自己长得算不算漂亮，有几个喜欢我的男生，在表白的时候，说我像个清高的瓷娃娃，一看见我就想要保护我。但是我从来没觉得自己像个娃娃，我一般独来独往，有几个朋友，但不是很多，大家都觉得我挺好相处，很随和，但有时候也会拧巴。和朋友在一起的时候，经常是他们决定去哪里吃饭、去哪里逛街，我只要跟他们在一起就可以，大家问我意见的时候，我常常挂在嘴边的就是‘随便’。

“我的学习成绩一般，不知道自己将来想要做什么，总觉得自己什么都做不了。老师问我想要做什么工作的时候，可能我的回答吓到了她：将来可能只是在家待着吧。我不觉得自己讨人喜欢，虽然也有男生追过我，但是我没有答应过，除了现在的男朋友，我觉得别人对我的感情都是不真诚的，现实情况也证明我是对的。我经常思考，很多事情想不明白，有时候努力想了很久还是不明白，就只能放弃了。其实，我已经放弃了很多事情，觉得那些事情都无所谓。我有一个自己的世界，在那个世界里我经常和自己说说话，那里黑乎乎的、空荡荡的，我觉得很孤单，但有时候觉得似乎那里什么都没有。我渴望生活是热热闹闹的，但我只能远远地看着大家，好像自己被捆绑住了，不能走入别人的世界。老师，我是不是很矛盾呀？我经常有一种矛盾的感觉，感觉好像自己被卡在门缝中，想出出不去，想进进不来，而我夹在门缝中很难受，不知道该怎么办。”

经常听到有人对孩子的评价，就是这个孩子乖不乖，很多看上去很乖的孩子，可能只是孩子表现出的另一个“自己”，他的内心还有另外一个“自己”。当两个“自己”不一致时，孩子的内心就会出现矛盾，产生纠结的感觉。

陷入一座幻灭的城

“这是我的初恋，男朋友比我大两级，是我的学长，我们在一次运动会上认识的。虽然他其貌不扬，但是追我的时候对我很好。其实我并不喜欢他，因为他不是我喜欢的那种人，但是我当面说不出来这样的话。他给我的感觉，让人有些上瘾，你明白我说的上瘾吗？不知道他哪里好，但我感觉就是离不开他。后来我和一大帮朋友经常一起出去玩，有一次在 KTV 里，他当着所有人的面，单膝跪地，要求我做他的女朋友。我很惊讶，有些被吓到了，也有些尴尬、犹豫，当然也感觉到有一点小幸福，这不是每个女生都期待的场景吗？虽然，我好像不是很喜欢他，但是又被什么情愫紧紧地吸引，我不清楚自己的感受，于是稀里糊涂答应了。

“我们刚开始在一起的时候挺甜蜜的，终于觉得自己像个公主了，享受了从未有过的无微不至的照顾，我觉得，如果生活这样一直下去挺好的。那段时间我经常翘课，不是和他在一起，就是想着和他在一起；感觉有什么东西推动着我和他在一起，我开始依赖他、黏着他；感觉内心深处那个坚硬的部分开始变得柔软，好像有什么东西在渐渐消融，但是好慢、好慢。

“但是，这一切在我们在一起之后发生了变化，感觉我们渐渐开始疏离。那时候，他刚刚找到工作，很忙、压力很大，于是我发微信他不能及时回复了，每天也不能聊很久电话了，因为他还要加班，平时我们也不能常常一起吃晚饭，周末出去约会的次数也少了，他不是加班就是喊累，要在家休息。不知道是不是因为我太敏感，我觉得那些都是借口，真正原因就是他不像以前那么爱我了；我时时刻刻都想看到他，或者听到他的声音，他不能不爱我！我每天如履薄冰，因为一点小事儿就会对他发脾气。每当我稍微感觉他离我远了，就会大吵大闹，希望他能给我个承诺。可他的回答永远是，我是爱你的，我们的感情已经稳定了，现在需要为了我们的未来去奋斗。他这么说的时候，我被夹在门缝中的感觉就冒了出来，我觉得他说得有道理，胡乱指责他是不对的，应该尝试去理解他，可是我的心里真的很难受，就是觉得他不爱我了。我理解他的工作辛苦，但是不能总这样吧，爱情不该是这样的吧？我很纠结，心里总是有两个小人在打架，我似乎被他们逼得无路可走。

“他为了证明爱我，跟我提过，等我毕业后就结婚，我没有答应。我不能接受他这样对待我，还要和我结婚。他说结婚就是因为爱我，但是我感受不到。难道我的后半生就要在这样的担忧和纠结中度过吗？我没有办法忍受，每天都恐慌地生活在他即将离去的噩梦中，我知道，我的理想城在慢慢地幻灭。

“前段时间，我们又大吵了一次，男友竟然提出了分手。起因其实是一件很小的事情：有一天我在他公司附近等他下班，准备一起吃晚饭。我很早就到了，他说六点下班，但是要加一会儿班。七点半的时候，天都黑透了，他才出现。我们在附近的饭馆吃饭，点了菜后，本来我兴高采烈地想跟他说我在路上遇到的一些事情，他却低着头一直在玩手机,不知道在玩什么游戏。我问他,他只是‘嗯、啊’地回答我。我立刻愤怒了，质问他为什么这样对我，是不是不爱我了？我等了他半天，他还是这样敷衍。刚开始他还和我吵，后来很平静地说：‘你就是个永远长不大的孩子，我已经受够了，咱们分手吧。’当听到他说‘分手’的时候，我感觉整个世界都天崩地裂了。我开始疯狂地用拳头打他，问他，我哪里做错了，他站在那里没有反应。我泪如雨下，求他留下来，我有什么做得不对的地方，我会改。但是他推开我：‘你已经这样说了无数次了。’我歇斯底里地对着那个背影喊叫，他头也不回地走了。我伫立在那里，好像瞬间被掏空了。我一次次地打电话，他要么接起来说两句就挂了，要么就不接。那天晚上我，竟然不停地打了几十个电话，直到他把我拉黑。我一直不停地哭，有一种说不出来的难受，好像憋在什么地方，怎么都发泄出不来。他绝对不能和我分手，没有他，我怎么办呢？我被困在一段无法走出的感情里，好难受。眼前的一切好像是一场幻影，我只是一个泡泡，没有目的地飞在空中，随时都会被什么东西碰碎。”

亲密关系中，有时候会出现你我界限的消融，这时，我们会误认为对方就是我的一部分，对方必须为我负责，对方必须知道我是怎么想的，这些状态都是因为你或多或少回到了从前婴儿和母亲的关系状态中，并不是在以一个成年人的心态与行为模式和对方相处。

等待一盏点不亮的灯

“我是独生子女，妈妈是老师，爸爸在一家事业单位工作。爸爸是外地人，所以我们每年都是过年的时候才去外地看望爷爷、奶奶。姥姥、姥爷家离我家不是很远，但是自从记事起，他们身体就一直不好，姥爷很早就过世了，妈妈一直在照顾身体不好的姥姥。

“小时候的事情，我记得不多，妈妈说，我生下来就被放在一个保姆的家里，因为没有人照看我。有时候，如果爸爸、妈妈很忙，我甚至会在那个保姆家里待一个星期，周末的时候他们才把我接回来。我对在保姆家的生活已经没有什么记忆了，模模糊糊记得保姆是个老太太，她家有个小男孩，好像比我大一些，记得他和我抢过煮鸡蛋，那个老太太好像很喜欢他。关于那段时间，妈妈经常提起的就是，每次去保姆家或者从保姆家回来，我都会尿裤子或者拉裤子，虽然那时候我已经快 3 岁了。

“后来，我上了幼儿园，就被接回家了。我的脑海里经常想起的一个场景，就是幼儿园放学的时候，我总是最后一个被接走，小朋友们都走了，我还在教室里等。天已经黑了，老师在忙着收拾教室，而我坐在窗户边，望着幼儿园的大门口，期待着爸爸、妈妈来接我。所以，很多年里，我的脑海里一直有一个画面——昏黄、空荡荡的院子里只剩下我在苦苦等待。现在想起来，仍然觉得等待时的每分每秒里，就像要失去什么重要的东西一样，感觉紧张而焦虑。每当我觉得很孤单的时候，这个场景就会浮现在眼前，我也不知道为什么。

“爸爸、妈妈的工作很忙，妈妈是一个学校的老师，白天很早就要出门，看管学生上早自习，晚上回来还要批改作业和备课。爸爸也是经常加班，有时候，我和妈妈睡着了，他才回来。所以，每天晚上吃完晚饭，我坐在屋子里的一个小桌旁玩，妈妈在旁边工作。有时候，我邀请妈妈和我一起玩，都被她拒绝了，因为她还有很多工作没有完成。我不记得自己都玩了什么，但是我清晰地记得那个画面——我在一个角落里看着妈妈在台灯下奋笔疾书的背影，还有台灯旁摞起来很高的作业本和书，感觉是这些书本挡住了我和妈妈，让妈妈似乎离我很近，又好像很远。

“我还总想起来一个场景，就是刚刚上小学的时候，爸爸、妈妈下班都很晚。放学后，我就和院子里的小朋友们一起玩，等他们回来。有一次，天黑了，妈妈回到家，发现我不在家里了，很着急，等我回来，把我狠狠地说了一顿，说外面有坏人，不准我在外面玩了。她给了我一把钥匙，让我每天放学了自己开门、回家。于是我每天放学后，不敢在外面玩，自己回到空荡荡的屋子里。其实我非常害怕，天已经黑了，我坐在圆桌旁，一动不动，甚至连灯都不敢开，就那样一直坐着，直到爸爸、妈妈回来。虽然好不容易等到他们回来，可是他们回来后，又骂了我一顿，说我没用，回家不知道写作业，也不知道做家务，就只会傻坐着。那时候，泪水就会从我的眼睛里不受控制地流出来，我也不知道是因为挨骂才哭，还是哭自己没用。我的心里总是黑漆漆的，为什么童年的这些记忆都是昏暗的晚上，都是一样的冷清、没有光亮、无尽的孤独，是不是所有人的记忆都是这么暗淡，没有任何鲜艳的颜色？真的好奇怪。”

每个生命的最初形态都是从温暖、安全的，妈妈的子宫是婴儿的保护罩，当一个婴儿出生后，来到这个没有羊水包裹的陌生世界，就产生了不安全感。所以，婴儿出生后，帮助他们建立安全感是父母的首要任务。婴儿需要一个一直在身边、能够及时回应自己的妈妈，通过妈妈的回应孩子感觉到自己是安全的，就像还在子宫内一样。当孩子慢慢知道，父母永远能够支持、保护他，长大后当父母不在身边，孩子也会觉得安全，安全感就会被内化，孩子就养成了一个健全的人格。

门缝中的人生

“记得小时候，有一次妈妈要去参加一个什么会议，好像是在外地举办，妈妈让我在二姨家住两天。我不喜欢二姨，闹着不去；妈妈说，不可以，家里没有人照顾我，必须去二姨家。妈妈骑自行车把我送到了二姨家，而我坐在后座上哭了一路。到了二姨家，我拉着妈妈不肯撒手，妈妈着急地说要去赶火车，可是我就是不想让妈妈走。妈妈着急要甩开我的手，二姨一看怎么也哄不好我，可能是没了耐心，就对着我喊道：‘你这孩子怎么这么不懂事呢，妈妈不也是给你挣钱去了嘛，快撒手。’这时我的心突然被戳了一下，慢慢松开了妈妈。我在门缝中看着妈妈离开的背影，越来越远。心里好难受，有种说不出来的滋味，内心有两个小人在打架，一个说妈妈别走，我不想让你走；一个说妈妈是有工作的，你要理解她。我被拉扯着，又好像被夹在了门缝中，不知道该怎么办。

“妈妈对自己、对家人的要求很严格，所以，小时候，我经常听到她数落爸爸，爸爸每天回来得很晚，经常说工作忙、要加班。但是，有一次我去爸爸的单位，喊他回家吃饭，发现他只是在那里喝茶、看报纸。妈妈对我说不上严格，但是她经常会让我这样、那样，经常会说我做得不对。我曾经和妈妈争辩过，但是，好像每一次的事实都证明妈妈是对的。记得有一次，美术课老师布置了做风车的作业，老师发了材料，让大家按照手工书上的步骤把风车做好，第二天上交、评比。我吃完晚饭，兴奋地拿出材料鼓捣，做了一半，就听见妈妈在旁边喊道：'你这样做不对，风车是转不起来的。'我努力地争辩：'书上就是这么画的，有什么不对的。'妈妈没等我把话说完，就重新做了一个，她做的风车确实很好看，而且转得也很快。'你看看，我说你那样做不对吧，为什么不听我的呢？'我定在那里，看看自己手里的风车，再看看妈妈的风车，很生气，心里好像被什么堵住了一样，但也不知道在生谁的气。我一直记得这件事，其实，这只是一件小事，但是我一直记得她说话时的眼神、神态，感觉好像我一直就是错的，不可能做对一件事。她经常对我说的一句话就是：我说了你不行吧，你不信我的，你应该这样……即使现在我已经长大了，妈妈和我的对话还经常是这样。我慢慢习惯了这句话，一点儿愤怒的感觉都没有了，因为我可能真的很笨、很傻，但是我总是感觉很闷、很慌；有时候，我好像还想抗争一下，但是，我也不知道要反抗什么，用什么去反抗？有时候，压抑了不甘心之后，我还是

自我的形成是孩子成长中的一个重要内容，自我就是个体对自己存在状态的认知，包括了解自己的性格、需求、情感、思想等。在建立自我的过程中，家长对孩子的感受、需求的肯定非常重要，如果轻易否认孩子的感受、需求，孩子长大后就可能会否定自己的真实需求，并压抑自己，还有一种可能性是，孩子不知道自己的真实需求是什么，反而被外界的一些事物所蛊惑，容易走上错误的道路。

要去问她，我该怎么做。有时候甚至觉得，如果她不说，自己都不知道要怎么做。我知道妈妈这么做，是因为爱我，但为什么我还是那么不舒服呢？是我要得太多，还是我不能理解妈妈的爱呢？每当这时，我又会谴责自己是个不懂爱的人，那种被夹在门缝中的感觉就又冒出来了。

“我和爸爸好像没什么太多的故事，童年生活里，似乎爸爸的身影很少。小时候，好像爸爸不是在出差就是在加班，家里的事情都是妈妈一个人搞定。爸爸在家的时候，也不怎么说话，只要一说话，八成要和妈妈吵架。我最害怕他们吵架，尤其是在我面前，我不知道他们吵架是不是我的错，更不知道怎么办才好。我上初中的时候，爸爸在家吃晚饭的时间多了，每次吃晚饭我都很紧张，因为他们随时可以因为一些小事吵起来。什么爸爸做的菜咸了，今天回家比昨天晚了之类的琐事……有一次，吃饭的时候，爸爸给我夹了一块肉，妈妈就说，女孩子不要吃那么多肉，长胖了不好看。爸爸则坚持说，这个年纪的女孩子需要吃肉补充蛋白质，妈妈就说，她已经吃得太多了。他们争论着，我看着碗里的肉，不知道该吃还是不该吃。似乎怎么做都不对，所以我只能离开饭桌，回到自己房间。刚关上房门，就听到他们两个大吵起来。我又觉得自己做得不

自信心的建立，需要一个漫长的过程，也需要孩子逐步地去尝试。有时候，家长可能替孩子着急，从自己的角度出发，要求孩子做一些事情，虽然也给予了孩

对，可是我是出去呢还是不出去呢？内心永远充满了二选一的选择题，但是我永远不知道该选哪一个，似乎哪一个都不对。”

被什么掏空的身体

“再说回现在的恋爱，我也不知道怎么选择。其实我已经想了很久，从他追求我的那一天起，就又开始面对二选一的选择题，我没有答案。你要问我，他喜欢我什么，我也问过他，他说我长得好看，有种柔弱的美，特别想要保护我，还说觉得我有些清高，好像要拒人千里之外。其实好几个男生都这么说过我，但是我自己没有感觉。老师，你也这么觉得吗？

“你要问我喜欢他什么，我得好好想想。他比较强势、自我、有主见，我最喜欢和他在一起的时候，他说去哪儿就去哪儿，想干什么就干什么，毫不犹豫。他带我走入另一个世界，以前的我好像一直坐在一个角落里，不知道、也不想知道外面是什么样子，他给我的生活打开了一个缺口，有了一条路通向外面的世界。和他在一起，我也觉得自己充满活力，我很羡慕他这样的人，他总是知道自己想要什么，而且能够马上行动。我的脑子里好像总

子一些指导和帮助，但是孩子在那个阶段无法达到家长的要求，很多事情都还做不到或者做不好，经常不能获得成功的体验，也不能获得相应的肯定、鼓励，慢慢地孩子就认为自己做不到也做不好家长要求飞事情，既然无论怎么努力也达不到父母的要求，渐渐地就失去了对自己信心。

在养育孩子的过程中，父亲的角色有重要的作用，在孩子成长的每个阶段，父亲都有不一样的特殊角色，这个表现在女儿的身上会特别明显。这些角色是妈妈无法替代的，只有父亲才拥有这个角色的权利。如果女孩子在择偶之前没有足够的父爱，这部分父爱的缺失就会转嫁到其他男性身上。在恋爱时很容易因为缺失爱而不顾一切。

是一片空白，没有动力去学习、做事。要问我不喜欢他什么，其实也说不上来，长得不帅？不知道……就是感觉他不是我要的那个人，其实，我也不知道要找什么样的人，觉得我们以后不可能结婚，他家里的人都是做生意的，好像不太门当户对。但是，既然我们在一起了，就不能轻易分开。他就这样走了，我感觉人生之门被重重关上了，没有阳光、没有希望，我也不能接受自己像垃圾一样被扔掉。这样一说，我好像又被夹在门缝中了。老师，我该怎么办？我一直想弄明白，到底爱不爱他，要不要和他在一起？

“突然想起看过的一句话：‘我转身时，身后一片远远的蔚蓝。我回过头来，眼前仍然一望无际！我无命狂奔在蔚蓝的礁岩上，不知道奔离的是无须收拾的零落还是慢慢褪去的澎湃……’”

如果父母担心孩子不能按要求做好事情，过度地替孩子操办，孩子就无法与父母分离，也无法独立，仍然和父母处于共生的情境下。心理学上有个名词叫“分离个体化”，没有分离就没有独立的可能，没有独立的人格，仍然需要依附其他人，就像一种寄生关系，孩子没有自己的想法、主见，用所依赖的对象的想法代替了自己的想法，一旦离开寄体，孩子会感觉空虚，十分痛苦，因为对孩子来说，没有寄体就没有自己。这种关系模式还会泛化到人际关系，影响孩子与别人建立亲密关系。

心理咨询师的建议

这是一个再普通不过的工薪家庭的孩子，反映出的是普普通通的、平平常常的城市上班族的家庭生活。我们也看到，在这样家庭环境下，一个有些退缩的、安全感不足的、有依赖性的女孩子是如何成长的。当焕焕离开家，奔向复杂的社会时，她没有动力去前进，像一只内心充满畏惧的小鸟一样找不到方向，她还想等着“鸟妈妈”来喂饭。在焕焕的恋爱关系中，两个人的互动方式是错误的，亲密关系逐渐被破坏，最后，一个不堪重负想要逃离的男友、一个不知所措的焕焕不得不结束了这段感情。焕焕的主要问题是在爱情中的矛盾心理，她不知道自己到底爱不爱男友，似乎爱不起来，但又分不开。

下面，我们一起分析一下焕焕的心理状态及其形成过程。

焕焕在婴幼儿时期，父母工作比较忙，爷爷、奶奶在外地，姥姥、姥爷身体不好，只好被迫送到保姆家。双职工的父母在没有老人帮助的情况下，养育一个孩子是非常不容易的，相信焕焕的父母也是不得已才将幼小的她送到了陌生的保姆家。从她模糊的回忆中，能够推测出，一个非亲非故的保姆，不可能像家人一样全心全意地呵护孩子。这些幼年时期的经历，可能给小焕焕造成了一种不稳定、不安全的感觉，所以她会在每次去保姆家的时候拉裤子，虽然此时焕焕已经都 3 岁了。这种情况下，孩子是表达自己的不满意、不舒服甚至恐惧，但是忙碌的家长可能忽略了孩子的情感表达，仅仅以为是孩子的一些不良反应。当孩子没有足够的语言能力来表达自己的想法时，她的每个行为都是在表达自己的思想。焕焕在上幼儿园、小学时，父母因为工作忙，没能及时接送孩子，也没有及时下班回家陪孩子，更会强化孩子的不安全感、失落感，这些负面情绪使长大后的焕焕胆小怕事，经常处于害怕、孤独的状态。

焕焕在做心理咨询时，多次提到自己一个人的世界，感到孤独，是因为没有一个稳定的照顾者给予孩子足够的陪伴，没有把安全感内化在孩子心中，所以，焕焕一直觉得整个世界里就只有自己孤独无依。

因为妈妈工作忙，要出差去开会，把焕焕寄养在二姨家里。一开始，焕焕努力表达自己的意愿——不希望妈妈走，但是当这个需求一直被否定、被批评的时候，她对自己的想法和感受产生了怀疑。当这样的情况经常发生，焕焕的想法、感受与其他人不一致或产生矛盾的时候，她却无法判断对错，这就是她多次提到被卡在门缝中的原因之一。另外，父母对孩子的一致要求是帮助孩子建立稳定自我的一种途径，如果爸爸说A对，妈妈说，B对，那么孩子就不知道到底哪个对，在同时出现A、B选项的时候，犹豫不决。父母对焕焕的要求经常不一致，焕焕不知道按照谁说的去做才是对的，与此同时，又非常担心他们两个人因自己而发生冲突，因此，对焕焕来说，在两个答案中二选一，是一种非常难受的体验，不仅仅是不知道选什么，更会担心自己选错答案，而导致父母吵架。

其实，焕焕是一个有想法的女孩子，但是她的想法经常被妈妈站在大人角度、以“帮助她”的名义忽略了，于是她认识到的是自己不好、想法的不对、仅凭自己的能力无法做好一件事，慢慢地失去了自信心。焕焕一直记着那次做风车的经历，尤其是妈妈的眼神，那个眼神就像一个标签一样，从此贴在了焕焕的身上，焕焕也从这件事后，认定了自己的无能和软弱。从心理学的角度讲，这叫“镜映”，指养育者需要像镜子一样对孩子的价值、成绩和成就做出适当的反应，孩子在养育者的经年累月的镜映作用下，能够逐渐完成从“外部肯定”转变为“自我肯定”，从而帮助孩子以自信和高自尊的方式去展示自己健康的自恋。焕焕的妈妈非常爱她，只是有时候的过高要求，导致焕焕对自己的否定，长此以往，这些负面情绪带走了焕焕的自信心。在恋爱关系中，焕焕也一直不相信自己能够吸引男孩子，觉得自己没有什么好的，缺乏自信也导致了在恋爱关系中，焕焕的地位一直都是卑微的。

妈妈在生活中包揽了一切，焕焕渐渐弱化了独立思考的能力，生活上的一切都要依靠妈妈。和朋友们在一起也是这样的，只要跟随着朋友们即可，无所谓做什么。当男朋友出现的时候，焕焕像是找到了新的主人，把自己的一切都投注在对方身上，热恋期间的男女卿卿我我地在一起很正常，但是当热恋阶段过去，被依附的一方会感觉很累。当一方不堪重负的时候，必然会想要逃跑，而对自我弱小的焕焕来说，寄主的消失就等于自己的灭亡，这个过程是非常痛苦的。这是一种婴儿寻找母爱的恋爱关系，并不是正常的两个成年人的恋爱。

焕焕是在父亲角色缺位的环境中长大，这让她对来自男人（尤其是父性）的爱有一种渴望，尽管她不是很喜欢男朋友，但那种爱是她一直没有体验过的，焕焕像被蛊惑了一样，没办法控制自己，以至于不能理性地思考与男朋友的关系。焕焕多次提到，好像不是很喜欢男朋友，但是不知道被什么紧紧地抓住了，正是因为爸爸在家庭里的缺位，才让焕焕执着地在恋爱关系中苦苦寻觅。焕焕和男朋友的感情稳定后，男朋友因为工作太忙而无法抽身陪伴她。焕焕就开始经常和男朋友吵架，并导致两个人从甜蜜走向分离。焕焕和男朋友的关系好像习得了爸爸、妈妈的相处模式，对孩子来说，最简单的学习方法就是模仿。婚姻中，父母的关系模式很容易就被孩子习得到自己的恋爱、婚姻中，因为在年幼的孩子眼中，她只熟悉一种夫妻关系，那就是爸爸、妈妈的关系。

以上的分析，是希望帮助家长和孩子了解，当孩子面对情感困惑时，应放如何分析原因。在此，心理咨询师可以给为情所困的青少年提供一些建议：

1. 自我的建立：任何关系中，都需要先有自己，再有关系，多问问自己，我要的是什么？我的想法是什么？我的感受是什么？多思考，尽快确立自我意识。

2. 平等的关系：在任何关系中，平等、尊重很重要。无论在何种关系中，要保持独立，不要依附在对方身上，不要让这段关系变得不平等。

与此同时，心理咨询师也希望给家长提供一些建议：

1. 给孩子“抱持”的环境：家长要给孩子一个如子宫般“抱持”的环境，孩子小时候，妈妈要及时了解孩子的需求、给予回馈并满足；当孩子需要妈妈的陪伴时，要让孩子产生安全感；当孩子做了一些不被允许的事情时，试着去分析孩子行为背后的需求，尽量肯定并满足孩子的需求。

2. 理解和接纳孩子：人一生的成长阶段中，每个阶段都有特定的任务，顺利完成才能进入下一个阶段。父母要熟悉孩子每个成长阶段的特点，不要一味用成年人的标准来要求孩子。俯下身来，进入孩子的世界，尝试理解他们的需求、他们的世界、他们的规则，耐心与孩子沟通。

3. “界限”让孩子更独立：个体之所以成为个体，是因为人和人之间的边界，家长和孩子之间也应该有界限；即使家长所做的一切都是因为爱孩子，但也应该尊重孩子，不要干涉孩子的想法和行为，尊重孩子的选择；多给孩子一些鼓励和肯定，不要将对自己的期待和想法强加给孩子。

全优生的烦恼

李　严

我叫小雨，是一名重点中学的初一女生。在别人看起来，我这个以全校第一名的好成绩考入省里重点中学的全优生，日子过得一定非常风光、快乐，但是我却在入学之后遇到了太多的困扰，如果不是学校心理咨询师的帮助，也许我都不知道要如何走出来。

还记得第一次去心理咨询室，妈妈陪我一起去的。我对心理咨询没兴趣，只觉得莫名烦躁。在学校里已经有一大堆烦心事了，哪里还有心情听妈妈一直不停地唠叨。在学校，我一直和同学处不好关系，尤其是同宿舍的那几个舍友。我想要认真学习，可她们总是有那么多乱七八糟的话题要聊，真不知道她们哪里来那么多的时间！难道我真的比她们笨吗？为什么她们分心想这么多事情，还能够学习成绩很好？为什么我却做不到？为什么我这么努力，却才在班里排到十几名？还有妈妈，原本我离开宿舍，让妈妈陪读，希望自己可以专心学习，可是她整天唠叨、担心，不断询问我学校的事情，真让人受不了！我已经烦透了，哪里还管得了她呀！

那个心理咨询师看起来很温和，当我对她不理不睬的时候，她也没怎么生气，反而耐心地听妈妈讲那些老生常谈——她和爸爸都是普通工人，只有我这么一个女儿，他们一直希望好好培养我，让我有更出色的未来什么的。其实，我一直也没有让他们失望过，从小就特别乖、特别听话。上学之后，我的学习成绩一直都是数一数二的，从来不用家人操心。在我上小学四年级的时候，妈妈就从单位办理了内退，全心全意地照顾我的生活，好让我能够专心学习。天哪，她就不觉得烦吗？这些话已经磨得我耳朵都要出茧子了！可是心理咨询师却听得津津有味，还对妈妈说："你们一定以小雨为骄傲。"妈妈说："这孩子是我们全家的光彩和希望。"我听了心里酸酸的，因为现在我已经不是那个骄傲了，我的一切都不再光彩夺目，我变坏了。果然，妈妈接着就开始讲我的"劣迹"，什么成绩不如以前啦，

这是一个很典型的"优等生的烦恼"。小雨从小学习成绩出色，她一直认为只有学习成绩好才是好孩子，才会被人喜爱，学习成绩不好就是坏孩子，没人喜欢。进入中学后，小雨虽然依然努力学习，但在重点学校里，她的学习成绩不再像小学那么优秀，这时她就开始了怀疑，是不是失去自我价值了？和同龄人一起住宿的过程中，小雨发现同学们知道好多自己不知道的事情，因为缺乏共同语言，她很难融入集体。再加上小雨从小不会做任何家务，生活自理能力较弱，这也会引来别人的好奇和笑话。

不会和同学相处啦，总是和她吵架啦，我的心情又开始变糟了。

后来就不知道心理咨询师和妈妈说什么了，我有些走神，只隐约记得是难过什么的，妈妈开始哭了起来，我看了看妈妈，心里也开始难过，是啊，我们都很难过。我不想让妈妈难过，可我不知道要怎么办。心理咨询师对我说："我猜，小雨，你其实并不想让妈妈烦恼，只是你遇到了困扰，这对你来说太难了，所以你不知道要怎么办。"我听了，心里一松，点了点头。她接着说："那你说说你遇到的困难吧，咱们这里有三个人，我们可以一起看看有没有办法解决。"我看了看正在抹眼泪的妈妈，还有心理咨询师温和的面孔，也不知怎么的，就开始讲起了自己的遭遇。

在讲述过程中，有好几次妈妈想要安慰我，其实她能说得翻来覆去也就是那么几句话，什么没关系啦，什么别理那些讨厌的人，只要好好学习就行啦，什么只要加倍努力，一定能取得好成绩啦……幸亏每次心理咨询师都阻止了妈妈，我终于能痛痛快快地说出我的烦恼，终于有人想要倾听我的心事了。尤其是当我愤怒地埋怨妈妈无法理解我的时候，心理咨询师替我说出了我最想说的话——我特别渴望妈妈能够理解我。我当时真的感觉如释重负，所

这些变化都在挑战小雨的自我评价标准——"到底怎样才算是好孩子？我到底是不是受人喜爱的？我到底是怎样一个人？"这些对自我价值的困惑，让小雨不堪重负。

在一个家庭中，唯一的孩子从出生开始就被寄予厚望，父母期待孩子能够"成功"，而孩子也一直按照父母的期待努力学习，加上自身的天赋，可能从小就取得了优异的学习成绩。父母期待孩子成功，孩子渴望被父母认可，两者混合在一起，造就了孩子对自己的个人价值评判标准非常单一、僵化。在生活情境比较单纯的小学阶段，优秀的学习成绩容易维持，一旦进入中学，孩子面临的挑战、环境变得复杂多样，这时单一的自我评价标准就显然不适合了。

有的委屈和害怕都变成眼泪发泄了出来。

在这一次心理咨询快结束的时候，心理咨询师说，她已经了解了我的困难，接下来她想要了解一下我的生活，所以她要和我单独见面几次。我心里有些紧张，也有些期待，因为我也说不清，自己到底是什么样的人，也许心理咨询师可以给我一个答案。

后来，我和心理咨询师单独见了两三次。一开始，我还挺紧张的，不知道她会不会给我做什么困难的测试，或者像是电影里的催眠师那样催眠我，然而她什么都没有做，只是邀请我一起玩游戏。

心理咨询师让我先做一张自己的名片，名片正面是别人眼里的我，背面则是别人不知道的我。说实在的，这可真的难住我了。别人眼里的我会是什么样的呢？这个问题我从没有仔细思考过，可是，这个问题一直让我心烦。我想，大概是妈妈眼里听话的乖孩子？或是以前老师嘴里的好学生？至于别人不知道的我，就更没有头绪了。老师问我，如果不管别人的看法，我是怎么看待自己的？我大脑中一片空白，我到底是怎么看待自己的呢？最后，好不容易我想到一个词——“胆小”，这个大概是别人都不知道的，其实，我很胆小，害怕成绩不好，老师和父母会生我的气，害怕学习不好会被同学笑话，更害怕一直这样下去就没人愿意理我了。

接下来，心理咨询师给了我一张像是靶子的图，让我在中心写上自己的名字。每一圈靶环里，我都可以写上一些人的名字，越是靠近靶心的靶环，代表和我的关系越近。然后，我们用不同的贴纸来代表这些人对我的影响。我在靶心写上了爸爸、妈妈，还有小学的班主任。我觉得他们对我最重要，尤其是他们称赞我的时候，我觉得特别开心和自豪。可惜，现在的他们大概都对我失望了。外面的靶环里我不知道还能写谁，老师问我有没有想写上去的朋友，我写了娜娜，小学时的好朋友。可是她是在县里的学校上学，我们几乎已经没有来往了。至于现在的同学，我觉得没有谁是真正的朋友，他们看起来都可厉害了，好像什么都比我好，怎么可能愿意和我做朋友。

最后我们玩了一个棋类游戏，名字叫“学校大冒险”。在游戏里，我必须通过回答问题来前进，谁最先到达终点就算赢了。一开始，我还没觉得什么，可是那些问题可真够刁钻的，都不好回答。例如，“如果考试只得了60分你会怎么办？”“如果你想要和同学交谈，却发现自己不了解他们的话题，你会怎么办？”最可恶的是那个——“如果你

通过一些游戏，心理咨询师帮助小雨了解如何看待自己、如何看待他人及如何应对压力。不出所料，小雨对自己的认识单一、容易受他人评价的影响，而且缺少应对压力的方法。在小雨眼里，自己唯一的定义就是好学生、乖孩子，她内心深处的感觉是，如果失去了这个定义，就不会被喜爱。青春期阶段，同龄人的影响是非常重要的，可是在小雨的人际关系中，几乎找不到关系好的同龄人。对她来讲，同龄人似乎只是竞争对手，并不是可以一起成长的伙伴。面对压力，小雨最熟悉的方式是回避和找父母帮忙，自我调节情绪、与外界沟通、与同龄人建立关系，这些都是她不擅长的。不幸的是，由于上中学需要住校，随着年龄的增加，总是找父母显然已经不是一个好办法，所以小雨能用的办法似乎只剩下回避或者隔离同龄人了。

心情特别糟糕，会做些什么来让自己感觉好一点？”天哪，我要是知道怎么让自己感觉好一点，就不会变成现在这个样子啦！我还希望别人告诉我答案呢！

当心理咨询师说，要跟我和妈妈反馈观察结果的时候，我紧张得要命。她看到了什么？她觉得我有问题吗？她会喜欢我吗？其实，我是有点喜欢她的，因为她愿意听我说心里话，不会批评或者笑话我，也不会假装没什么大问题。她告诉我，我遇到的问题叫“适应困难”，很多我这个年纪的孩子都会遇到。这让我松了一口气，本来还以为只有我有这个毛病呢。她说，这就像小孩子长大了，可还是穿着以前的小衣服一样，因为衣服已经不适应长大后的身材，孩子就像被捆住了一样，又憋闷、又不能动。现在的任务，就是重新给我做一套更合适的衣服。我还挺喜欢这个比喻的，这让我觉得能做点什么让自己好过起来。所以当心理咨询师问我，想要把衣服设计成什么样子？我说，希望可以变得更加开心。妈妈的希望是我能够恢复优秀的学习成绩。老师说，这些目标都不错，不过为了让衣服更好看也更合身，我们要把它变得更详细。最终我们确定，在这个学期结束的时候，我可以回到宿舍住，可以熟练使用至少三种自我调节的方法。到本学年结束的时候，我至少可以结交一个朋友，可以恢复像以前一样的学习积极性，可以说出至少三个自己的优点。

后来的一年里，有时候我和心理咨询师单独见面，有时候，我会和妈妈一起见心理咨询师。听妈妈说，有时候她也会单独见心理咨询师。在这个过程里，我和心理咨询师一起做了很多好玩的事情，看起来似乎都不是什么特别难的学习和训练，可是我却慢慢地开始变得不那么胆小、退缩，变得更加有信心，也更加喜欢自己了。

在这个过程中，我觉得最重要的事，就是给我的困难命名并画像。一开始，心理咨询师让我给自己的困难画像，我觉得很困难，谁知道“适应困难”长什么样呢？可老师说，不用管它应该长什么样，只要画出我心里那个困难的样子就行。因为这个困难会根据每个人的不同情况而改变的。于是我画出了“黑小偷”的样子——身穿黑风衣、头戴黑色鸭舌帽。最让我害怕的是他那一双红红的眼睛，从立起的衣领后面阴森森地盯着我，他的两只手插在鼓鼓囊囊的口袋里，口袋里装满了偷走我快乐的工具。在我的第二幅画“黑小偷之偷盗工具”里面，偷走我快乐感觉的工具被一个个画了出来，例如，吸走快乐的吸尘器，喷洒害怕的毒香水，让我变得缩手缩脚的绊马索，等等。随着这些画越画越多，

心理咨询师主要在三个方面帮助小雨，首先是帮助小雨外化困难、学习新技能并帮助小雨在这个过程中重新认识自己；其次是帮助小雨和妈妈更好地互相沟通和理解，让小雨在心理咨询结束后，仍然可以获得足够的支持；最后是教妈妈一些与青春期孩子互动的方法，让妈妈可以更加有效地帮助小雨。通过三管齐下的努力，小雨和妈妈的亲子关系有所缓解，小雨也逐渐适应了现在的生活。

“黑小偷”似乎不那么可怕了，我也能找到一些他无法搞破坏的时刻，例如我特别有信心或者被别人称赞的时候。我和心理咨询师不断讨论，如何才能驯服“黑小偷”？他为什么要对我做这些事情？怎样才能与他和平相处？我也渐渐发现，“黑小偷”虽然给我带来了很多的麻烦，但其实一开始他的出现也是为了帮我。因为“黑小偷”就是我心里的恐惧、担忧，“黑小偷”是为了克服这些负面情绪才出现的。最后一幅画叫“黑小偷与我”，画里“黑小偷”站在我身边，他的样子和原来相比，有了一些变化，尤其是红红的眼睛，变成了正常的黑色，两只手也放松地放在口袋外面。我觉得“黑小偷”不再像以前那么令人害怕，我真的没有那么怕他了，我们两个可以一起面对困难，他的武器也可以成为我克服困难的利器。

相较于单独见心理咨询师的开心，和妈妈一起见心理咨询师却让我烦恼了很久。因为每一次我们都要谈论一些让我非常困扰的话题，几乎每一次妈妈都会哭，我也哭了很多次。

还记得有一次，我因为和同学吵架，心情不好，回家后也懒得和妈妈说，话。可是妈妈好像什么都没有发现，只是一如往常地要我好好吃饭，要不然晚上学习就该饿了。我心里一下子有一股火冲了上

通过拟人化的游戏方式，心理咨询师将困难和小雨对自己的评价分离，让她认识到，不是自己不好，而是遇到困难了。在被命名为“黑小偷”的图画中，小雨得以释放各种自我质疑和恐惧情绪，并且有机会去体会——其实这些糟糕的情绪并不能完全控制自己，“黑小偷”也有睡着的时候，她并不是完全无还手之力。做完心理咨询后，小雨与“黑小偷”的和解，意味着她开始接纳这些负面情绪。

来，我大声喊道："不吃，不吃，就不吃！你眼里就只有学习，根本没有我！"说完就摔门回到自己屋里，一整个晚上都没有再和妈妈说话。

正好第二天是我和妈妈一起见心理咨询师的日子，刚坐下来，还没等我说什么，妈妈就把这件事情说了出来。我心里那叫一个烦，妈妈都这么大的人了，还来心理咨询师这里告状！心理咨询师说："我能听出来，这件事情让你非常生气，我想要听听，从你的角度看，整个事情是什么样的？""还能什么样？"我有些不耐烦地说，"还不就是她，总是学习、学习，没完没了，我学得还不够吗？"听了这话，妈妈显得有些着急，"可不能这么说啊，小雨。你才刚刚上初中，以后的日子还很长，怎么能不学习呢？你不是还想要当一个医生吗，那可是要一直上到博士的。要是现在你学习不好，以后怎么当医生呢？"听了妈妈的话，我觉得好像有人在我心里烧了一把火。我冲着妈妈嚷道："你眼里除了学习就没别的了吧？我还是你的孩子吗？你干脆让好成绩给你当女儿吧！"妈妈皱着眉头，似乎被我的话噎住了，一脸生气、困惑的表情。

心理咨询师说："小雨妈妈，先稍微等一下，我还有一些事情想要和小雨确认一下。"然后，她对我说："我听出来了，你非常生气。同时我也感觉，你好像还有一些难过。我猜，也许你想和妈妈说的是，请你不要只是关心我的学习成绩，请你也关心一下我的情绪。”我听了心里一酸，可是看着妈妈一脸迷茫的样子，我又泄气了。我说：“说了也没用，反正她也听不懂。”妈妈似乎想讲话，可是心理咨询师先说：“其实，你感觉很挫败，因为你觉得妈妈无法理解你的苦恼。我猜，也许你很渴望妈妈可以理解你的烦恼？”我觉得自己的鼻子酸酸的，眼里充满了泪水。可是我不要在妈妈面前哭，所以大声说：“那又怎么样，她根本就不在意我，她只在意那该死的成绩。她心里根本没有我。”“当然不是！”妈妈着急地说。心理咨询师轻轻拍了拍妈妈的手臂，说：“先等一等，我想小雨有很多话要说，也许她想要说说她的伤心事。”

这话让我的泪水一下子涌了出来，我当然想要说说自己的伤心事，我也想有人听到、听懂我的伤心。我给她们讲了我在学校遇到的困难，妈妈总是说不要在意那些同学，专心学习就好了。可是我真的非常苦恼，我不想被同学排斥，想要有朋友，想要融入集体生活。可是妈妈总是只询问我的学习成绩，只谈论我的功课。当我的情绪略微平静了一些后，心理咨询师说：“我听到了，其实你有很多烦恼，你觉得孤独、迷惑又无助。我想，你很渴望可以从妈妈那里获得理解和支持。你发脾气，其实是你实在不知道怎么办才好。”不知怎的，听了这话，我心里就松了下来，好像内心深处一直想说的话被人说了出来。我有点不好意思地微微点头。于是心理咨询师对妈妈说：“小雨和你的争执，其实是她在向你求救，她真正想说的是：‘妈妈，帮帮我。’不知道你是不是愿意帮助小雨？”“当然，当然。”妈妈也流下了眼泪，她对我说：“妈妈做的一切都是为了你好啊。我当然关心你，劝你好好学习，也是为了你。”我听了这话,觉得心里一沉,怎么又来了！心理咨询师在这时加入说：“妈妈，当你听到小雨想说的是请你帮助她，这时你有什么感觉吗？”妈妈一边擦眼泪，一边说：“我感觉心里拧着痛，不知道那些事情对你的影响那么大。我要是早一点知道，一定想办法帮你。”我听到妈妈这么说，心里也很难过，原来妈妈并不只在乎我的学习，她心里是爱我的。

类似这样的事情还发生过很多次，我觉得心理咨询师就像一个翻译官，她帮助我们说出了自己真正想说的话。也不知道为什么，每次她总能说出我想说却说不出来的话。有时候直到她说出来了，我才意识到，那些话就是我想说的。她还会帮助我和妈妈练习如何在家里更好地沟通，我觉得这个也很

小雨和妈妈之间有很深厚的情感连接，妈妈为小雨提供无微不至的生活照顾，只是这样的照顾在现在的小雨看起来，似乎带来的更多是束缚。由于妈妈依然沿用过去的方式对待已经开始成长、蜕变的小雨，小雨则因为青春期巨变、加上需要适应新环境的烦恼，两人之间的沟通非常困难。妈妈觉得小雨变得不再乖顺、听话，虽然她也心疼孩子，可是一直被小雨拒绝，妈妈也产生了挫败感。小雨则像一只刺猬，有太多的烦恼，无人理解，所以就开始自我封闭。心理咨询师的工作是帮助小雨母女更好地互相理解，让小雨获得妈妈的支持，也帮助妈妈解开心结。通过帮助小雨和妈妈“翻译”对方的话，让她们能够理解对方话里的真实含义。当两个人能够互相理解时，情感上的连接就更紧密了，亲子关系变得更加牢固。

有帮助，从中也学到很多和同学沟通的办法。

心理咨询师单独见妈妈的时候发生了什么事？我一直很好奇。不过心理咨询师不肯直接告诉我，她说，我可以自己问问妈妈，如果妈妈愿意分享给我，就会告诉我。一开始，我还有点不好意思问，可有时候看妈妈回来后，眼睛红红的，有时候又看见妈妈若有所思地看着我，真是让我好奇得要命。没想到，后来妈妈主动对我讲了很多事情。她告诉我，姥姥、姥爷都话不多，对她的饮食起居照顾得不错，不过家人间的关系并不特别亲密，很少有深入的谈话。妈妈记得很清楚，小时候，全家人一起吃饭，常常只有她一个人说话，爸爸、妈妈几乎都不怎么说话。妈妈说："后来，我也渐渐不怎么说话了，就那么静静地吃饭。有时候也会羡慕别人，一边吃饭、一边说说笑笑，可是我家里总是安安静静的。爸爸喜欢钓鱼，每个周末他都出去，家里只剩下我和妈妈，我只能写作业，妈妈在一边做家务或者听广播。如果没有广播的声音，家里连一点动静都没有。"妈妈说，所以她不知道如何在情感上回应我，她习惯地就只是在生活上照顾我。妈妈的话让我更加明白，不是她不想理解我，而是她也不会。心理咨询师就是在一点点教妈妈学会理解、回应我。妈妈说，她想学得快一点，好给我更多帮助。

在和妈妈、小雨一起做心理咨询师，心理咨询师把注意力更多地放在小雨身上，帮助小雨重新建立对妈妈的信任感，以增加小雨的外部支援。但这样做也必然会给妈妈带来很多的压力，因此，心理咨询师也安排了几次心理咨询，单独和妈妈沟通，帮助妈妈理解心理咨询的进展，并为妈妈提供一些援助。心理咨询师告诉妈妈，她从自己父母那里学到的人际交往方式，也许并不适合小雨。心理咨询师肯定了妈妈对小雨的关怀，并且建议她尝试用新的方式来和小雨交流。心理咨询师的安抚减轻了妈妈的担心和自责。当妈妈不再被不良情绪左右，她开始深入了解小雨出现这些困扰的原因，并主动学习与小雨交流的方式。心理咨询师专门和妈妈谈了几次，给她讲述青少年阶段的心理特点，并根据她与小雨日常生活中发生的琐事，详细分析了小雨的心理特这话让我心里也暖暖的，特别安心。即便再有和妈妈吵架的时候，我也相信，分歧只是暂时的，我和妈妈很快就会和好如初。

时间过得很快，第一个学期结束前，我已经有了两个关系不错的朋友，这也让我在班里不再显得那么孤立。第二个学期，回到学校宿舍这件事情被提上了议事日程，我觉得又紧张、又期待，妈妈却显得很是担心。心理咨询师好几次和我们讨论这个事情会带来什么影响，并且询问我是否对此做好了准备。最终，我回到了学校宿舍，并且适应得不错，妈妈在学年结束的时候也终于安心下来，决定回到家里。

我的故事可能并不新鲜，就像心理咨询师说的，很多像我这样的孩子都会遇到类似的困难。可我很想把我的故事分享给和我一样遇到困难的人，希望他们也能知道“改变总是让人又开心、又烦恼。”最后，我想把我和心理咨询师一起创作的故事——“小雨滴的改变”送给大家，这是我非常喜欢的故事，故事里有我的困扰，也有我的变化，蕴含着我的喜怒哀乐。

“小雨滴的改变”的故事是这样的。

在很遥远、很遥远的天上，有一个小雨滴。小雨滴和其他千千万万个小雨滴一起，舒舒服服地躺

征。心理咨询师和妈妈还花了一些时间，讨论每一次母女互动时妈妈产生的一些想法、感受和疑惑。同时，心理咨询师也鼓励妈妈向小雨倾诉自己的烦恼和痛苦，支持她找到让自己放松的生活方式。这些心理咨询给妈妈提供了很大的支持，使她能够更加轻松、有效地与小雨互动，通过这个过程，妈妈说，自己学到了很多新东西。

在白云里，在天上飘啊飘的，太阳照在身上暖洋洋的，真是好开心、好惬意。可是，忽然之间太阳不见了，本来又白、又轻的云彩也变成了黑乎乎的，更糟糕的是，小雨滴忽然发现，自己从云彩里掉了下去！突然离开温暖的白云，急速从空中坠落，再加上一向和蔼的风伯伯也好像发了脾气，一阵阵强风吹得小雨滴头晕转向，也不知道自己到底会被吹到哪里，小雨滴心里害怕极了。

就这样，不知道坠落了多久，只听“扑通”一声，小雨滴发现自己落入了一条小溪中。“哇，这里可真是不一样啊！”小雨滴一边打量着身边的环境，一边心里想。可不是，这里一切都和云彩里不一样了。虽然还有那么多小水滴，可是小雨滴一个也不认识。这里可完全不像在云彩里那么悠闲，左飘飘、右荡荡，怎么样都很惬意。这里的每一个小水滴都向着一个方向奔跑。“前进、前进，穿过森林、跳过大石。前进、前进，冲下山峰，奔向原野。前进、前进。”这里的小水滴都会唱这首歌，他们快乐地奔跑着，可是也因为它们太着急了，时常撞到小雨滴，小雨滴想要问问发生了什么事情，都没法说出口。

突然，不知怎么回事，小雨滴飞了起来，它惊喜地想：“难道我可以回到云彩里了？”可惜，还没等它想完，就重重地落在了一块石头上。四仰八叉地摊在石头上，小雨滴看着重新露头的太阳和再次变白的云彩，心里真是难过：“我真想回去啊！”小雨滴一边想、一边忍不住哭了起来。“你怎么了，为什么不走了？”小雨滴忽然听到有一个声音在它耳边响起。小雨滴扭头一看，原来是一个陌生的小水滴站在旁边。看着对方和善的笑容，小雨滴不好意思地抹了抹眼泪，小声地说：“我想家了”。“啊，你是随着刚刚那阵雨来的吧？欢迎来到小溪，我的名字叫小雪花。”说着，小雪花笑嘻嘻地向小雨滴伸出了手。“小雪花？”小雨滴左看右看也不觉得对方像一朵小雪花。“对啊，不过我现在看起来和原来不一样了。我是从雪山上的冰川跑下来的小雪花，可是到了小溪，我也就成了一滴水了。”小雪花热情地说着。“那你不害怕吗？从小雪花变成小水滴，从冰川到小溪，多么大的变化啊！”小雨滴急切地问道。小雪花歪头想了想，说：“还好吧，这条小溪里大多数的水滴都来自冰川，有了同伴，改变就不那么可怕了。而且，变成小溪也不错啊，以前在冰川里，大家挤得动不了，现在可以一下子跑出好远，我觉得也挺开心的。”“说得也对。”小雨滴暗暗想，“以前在云彩里飘荡，距离地面太远，什么也看不清。现在，住在小溪里，能够清楚地看到森林里的各种树木和动物，可是看到了不少以前没见过的事物呢。”这么想着，似乎来到小溪也不那么糟糕了。看着小雨滴阴转多云的表情，小雪花再次伸出手说：“来吧，加入我们前进的行列，我会带你认识更多的小雪花，你也可以给我们讲讲你的经历。”

重新回到溪流中，小雨滴慢慢开始结识越来越多的新朋友：滚烫的温泉水、纯净的地下水、带着青草芬芳的草原河水，甚至还有带着奇怪颜色的生活污水。每次遇到新成员，大家都会互相分享自己的家乡，讲述一路上看见的风光。小雨滴感觉自己学习了很多新鲜的知识，似乎心情和眼光也有了很大的不同。有时候，小雨滴也会疑惑，经历了这么多，自己还是原来的那个小雨滴吗？这时，小雪花常常会大笑着对小雨滴说：“傻瓜，你当然已经不再是原本的小雨滴。现在的你，有雪花的凛冽、温泉的热度、地下水的清澈、草原河水的芬芳，甚至还带着些生活污水的奇怪颜色，你变成了一个更加丰富、美好的小水滴。”小雨滴很喜欢这个说法，并且他会主动加上一句：“我也还记得当初白云里的日子，记得我是小雨滴的感觉，所以我是长大了的小雨滴。”

本案例是一个常见的青春期学生对新环境“适应不良”的情况，处于青春期的小雨本应在上中学后独立住校，但由于习惯了妈妈无微不至的照顾，小雨无法适应学校的生活。小雨妈妈也常常在有意无意中暗示孩子不要离开家。表面上看小雨的困扰是因为学习成绩及同学关系导致的，但核心却是母女两人都需要被看到、被理解、被需要，无法离开彼此，当她们在一起的时候，双方都会感到满足。然而，这样的亲子关系对需要独立生活的孩子来说，已经成为一种束缚。孩子也因此开始质疑自己，自我怀疑、自我否定，徒生烦恼。幸运的是，小雨母女二人改变现状的动机非常强烈，在心理咨询师的协助下，她们开始学习了解自己、学习各自独立，并最终完成了分离的过程。

爸爸妈妈，我是你们生的吗

裴晶莹

自从高三开学后，理科实验班的班长阿莲，成绩下滑明显，课堂上不是打瞌睡不断就是神游天外。因为正处于高考前的关键时刻，班主任和家长都找阿莲谈过这个问题，但情况没有改观，于是，阿莲的家长和老师联系了学校的心理辅导老师，建议阿莲去做一次心理咨询。

不想让你看到我的另一面

“这个学期开学后，活得真是太丧了，连续被语文、英语、化学老师批评作业错误多也就罢了，今天竟然还被数学老师在课堂上点了名，感觉真是糟透了！

“在日常生活中，个体会不断地遇到难以对付和让人迷惑的情境，它们试图震动和中断个体平常的思维方式。这些问题情境将会很理想地开启一种沉思的创造型瞬间。这可以为某些新东西的呈现提供机会。当人们不允许生活环境自然改变时，中断他们旧的和不再有用的连接和体验模式，以便新的解决方案和意向浮现时，心理问题就会产生。”（《艾瑞克森催眠教学实录I》）。

“唉，说到被数学老师当堂拎起来这件事，是我违反课堂纪律在先。我在上数学课时睡着了，其实，我很喜欢数学，也很喜欢数学老师，上课睡觉真的是因为最近实在太困了。这几周的晚上，我时常睡不好，做噩梦，醒来就很难再睡着，经常只能睡6个小时左右。

“说到睡眠，这是又一件让我头大的事！明明感觉困死了，可是又不敢睡，因为害怕一睡着就做噩梦，然后被吓醒。我最近经常重复的一个梦，是被一条恶狗追着咬，回不了家，这些噩梦让我越来越害怕睡觉了。

“梦里，似乎是在深秋，树木凋零，一切都昏黄枯暗。在梦里，我离开学校时，天还没黑，和同学一起回家的路上，我们争相踩着路边的落叶，听叶子间细碎的摩擦、碎裂的声音。我家似乎是离学校最远的，而且越走越像小时候去县城奶奶家的那条路。我看着离家近的同学一个个进了家门，最后只剩我一个人。快走到家的时候，不知从什么地方钻出来一条特别凶狠的大黄狗，开始，我还以为只要不惹它，就不会有什么危险，可不知怎么的，这只狗就堵着我的必经之路，虎视眈眈地盯着我，我试着往前走，它就趁机低吼着逼近，还张嘴想咬我。于是，我边甩出书包挡着它边往后退，可我越退它

危机即转机，正是阿莲出现的问题促成了与心理咨询师的谈话，并开启了阿莲的自我修复之路。阿莲的反省，正是自我独立意识觉醒的表现。阿莲接受老师的建议，来到了心理咨询室，可能是因为她顺从权威的习惯，但在心理咨询中，阿莲展露出丰富细腻的内心世界，这是她的心理力量在逐渐增强。

就越要追，我离家门口越来越远，最后退到了家门前的路口。大道上人多、车多，恶狗停下来不再追我了。天色慢慢黑下来了，我绕道从路口的另一端回家，这次还比较顺利，没有遇见那只恶狗。终于，离家很近了，我心里又兴奋、又担心，兴奋的是终于看到家了，担心的是那条大狗会不会又钻出来？我正想猛跑几步蹿到家时，竟然发现，那条大狗不知又从什么地方钻出来，悄无声息地站在那里，梦中的我想赶快跑进家里，如果反手把门关上，这样就安全了。但是，我却怎么也推不开那扇门，我用力拍门，可无人回应。这扇门和我上小学一年级时家里的门一模一样，只是这扇门在梦里怎么都不打开，我想喊却喊不出声音。回头一看，那只大狗立着身子，张着大嘴，眼见着露出来了尖利的牙齿，咽喉里发出可怕的低吼声，马上就要扑到我身上来了……然后，我就吓醒了，醒了也经常怕得一动也不敢动，担心那条大狗还在身后。每次，在刚刚醒的那一刻，我分不清梦里、梦外，感觉特别害怕、失望、孤独。

“梦里的家，像是我小时候住的奶奶家。那时候，奶奶家的一条狗‘大花’还在，可大花是我在奶奶家时最好的玩伴，特别温顺，从来不咬人。感觉真是混乱，我想不明白为什么会做这样一个梦。

阿莲的梦，主要是“回家的困难”，根据后来阿莲讲述的成长经历，很容易就能分析出原因，这里不再赘述。

我想忘掉这个梦，试着再睡一会儿，可是一闭眼，好像又要掉回噩梦中，我吓得心怦怦跳，直到窗外传来鸟叫声，才敢稍微再眯一会儿。

“我后来发现，白天多运动，晚上就能睡得沉一些，不容易做梦。可是总在外面运动，就没时间完成作业，看到成绩下滑那么厉害，我比谁都着急，除了学习成绩，我还剩什么了？我眼睁睁看着一次次学习成绩的排名在后退，聆听着老师一次次的批评，好像听到了房梁裂开的‘咔咔’闷响，我的世界都快塌了，而我只能惶恐、无助地听着，什么都做不了。

“我是从什么时候开始做这种噩梦的？想起来了，那天，我看到过窗外透进来树叶的斑驳光影，那是在刚开学不久的一次数学课上。记得老师出了一道题，叫了几个同学去黑板前解题，结果老师都不满意，最后，老师把目光落到我身上。刚开始，我上前解题的时候，感觉很有思路，答得也很顺利。讲到那道题的核心时，无意间看了老师一眼，突然发现老师的目光那么冰冷、严厉，好像蕴含着巨大的怒气，我紧张地思考：‘解错了吗？’一瞬间，我感觉那道目光掀起了一股莫名的惊涛骇浪，直朝着我劈头砸下，突然感觉脑中一片空白……当听到自己用嗫嚅的声音说着与问题不相关的内容时，我

学习成绩在“优等生”心里有着特殊的意义，当父母发现原本成绩优异的孩子，学习成绩出现波动或者下滑的时候，不要急于批评、责备，在帮助孩子分析表面的“粗心”“马虎”等原因时，也可以与孩子聊聊看似与学习不相关的其他事情。学习成绩的变化往往只是“表象”，其他方面的问题可能才是“内因”。

在阿莲的成长经历中，我们可以看到，长辈的认可对孩子来说是多么的重要。因此，否认孩子，对孩子的打击可能是毁灭性的。孩子处于青春期时，由于神经系统发育不完全、内分泌紊乱，情绪可能会不稳定，易冲动，时而烦躁发脾气，时而平静，出现各种反常的行为举止。家长、教师、孩子要认识到，这些情况出现在青春期孩子身上，是很普遍的，通过合理的心理调节，可以完全回归正常。

还看到同学们向自己投来带着疑惑的目光……手足无措间，听到老师说‘坐下吧’的声音，我犹如获救一般逃回到座位上。我坐下后才发现，两腿抖得厉害，整个人也几乎瘫在椅子上。后来，老师又讲了什么，课堂上又有怎样的互动，我全都不记得了，只觉得汗湿的衣服贴着后背，凉得透骨。

“我也非常纳闷儿，只是一次普通的回答问题，怎么弄得这么狼狈？

“我真不想继续想那些乱七八糟的事情了，地板上乱糟糟晃动的树影，把我从回忆里拉了回来，如果闭上眼睛就能关上记忆的闸门，那该有多好！我本来不敢说出来的，一旦说出来，就全暴露了——那个不光鲜的、自私的、糟糕得一塌糊涂的自己——就全暴露出来了！不讲，已然关不住回忆的阀门，讲出来呢，唉……冒一次险吧。对面那位心理咨询师看起来好和善，告诉他应该不会怎样吧？唉！还是不知怎么讲出口啊！内心充满了矛盾。算了，还是和盘托出吧，坐稳了，我要豁出去了！

“那是在几个月前，我还在读高二下学期，快到期末考试了，妹妹已经参加完中考，爸爸买了一台笔记本电脑，带回家后，讲好了是给我和妹妹一起学习用的，也说定了两人各自的使用时间。可是妹妹用它玩游戏，并不学习，还常常使出一贯的要

阿莲生长在多子女家庭，父母的负担（不仅是经济上）比独生子女家庭重，更容易忽视孩子的情感需求，也可能由于太过疲惫而不耐烦。一般来说，多子女

赖手段，总是想出各种理由占着那台掌上电脑，霸占本该属于我的使用时间。我在用电脑时，她还常常来捣乱，或者嘲笑我不如她用得熟，或者给我读秒，让我用着也不安心。我烦了，轰她走，她就会无理取闹，大吵大叫的，总把妈妈引过来，而妈妈一般也不问究竟是怎么回事，就来个‘各打五十大板’，告诫我们不许吵，临走时总是要加上一句：‘你是姐姐，要让着妹妹，别总是让这家里那么闹腾！’每次听到这些话，总让我觉得很憋气，而妹妹也会倚仗妈妈的偏心，一会儿工夫就能把电脑从我手上抢走。就因为我是姐姐，从小到大都是这样，我必须让着她，永远得让着她！

“期末考试的那段时间总是很紧张，我试着用其他同学的办法，利用课外班大课间的零散时间用电脑完成网上作业，这样可以节省时间，效率比较高。只要我带走了电脑，妹妹就不能总占着不让我用了。我带走电脑这件事，果然让妹妹很不高兴，她找到妈妈告状，想要阻止我，但是这次妈妈没理她。第二次去学校的辅导班时，妹妹说要和我一起去辅导班上课，我一听，坚决不同意。她就跟妈妈说，想在教室外面的走廊上提前听听高中的课程内容，虽然妈妈已经知道我不同意，但还是劝说道，妹妹在家里也没什么事，去就去吧，还让我看着她，

家庭的父母会让排行在前的子女协助自己，分担养育其他子女的义务，不可否认，适当帮父母照顾弟弟、妹妹，对孩子来说是一种锻炼，但如果“忽略”了子女的年龄、需求，往往会对那些排行在前的孩子造成心理上的伤害。

别淘气。看到妈妈又向着她，我心里又气恼、又无奈。看着妹妹得意扬扬地向我做着鬼脸，我心想：你不就是奔着电脑去的么。于是回了妈妈一句：腿长在她身上，她愿意去哪里就去哪里，跟我无关。虽然这样说，但我还是带着妹妹一起去了学校。

“到了学校后，妹妹就坐在教室外的走廊上，刚开始时她倒没怎样，后来，妹妹不断搞出各种小动静，我被她弄出的声音分了神，再后来，发现其他同学也被她影响了，于是，老师走出教室，让她离教室远一些。她说，是我妹妹，跟我来学校熟悉高中课程的。不知怎么的，居然被她蒙混过去了，老师没有严厉地批评她。好不容易下课了，我嫌她丢人，就没出教室，直接开始用电脑做网上的作业。妹妹看我不出来，就满脸堆笑地走进来，贴着我坐下，看着我做作业。等我做完要收起电脑时，她就不是刚才那副假装乖巧的样子了，两手抓住电脑说：‘你上课时，让我用用电脑，我就乖乖地不吵你们，否则老师再出来，我就说是因为你不让我用电脑我才吵闹的。’我虽然不想放手，不想让她得逞，但看到同学们陆续望过来的目光，我心想，也不能在这里和她争呀，于是就让她拿上电脑赶紧走，别再出现在教室周围。她抱过电脑，得意地闪出了教室。

“放学了，我看见她坐在远离教室的走廊上，专注地在电脑上摆弄着什么，看我走出来，她很快收起来电脑，跟着我一起走出校门。在车站等车的时候，看她心满意足地跟着，我心里蹿出一股邪火，如果不说她两句，我心里真是堵得慌，于是我开口说：‘玩上游戏了，这回心里爽了哈！你不是提前来预习高中的课程吗？说得比唱得还好听，你就是来捣乱的，看这回妈妈还怎么向着你。’上车后，她有意远离我，车上人又多，我不好挪动。过了几站，有个空座位，我让她坐那里，她仰着头，不理我。我就自己坐下了，她把电脑包往我怀里一推，就往车尾走去。我慌乱地接住电脑，心里恼恨至极，随便把它放在座位旁边的地上，又把书包放在腿上抱着。妹妹非要跟我来学校上课，一上午过得好混乱，以致我意识到该下车时，车门几乎要关上了，我一个箭步蹿下去，脚刚着地，车门就关上了，车开走了。我一边庆幸没被车门夹到，一边躲着另一辆即将进站的公交车，走到站台上，我看到妹妹已经离我十几步远。她不肯等我，我也没喊她，心想，这就是个麻烦精，离她越远越好。过了一会儿，我发现她站在那里，眼神奇怪地看向我，问：‘电脑呢？你放书包里了？’啊，糟了！电脑，还在公交车上，下车时太匆忙，忘记了！我立刻掉头往车站跑，一边快速地想着办法。这时，又听到妹妹带着哭腔说着什么追了过来。真是个讨厌鬼，只会添乱！于是，我让她先回家，并且告诉她，我去坐下一趟车，看看能不能求助司机，联系一下刚才坐过的那趟车的司机，请他们帮忙找找，然后坐这趟公交车去公交总站。最后，折腾了一下午的时间，查了好几辆车的监控，找到我们之前坐的那辆车，终于找到了电脑包，但是里面的电脑丢了，也没有查出是谁拿走了。

“后来，我疲惫地推开家门，看到爸爸正准备出门去找我，听了我说寻找的经过，爸爸没有说什么，甚至没有说太多责备的话，这反倒让我的内心感到很不安、自责。但是我还需要在网上提交作业，只好还在家里的台式电脑上写作业，或许是没有了笔记本电脑，我又占用了台式电脑，妹妹玩游戏不方便了，于是，她就总在我眼前晃，我感觉快要被她烦死了。一开始，我还忍着，毕竟是我把笔记本电脑弄丢的。再后来，她不仅在我眼前晃，还不停地小声嘀咕，埋怨我弄丢了笔记本电脑。接连几天都是如此，撵她，她又不走，让我感觉不胜其烦，最后，我竟然脱口吼出了一句：‘我就是故意弄丢的！’这句话一出口，我都被自己吓了一跳，一下子愣在那里。妹妹听到这句话，也只是愣了一下，然后就更无理取闹地哭闹，好像这几天的压抑情绪全部在这一刻倾泻出来了。妈妈听到我们俩吵得太凶了，推开门站在门口，我看到妈妈的眼神，那是多么令人伤心的眼神呀，充满了责备、恼怒、失望。当妈妈领着妹妹走出房门时，我仿佛读懂了她的心情。我愣在那里，屋里也安静了下来。慢慢地，安静变成了寂静，一种带着绝望的静寂，我感觉好像一下子掉到了一个冰冷的深洞，没有光亮、没有声音，我的脑海里一片空白，心底汩汩流出的是一种惶恐不安的情绪，心跳得很快，难受，手心里都是汗，浑身没有一点力气。

“妈妈哄了妹妹半天，还承诺再买一个新的笔记本电脑。妹妹不再闹了，慢慢平复了情绪……这件也就稀里糊涂过去了。

“现在，我讲出这件事，仍然觉得自己很‘坏’。如果当初我能大度一些，能忍住不发脾气，路上不说那些刺激妹妹的话，不理会妹妹的故意找碴儿，或许就不会脱口而出那样一句肆无忌惮的话，那样的我，真的很‘恶毒’，不该被原谅。”

我的童年丢失了

“我是老大，妹妹比我小三岁。妹妹出生后，因为父母要上班、又要照顾两个小孩子，忙不过来，

阿莲有优秀的反省能力、领悟能力，“我就是故意弄丢的！”虽然这句话听起来不合常理，但在潜意识的层面，这种“破坏”行为却非常合理。从精神分析学的角度来说，“潜意识”是非常聪明的，笔记本电脑丢了，虽然自己用不了，但更重要的是妹妹以后就不可能和自己“分享”甚至“独占”笔记本电脑了，同时，也终于可以为自己“争取”一次爸爸、妈妈的“关注”。即使这种关注并不是阿莲想要的那种，但也比没有关注好呀！当然，在阿莲内心中，父母的“关注”不够是“心理现实”，并非父母的“心理现实”和“客观现实”。所以，如果父母遇到类似情况，不要贸然为自己辩解，而是需要帮助孩子审视他们的“内心现实”与“客观现实”的差异，孩子弄懂这些事情后，就会知道怎么处理问题。

我就被送到县城的奶奶家。奇怪的是，我还记得妹妹出生前我和爸爸、妈妈一起生活的场景，反而住在奶奶家时的记忆却仿佛丢失了。

“小时候，我和妈妈常常玩一个‘认五官’的游戏，现在想起来还是很开心。开始时，我总是跟在妈妈身后，拉着小鸭子车，我穿的鞋能踩出响声，走一步，响一声，小鸭子车也是带发声的玩具，拉起来车轮一转，就‘嘎达、嘎达’地响，妈妈满眼笑意地回头看着我。我盯着妈妈的笑脸，心里高兴得也像开了花儿一样。于是她一边看着我，一边特意加快了脚步，我‘嘎、嘎’笑着，也赶紧追上妈妈，小鸭子车也被我拉着转得更快，于是，我的鞋子发出的响声、小鸭子车转动的‘嘎达’声，一起响得更欢快了。这时，妈妈总会哈哈笑着蹲下来，把我搂在怀里，我会指着自己的小脸让妈妈亲，一般是我指到哪里，妈妈就马上亲一下那里。我指着鼻子说：‘鼻子。’鼻子上就能感受到妈妈温温软软的亲亲，然后是左脸蛋、右脸蛋、左眼睛、右眼睛、左耳朵、右耳朵、再然后是下巴。有时候我故意不按顺序说，妈妈就会亲错，于是我们就会因为小小的错误而更开心。这时，妈妈都会再多亲我两下，无论怎么玩，最后总是以亲脑门来结束游戏。亲脑门的时候，妈妈总会说：‘好了，你是妈妈最爱的

因为家庭中第二个孩子的出生，阿莲有了3年多离开父母、被寄养在奶奶家的成长经历。幼年时期的阿莲不能理解父母的行为，她只想和堂弟一样，能和父母天天见面，像其他小朋友一样，在谈论爸爸、妈妈的时候，说出一些新近发生的趣事，满足自己和爸爸、妈妈在一个战队的小小归属感，还有由此带来的安定感。阿莲和小朋友发生矛盾时，希望爸爸、妈妈站在自己的身后，但是这些小小的愿望没有被及时地满足，因此，年幼的孩子往往会将这种“寄养”经历等同于“忽略”甚至“抛弃”，并因此产生了难以抹去的心理创伤。

年幼的孩子看待事物很简单，没有“凡事均有好有坏”的观念，往往是“非好即坏”“非黑即白”的二分法。因此，当被“寄养”时，为了维护“父母是好的”的观念，孩子会将“我是不好的”的观念植入潜意识中，以解

宝宝。’于是，我就会心满意足地挣脱妈妈的怀抱，拉着小鸭子车去别处玩了。后来，妈妈说，肚里有一个小宝宝，蹲不下去了，我们就不再玩这个游戏了。

“那时，我也常常趁爸爸不在家时，爬到爸爸的写字台旁的椅子上，学着爸爸在方格纸里写写画画，爸爸回来后，我会指着自己的大作，对他说：‘我在工作。’于是，爸爸哈哈笑着抱起我，让我坐在他的腿上。坐在爸爸的腿上真是舒服，不仅刚好够到桌面，而且感觉软乎乎的还很安全。我稍稍往后一靠，就是爸爸的胸膛，就能听到爸爸的心跳声，特别有力，稳稳地，让人感到安心、踏实。通常，我会得意地给爸爸指那些我画的圈圈，很认真地向爸爸介绍着它们的意义。然后，我还会让爸爸握着我的手，一起画、一起写。爸爸的手又大又有劲儿，完全能包裹我的手，我自然也能握得稳笔，画出的线条又直又粗。爸爸的手画出的任何东西，都感觉特别带劲，爸爸总是笑着做我让他做的事情，无论是写字还是画画。我只画了一会儿，就觉得没什么意思了，我就会稍稍抬起头，这时爸爸就会用脸颊上的胡茬蹭我的额头，又扎、又痒，受不了时，我就会推开爸爸的脸，哈哈笑着顺势站到地上，跑去找妈妈。这时爸爸常常会跟着喊一句：‘慢着点儿！’

释这种被“寄养”的现实。这就为以后的“不自信”埋下了深深的种子，长大后的种种“优秀”，一方面是争取长辈关注、认可的手段，另一方面是为了抵御内心深处“我不好”“我不值得被爱”的观念。

在妹妹出生之前，阿莲体验过3年被无微不至地照顾的经历，这足以证明阿莲的父母非常合格。其实，孩子出现某些心理问题的时候，不一定是父母做错了什么，每个人都有一些不得已的局限性，问题的出现，提醒我们要改变自己去适应目前的状况，正视问题、解决问题，才能提升自己。孩子看到父母的反思、进步，也会更有信心改变自己。

后来，还会再加上一句：‘小心，别撞着妈妈的肚子。’现在想起来，我还能感受到当时的快乐。

“自从我离开家，去了奶奶家之后，一切都开始变了。恍惚还记得，我会和小叔家的堂弟比谁会讲更多的新故事，但总也比不赢。那时，我很羡慕堂弟，他每天都能听到妈妈讲睡前故事，晚上，小叔还会去幼儿园接他，有时候还能听到他们在一起时热闹的说笑声。那时，我就会一边想着妹妹没出生时和爸爸、妈妈在一起的那些幸福时光，一边一个人翻看已经看过很多遍的故事书，想着不知爸爸、妈妈什么时候能接自己回家。当然，奶奶也会给我讲故事，但家里的事情很多，奶奶的年纪大了，眼睛不好，看书看不了很久，没有那么多的时间、精力陪我，所以我自然没有堂弟听的新故事多。不过，我会给奶奶讲自己编的故事，奶奶听后，常常笑着夸我。想到这些，我心里也就不那么难受了。

“上学前班的时候，我终于回到爸爸、妈妈的家里，但是，似乎那里已经不是我的家了，怎么变化那么大？爸爸、妈妈一直都很忙，妹妹总是状况不断，不是把水杯弄翻了，洒了一地板的水，就是想要拿高处的东西，如果不能马上拿到，就在那里又哭又叫，感觉她总是随时随地有各种各样的要求，爸爸、妈妈不得不围着她转。有时候看到爸爸、妈妈和妹妹一起时，我觉得自己好像和他们不是一家人，好像不属于这个家，而是一个多余的人，是外人。可如果这里不是我的家，哪里是家呢？每次看到爸爸去幼儿园接妹妹回家，心里就又羡慕、又落寞，感觉很难受。

“从小到大，我一直都不怎么喜欢妹妹！家里添了妹妹，我感觉自己在父母眼里一下子变成了和他们一样的大人，再也不是个孩子，他们可能忽略了一件事——我的实际年龄只比妹妹大 3 岁而已。我很反感当‘姐姐’，就因为当了‘姐姐’，生活中处处要让着妹妹，只要妹妹看中我的什么东西，她就会想着法儿地要过去，如果不给她，她就会哭闹，每次妈妈就会说：‘你是姐姐，应该让着妹妹，要懂事。’把东西给了妹妹，她就往旁边一扔，也不用，还不让我去拿来用。无论我多喜欢的东西，只要妹妹也喜欢，我都得让给她。现在想想，我跟其他同学有一个很大的不同之处，就是我似乎没有特别喜欢的东西。例如，堂弟喜欢汽车，他有上百个各款车的模型，小妍有很多套芭比娃娃，彤彤有很多种动漫周边、手办，婧婧的娃娃们有很多套可以更换的服饰。我喜欢什么呢？不知道。我不敢喜欢什么，喜欢了最终也得放弃，不如一开始就不喜欢，省得放弃时心里像被剜个洞一样难受。

小时候，阿莲也常常充当妈妈安抚妹妹的“帮手”，当时的阿莲并不能理解她所做的事情对家庭的意义，更多感受到的是被迫一次次把心爱的玩具、学习用具分给妹妹，妈妈一再要求她满足妹妹（他人）的需要，阿莲甚至怀疑，“我是不是和妹妹一样？我是不是妈妈亲生的？”父母的偏心，妹妹的无理取闹，导致阿莲一直在强化“我的需要不重要”“我是可有可无的”，不断累积这种被剥夺感。

其实，多子女家庭的生长环境，对孩子来说，原本有很多优点。

第一，多子女家庭中，有更友好的成长环境。

多子女家庭一般有四个人或更多，相较于独生子女的三人家庭，生活在多子女家庭中，孩子所处的成长环境视角更广阔、观点多元化、情感体验更丰富。在帮助孩子认识和理解世界、体验不同的情感等方面，提供了更充分的条件、更多的发展空间。多子女家庭里，孩子处

“还有一个不喜欢妹妹的原因，随着她的出生，爸爸、妈妈一下子变了，变得我似乎认不出来了。记得刚上学前班时，有一次，小朋友抓破了我的头皮，放学回家后，我看到妹妹又在哭闹，就没敢让爸爸、妈妈知道这件事，当然他们也没发现。直到妈妈把妹妹哄睡了，发现我还醒着，这才有机会和她讲白天在学校发生的事。记得当时妈妈看了看，用手胡噜了几下，只说了句：‘没事儿，睡吧。’听到妈妈这样说，我心里别提多失望了，躺下去，伤口好像更加地灼烧般的疼。记得堂弟在外边也和小朋友打架，他的爸爸、妈妈找到了那个小朋友的家里，非让人家道歉。同样的事情发生在我身上，怎么就变成‘没事儿’了？这真让人难过！那时，我在想，如果没有妹妹，爸爸、妈妈对自己的态度可能还会和以前一样吧，也会像叔婶对堂弟一样爱护有加吧？这种事情不能想，越想越伤心，我真的是爸爸、妈妈亲生的孩子吗？

“我总是在等待，等着爸爸、妈妈从妹妹那里抽出些许时间、精力关心我，感觉自己就像等待施舍的乞丐，又无助、又无奈，孤单单的，如同没有根须的植物一样，整天惶恐，处于瑟瑟发抖之中，我真的不喜欢这样的自己。

“我时常想，父母的爱就如同一个西瓜，没有

理人际关系更娴熟，在进行道德判断时更成熟，社会适应能力也更强。

第二，多子女家庭中，家庭成员关系更复杂，有助于孩子学习如何建立亲子关系。

多子女家庭中，孩子的社会性行为不仅指向家长，也会平行地指向兄弟姐妹。相较于独生子女家庭，多子女家庭的孩子，社会关系更丰富，建立关系、亲子互动更多一些，形式上也更多样。

第三，多子女家庭中，孩子的互动范围更广泛。

多子女家庭中，人际互动具有多元性的特点。兄弟姐妹出现后，父母不再是孩子互动的唯一对象，孩子还可以和兄弟姐妹进行互动，有利于培养孩子在群体中的人际交往技能。兄弟姐妹是孩子接触的第一个同辈群体，与兄弟姐妹相处的经验，能为孩子将来走上社会的人际交往奠定一定的基础。模仿是个体学习的重要渠道，而同伴之间的模仿往往是最高效的。多子女家庭中，同

妹妹时，这个西瓜都是我一个人的，但是妹妹出生后，这个西瓜就得两个人分了。父母对我的态度，和以前完全不一样，不再关心我了。西瓜只剩一半还算是好的，有时候甚至连一半都分不到，从前的父母不见了，父母跟前那个无忧无虑的孩子似乎也消失了。我时常问自己：‘我是谁？父母又在哪里？哪里是我的家？’为了找回父母、找回自己，从小我就知道必须听大人的话、听老师的话，严格要求自己，努力做好一切父母让我做的事情。只要是父母交代我做的事情，必须做到完美，我觉得这样就可以得到爸爸、妈妈赞许的目光，或者得到一声称赞，这样我就能确定自己是爸爸、妈妈的孩子，就能找回父母，也能找回自己，这样心就能安定下来吧。

“可是我这么多年的努力，好像并没有多大用处，还是没有得到爸爸、妈妈的关爱，没找回曾经的自己，心里那个缺口一点儿也没缩小……”

“没有底气”的阿莲

“在别人的眼里，我是那种传说中的‘别人家的孩子’：学习努力成绩好，在学校是学生会主席，考过了钢琴（业余）十级，还拿过市里的大奖。羽毛球打得好，主持、朗诵在学校里也是数一数二的。

辈的兄弟姐妹之间能够相互学习、相互制衡，对子女心理素质的提高十分有利。

第四，多子女家庭中，存在着更强的竞争关系，可以锻炼孩子的沟通能力。

多子女家庭中，由于时间、精力、经济等原因，父母的爱和关心是一种非常“有限”的“资源”。为了获得更多父母“有限”的爱和关心，兄弟姐妹之间产生竞争关系是必然的结果。严格意义上讲，这种竞争涉及的是获得生存机会和条件，常常会形成激烈的竞争关系，竞争的过程，往往使孩子获得更好的人际交往技能，为他们适应以后的社会生活打下了基础。

第五，多子女家庭中，情感资源更为丰富，可以增强孩子的爱心。

多子女家庭中，同辈之间发展出协商、合作、竞争、支持等关系，能扩大同辈群体的人际交往范围。父母之间出现矛盾、危机的时候，孩子可以显示出他们的情感支持、安抚作用；父母之间在同学中人缘好，老师信任我，常常帮老师去办一些班级的事情。但老师也常常跟我或者父母亲说，我时常会表现出不自信的一面，例如，我的个子挺高，却总含着胸，往那儿一站，习惯性地往后藏，喜欢找个角落躲着，好像试图把自己埋没在人堆里。明明有能力做好的事情，常常只是做到成绩平平。老师还说，凭我的天分和努力程度，学习成绩本可以更优秀，甚至有与第二名拉开距离的潜力，但现实是，我的成绩只在前五名徘徊，最近更是跌到了第八名。我曾经代表学校参加市里的数学竞赛，还捧回了二等奖。我这种遇强不弱、遇弱不强的状态，让父母很不解，也让老师很失望，我自己更是困惑不已。

“无论是发展全面、成绩优秀，还是做事用心、积极努力，抑或是热心帮助同学，这些都是别人对我的评价，自己是什么样，我自己最清楚。我就是那个在父母眼里没有存在感、总是担心自己惹别人不高兴、没什么兴趣、爱好、只会傻傻地用功学习、不被关心和爱护的那个无足轻重的透明人。

“一个人的时候，我感觉很累，甚至累到精疲力竭。真想什么都不做、什么都不管，不再为了得到别人的认可去努力学习，不再为了讨好被人而去担任班级职务，也不想活在别人的评价里，我不想

发生争执或情感危机，常常会有意无意地冷落孩子，这时兄弟姐妹之间的相互照顾、情感上相互依托，可以最大限度地减少父母不睦造成的负面影响。

阿莲有超越年龄的“懂事”，直到半年前，始终体贴地做着父母的“帮手”“后援”，而不是像妹妹那样，大大方方地享受“孩子”的特权，用哭闹的行为获取父母的关注。阿莲选择了迂回的道路——提高学习成绩，让自己看起来“有价值”，从而去获得父母的关注和成长资源。无论是让出玩具，努力练琴，还是努力学习，然后安静地等待妈妈（或者他人）的夸奖，都是阿莲为博取关注而开启的“讨好模式”：从压抑到忽略自己的需求，把自己变得像空气一样透明，小小的年纪便已开始隐忍。直到青春期的到来，随着年龄的增长，心理力量增强，阿莲觉醒的自我终于启动了修复之路。

再谦让，不想当姐姐。但是除了这些，我又能做什么呢？尤其是到了高中，学习压力越来越大，我感觉越来越没动力，无论怎么调整，也达不到自己想要的高度，做什么事情都提不起劲儿，只能一天、一天地过着平淡的日子，越来越被动，越来越颓废。

“我希望自己不再被噩梦惊醒，希望重新回到第一名的位置，希望爸爸、妈妈关爱自己，可是，我真的没力气去做那些他们期望的事情了。”

结　语

心理咨询师与阿莲谈话之后，征求阿莲的同意，请阿莲的父母来到了心理咨询室。当阿莲阿莲亲口向爸爸、妈妈诉说了压抑多年的心里话之后，爸爸、妈妈非常震惊！在爸爸、妈妈的心里，阿莲一直是乖巧、懂事、省心的好孩子，是他们心中的骄傲。爸爸、妈妈非常后悔没有早一点读懂阿莲心里的渴望与需求，非常真诚地表达了对阿莲的爱，不仅是因为她的学习成绩，也不是因为她的各种乖巧表现，更不是因为她帮父母做了很多事，阿莲的爸爸、妈妈说：“我们本来就是爱你的！”

后来，阿莲告诉心理咨询师：“我从父母真挚的态度与眼神里感觉到，他们说的是真的！”回家之后，爸爸、妈妈、阿莲和妹妹很认真地坐在一起，开了一次家庭会议。阿莲第一次得知，其实，妹妹一直因为自己的优秀而承受了巨大的压力——“姐姐在我心中是永远无法超越的”“姐姐，你太优秀了”“我没有别的办法，只能哭闹”。听妹妹这么说，阿莲才意识到，原来，妹妹也有自己的烦恼。最后，阿莲和妹妹达成协议，阿莲愿意用一部分休息时间辅导妹妹学习，同时，妹妹也会约束自己，不再任性，尽量公平地与姐姐分享家中的用品。

阿莲开朗了很多，放松了之后，变得自信、阳光，但是，当阿莲不那么在意学习成绩之后，反而发挥得更好了，学习成绩名列前茅。

拥有足够好的父母、拥有学习天赋的阿莲是幸运的。如果你没有这么幸运，也一定不要弃努力，每个人都值得拥有更好的人生！你是独一无二的，值得被爱、被珍惜！

心理咨询师的建议

给父母建议：

1. 为人父母，要有坚定的立场，调整好心态，关注子女在不同年龄段的心理需求，感知子女的情绪变化，及时给孩子提供心理指导，消弭孩子成长过程中的恐惧感，给予孩子面对外部世界的勇气。

2. 马斯洛需求层次理论表明，生理需要、安全感、爱与归属这三个层次的需求在家庭和亲子教育中完成，满足了这三个层次的需求，才能激发孩子的发展潜力。因此，时刻关注孩子的成长细节，是养育子女过程中的必要功课。家长要重视孩子的需求，了解孩子每个年龄段的心理特征，不能从父母的角度要求孩子做一些超出孩子能力范围的事情。

3. 多子女的家长要正视孩子之间的竞争问题。每个孩子都渴望父母的关注和肯定，多子女家庭里容易形成子女间情感竞争的局面，家长要从小培养孩子的良性竞争意识，让孩子知道可以竞争，但是不能伤害他人，竞争也必须在平等、公平的基础上进行。家长否认或者回避多子女间的竞争，影响孩子的健康成长。

4. 家长须谨记的一点是——没有天生就懂事的孩子。再懂事的孩子也只是孩子，不要用与年龄不符的“懂事”去剥夺孩子快乐成长的权利，不要忽视孩子的感受。只有得到足够的爱，孩子才会有前进的动力。

我不是不想上学

孙常宁

我想上学，可是不敢去学校

金秋九月，天高云淡，但我的生活却愁云惨淡。我天天关在房门里不出来，完全不与父亲讲话，和妈妈也只说最简单的话。如果妈妈把饭端进屋里，我就吃一点；如果没有饭，我甚至可以一天都不吃不喝。

我叫小贾，今年 17 岁，我的同学们现在正坐在教室里夜以继日地学习，备战高考，按理说我也应该是他们中的一员。人人都说，高三是黑色的，可我觉得现在的生活比黑色还黑，是浓墨色的。上学很辛苦，但我并不讨厌上学。除了学习成绩外，在学校里开心的时候还是比较多的。同学都很喜欢我，他们觉得我性格阳光、开朗大方，人也很随和，还有不少女生觉得我长得很帅。老师们虽然常常批评我的成绩，但也都很喜欢我，他们觉得我懂事、尊重老师，我也能和老师自然地交流，总之，只要不提学习成绩，我还是喜欢学校的，远远超过喜欢待在家里。

家里也没有特别不好，爸爸、妈妈很关心我，但就是太重视了，让我不能好好地、自然地、正常地长大。我从小就有点小聪明，可惜的是，这点小聪明没用在学习上。我对画画、写字非常有兴趣，小时候，妈妈给我报了书法班，我只学了一个学期，就能在比赛中获奖，一直到现在，老师如果需要找人做个板报什么的，还是第一个来找我，因为我的字漂亮啊！暑假里，我去学美术，老师总说我有灵气，可是学起平常的功课来，我就完全摸不着头脑了。

本来，我的学习成绩也不是特别差，算是中等水平吧，可是爸爸、妈妈觉得这样不行。他们想尽一切办法，从小学起就把我往重点学校、重点班里塞。小学毕业后，我没有考上市重点中学，只考上了区重点中学，爸爸、妈妈觉得必须让我上最好的学校，还得上最好的班，就想办法给我转学了。但他们完全不想我跟这些同学根本就不在一个层次，他们的所作所为是揠苗助长。一入学，我和同学的

父母常常觉得自己最爱孩子，却不知道，一旦孩子觉得父母不够爱他，心里就会悲痛欲绝。

为了小贾的学业，父母把他放在一个学霸团队里，当整个团队都是“别人家的孩子”时，小贾的父母对他的学习成绩自然非常不满。小贾体会到的是无休止的挫败感，天天看到的都是爸爸的冷脸和妈妈的担忧，耳边响起的是讽刺、训斥、提醒。在小贾看来，不管爸爸、妈妈用什么样的态度与他沟通，都是在传递一个信息：他不够好，他辜负了父母，他是糟糕的。渐渐地，小贾产生了一个笃定的假想：如果可以，父母一定会毫不犹豫地换一个满意的孩子。

差距就很明显，重点班的上课节奏非常快，我还没怎么听懂，老师已经讲到后面了。有时候，全班所有同学都听懂了，就只有我一个人没听懂，那时候的心情真的是没法形容。老师一般会说，连这你都不会，下课来找老师，好吗？老师的态度特别好，可是我知道，我影响了老师的教学进度。慢慢地，我就不怎么提问了。有时候，实在不会的题目，我也会向同学请教。在班级里，我的人缘比较好，同学也愿意教我，可是有时候，好几个同学给我讲题，我还是听不懂，那种“所有人都会就你不会，教你的人比你还着急”的感觉实在太让人痛苦了，所以，后来我也不怎么问同学问题了，最多向同学借笔记、借作业来抄或自己暗自揣摩。

我一直学习挺努力的，真的，绝大部分时间都用来学习了，但是我真的觉得，在功课方面我比其他同学差很多，不如他们聪明。班级里的同学，都是历经选拔才进入重点校的重点班，肯定比同龄人要聪明很多。我常常觉得，如果爸爸、妈妈允许我上普通班，哪怕上我自己考上的区重点，我的学习成绩可能会好一点。其他学校、班级的讲课进度比我们学校、我们班慢一些，也许我就来得及慢慢掌握、消化、吸收学习的知识点。可是，在重点班里，我总是处于一种“学过的知识没掌握，新的知识又来了”的状态，就好像是一个总是在欠债的人，债务越欠越多。有时候，我希望有一种机器让其他人的时间暂停，让我学习一段时间，把拉下的功课补齐。可是没有这种机会，我只能看着同学的背影越来越遥远，我的学习成绩也越来越差。

我把自己的困难告诉爸爸、妈妈，希望他们帮我调到普通班，这样压力就会小一点。可是爸爸、妈妈一听我的要求就火了。尤其是爸爸，本来脾气就暴躁，一听我说出这么没出息的话，似乎早早就认输了，特别生气。爸爸总说，他每到一个新环境里，甭管一开始怎么样，经过一段时间的努力，肯定会成为最棒的那个人，爸爸觉得我没有志气，不配做他的儿子。每次我听到他这么讲，再看看他鄙视的眼神，我就想，如果儿子可以换，爸爸一定会毫不犹豫地换掉我，去换一个优秀的、学习成绩好的儿子。

爸爸说，人定胜天，所以，我赶不上同学是因为不够努力，他根本不了解我的同学是多么优秀。有时候，我会恶狠狠地想，要是爸爸跟我同学竞争的话，真不一定能后来者居上。

得不到父母的肯定，孩子的心受到了多大伤害！在这样的绝望里，孩子很容易做出一些极端的事情，甚至在有意无意地伤害自己。

上初中的时候，我就已经知道自己在文化课方面与重点班同学的差距，可是爸爸、妈妈完全不能接受我的学习成绩，特别是爸爸。尽管我经常熬夜学习，但真的比不过那些同学，就像他们的字、画都不如我一样，这些都是事实。

面对不接受现实的爸爸、妈妈，我没有办法，我也知道他们是为了我好，知道他们为了我已经投入得太多，所以我一直咬牙坚持，但是目标却渐渐从努力赶上同学变成了不考倒数第一。我不敢和班级上那些考进来这所中学的同学相比，就只和那些像我一样插班进来的同学比吧，努力地维持一个虽然成绩是倒数的、但又不是最差的状态。

本来，我想也许可以就这样坚持到高中毕业，但没想到升到高二后，那些像我一样插班进来的同学开始陆续转学了，有些同学出国留学了，有些转到了普通班，有的去参加艺术培训辅导班，总之，他们一个个开始转学，这让我在班上本来就糟糕的名次就变得更糟了，我的名次正着数好像没什么变化，但如果倒着数就越来越靠前了。

高二下学期最后两个月时，插班进来的最后一个同学也转学走了，我突然意识到，下一次考试我就是板上钉钉的倒数第一名了，我的心理防线轰然坍塌。在这个班级里，我成了彻底的另类，虽然老师、同学对我都挺好，但我仍然清晰地意识到与大家的不同。我感觉自己非常孤单，好像这么多年就是来给其他同学陪读的，陪衬我的同学们，顺便被打击自尊心，最终还是成了垫底儿的那个倒数第一名。

好久没有跟父母再提转班的事，我忍不住又一次提起，结果爸爸听都不听直接来一句："还有一年就高考了，转什么班，别学那些没出息的东西，就会逃跑！"

那一刻，我都要哭了，我想，我的同学有地方可逃，可是我呢，不能逃，那就只能做炮灰了！我心里突然就有了恨意，我想，为什么别人的父母可以接受孩子真实的样子，爸爸、妈妈却不接受我？我感觉特别痛苦。

可妈妈还要苦口婆心地讲他们付出了多少、费了多大劲，我应该努力学习……这些话我听了快十年了，早就听够了，我真想说，又不是我让你们去求人的，你们什么都不做，我反而开心呢！但我不敢这样说，我怕爸爸、妈妈不高兴！

真的，我怕他们。爸爸不顺心时会打人，打得还挺狠，有一次，他发脾气，一脚把我踹出去一丈多远，我直接摔倒在地上。我从小就怕他，也有点恨他，我觉得他一点也不喜欢我，就会用他那一套理论来要求我，让我过他认为合适的人生。有时候，我都怀疑，自己到底是不是他的儿子，因为他总是嫌我笨、嫌我学习不好、嫌我没志气。我听人说，父母对孩子的爱是无条件的，我觉得这话就是胡扯，哄人玩的，爸爸、妈妈对我的爱是有条件的，我得变得特别优秀他们才会爱我。我上小学时，学习成绩还行，总在书法、绘画课上得奖，他们觉得很有面子，就对我特别好，在家里也有个笑模样。等我上了初中，学习跟不上了，爸爸就各种瞧不起我、看不上我。妈妈还好点，比较有耐心，不过我也明白，妈妈也嫌弃我，觉得我这也不好、那也不好。有时候，我看着妈妈眼巴巴地盼着我学好的样子，让我更有压力了。

我也想上个好大学，还偷偷找老师帮我分析过，以我的成绩来说，最多只能上个二本大学。我也有些不甘心，想和同学们一样，将来可以考进重点大学、名牌大学，继续这么学下去肯定是不行的。我特别着急，经常晚上睡不着觉，有一次晚上，做梦梦到考试，试卷特别多，怎么也做不完，上面的题我还都不会，当时就吓醒了，醒来的时候，冷汗把被子都打湿了。

后来，有一天，同学去我们学校的艺术班找人，回来跟我说："那个艺术班的同学画的画还没你好呢！"一开始我不相信，亲自跑去一看，似乎真的没我画得好。我就打听了一下，然后知道了我们学校的艺术班每年的高考成绩都很好，有不少人考上一本大学。我也了解了一下他们的学习成绩和艺术分，觉得我要是参加艺术类招生，也能考个好学校，而且我还挺喜欢艺术专业。

我好像一下子看到了希望，兴奋地跑回家跟爸爸、妈妈讲这件事。结果我一说完，爸爸就说，不去，学艺术类多没出息啊，将来就业面也窄，“噼里啪啦”地一通否定。我的心都凉了，从小到大就是这样，我们家就只有爸爸说了算，什么都得按他说的来，根本不听别人的意见，如果我再跟他犟，他就会打我、踹我。妈妈看我被爸爸否定之后难受的样子，就问我，那你有把握考上大学吗？其实，听了妈妈的话我也很无语，我哪里敢保证我的想法一定会实现、一定会成功啊！但这次我愿意尝试，愿意为之努力，我只是希望得到父母的支持和肯定，为什么就这么难呢？

但是，爸爸、妈妈一如既往地不关心我的想法，仍然只坚持他们的想法。想到唯一改变的机会可能也要被抹杀了，我越来越灰心，每天去上学的时候，感觉越来沉重。随着考试的来临，我越来越无法集中精神去学习。我开始拖作业，找借口不去上学，最后，离期末考试越来越近，我实在无法坚持了，就自作主张不再去学校了。

从我不去学校开始，爸爸、妈妈打过我、也骂

小贾知道，自己已经读高二了，耽误学习是不明智的、放弃学习是糟糕的，但是他仍然一边担心前程、一边却辍学了，结果，他离开学校每多一天，就比之前更焦虑一点。如果这时父母再来指责他，就与父母暴发更激烈的冲突。小贾知道自己

过我，妈妈还天天哭，可是我觉得比这些更可怕的是，我的心里充满了对未来的恐惧，对未来的抗拒。我打骨子里害怕了，怕怎么努力也不能让父母满意、怕怎么努力也不能有一个好前程。有时候，晚上我还想着，要不明天去上学吧，但到了早上，我又不想去了，就这样把高二拖完了，又把高二的暑假拖完了。每一天，我都从早上做思想斗争直到晚上，都快把自己逼疯了。爸爸、妈妈看不到我的纠结，只是觉得我是铁了心不想上学，其实只是他们不懂我，我只是不想再以原来的方式去上学。

我真的想不明白，爸爸、妈妈口口声声说为了我好，那为什么他们从来不问我的想法呢？在我的事情上，他们一直自以为是，而且咄咄逼人，我想做的事总是被他们鄙视、否定得体无完肤。尤其是爸爸，有时候妈妈被我说得有点心软了，爸爸知道了就会大发雷霆，而妈妈一直是怕爸爸的，所以只能我想做的事情只能无疾而终……我想，既然愿望无法实现，那么努力还有什么意义呢？

所以，我一方面担心马上要高考了，时间越来越紧，一方面又真的受不了在班里学习成绩垫底儿的折磨，实在不知道怎么办，就只能待在家里。也不想看书，也不想做事，几个月下来，我好像变得越来越颓废，心里也越来越难过。有时候，我晚上

在做错事，但不知道怎样才能修正错误，达成自己的心愿，他也不相信自己可以说服父母，小贾觉得父母自以为是，根本不关心自己的想法，甚至不管自己的死活。就这样，小贾把自己雪藏了，用一种别扭的、破坏性强的方式——辍学，来抗议父母的决定，尝试为自己寻找出路。

醒来，就会坐在那儿看着书，只是看着那堆书，不是读书。我也会担心，是不是从此再也不会打开这些课本了，会不会从此就不能读书了，我好害怕自己会毁了自己的人生。

爸爸、妈妈都找我谈过好几次，但是我已经对配合他们的谈心感觉到厌烦，但要坚持自己的想法，我又没有把握一定能考上一本大学，毕竟很长时间没有学画画了，没办法给父母一个准确的答案，但不试一试，我又不甘心。

我不知所措，天天缩在家里，有时候我会玩一下游戏，玩的时候觉得轻松一点，但过后我觉得特别空虚。那时候，我在家里也不怎么说话，甚至懒得动弹。

一开始，爸爸还会大声地训斥我，后来我一看到他就躲起来，他板着脸刚想和我说话，我就立刻把门关上。以爸爸以前的脾气，非得把我胖揍一顿，但这一次他忍住了，虽然还是发过几次脾气，但始终没有效果。妈妈也会给我做一些思想工作，爸爸不得不强忍着，看他压抑的神情，我觉得特别解气，爸爸终于不再逼我了。但是，有一天晚上，我听到爸爸在哭，虽然时间很短，但我知道，他是为了我的事而伤心。

我听了后，心里更难过了，我没想到辍学的事

小贾抗议的不仅是在哪个学校、哪个班里上学，更重要的是，他要求自主权，要求自己也有决定的权利。小贾觉得，爸爸不尊重他、嫌弃他，平时在生活中也只会打击他、伤害他，觉得自己是爸爸的耻辱和遗憾！

让他们这么痛苦，妈妈天天哭，现在连爸爸也哭。那时候，我产生了一个冲动，想去跟他们说，我回学校！可是，我张不开口，我怕上学，怕一切都回到原来的样子。

爸爸、妈妈动员了家里的亲戚来劝我，有时候，我听着亲戚长辈苦口婆心地跟我讲学习的重要性、不去上课的危害性什么的，就想，这些我都知道啊，我比你们还要担心自己的前途啊。所以，他们的劝告似乎都没用，然后爸爸、妈妈就更焦虑、担忧了，认为我不去上学是特别大的一件事，甚至怀疑我是不是精神出现了问题。

爸爸、妈妈带着我去医院做检查，我做了好多份量表，医生还开了一些药，说我确实有焦虑的情绪，可以先用药物来调整。我拒绝吃那些药，觉得自己没病。

我觉得，他们都误解我了。不去上学只是问题的表象，依我看来，根本的问题是我想做一次人生的冒险，却不被允许，我没把握向父母承诺一定能成功，所以我也不敢坚持自己的冒险。当我看到一点人生的希望，想得到父母的支持，想听爸爸、妈妈对我说，你想做什么就去试一试，即使不成功也不要紧……

我想要爸爸、妈妈肯定、支持我，而不是控制、

小贾的想法可能也是很多孩子共同的心声。有些父母觉得，正是因为爱孩子，才会对孩子有期待，希望孩子变得更好。父母不知道的是，那些出于激励目的讽刺、指责、嫌弃、否定，给孩子造成的伤害有多么剧烈。在孩子的心目中，爸爸、妈妈爱的是完美的孩子，而不是自己。

否定我。我受够了被否定、被控制的状态，想用自己的方式来试一试。我已经尝试了爸爸、妈妈选择的方式，但结果是我在班里变成了真正的倒数第一名，根本就不可能考上大学。

我不想要这样的结果，不仅我不满意，更重要的是爸爸、妈妈不满意，他们送我上重点中学，不是为了让我只上个上二本大学，如果结果是这样，当初还不如不转学来这个学校。其实，我也很想实现父母的愿望——学习成绩优异，考上一个理想的重点大学。

其实，我并不像爸爸想得那么懦弱。爸爸一直觉得我是个懦夫，但我觉得自己不是。我一直以爸爸为荣，这么多年里，爸爸一直特别努力，我知道，他想让我学有所成，我也知道，只是为了转学的事，他就付出了许多尊严、时间、精力。但是，爸爸太不尊重我，给我的感觉就是，爸爸的决定一定是对的，不允许被质疑。爸爸的年龄大、阅历多，处理事情确实比我更成熟。但我觉得，爸爸根本就不了解我，也不知道我的生活里发生了什么事及这些事对我的影响有多大。他的确是一个好爸爸，但也是一个不了解我、也不愿意去了解我的爸爸。所以，我心里有什么话，都不想对他说。每一次对话，爸爸总是对我否定、否定、再否定，我无法接受。我只希望爸爸理解我，其实，我也很想像他一样，成为一个社会精英，并且想用我觉得自己擅长的方法达成这个目标。

但是，这一点小小的愿望都不能被父母允许，我的理想变成了痴人说梦。十几年来，我一直听他们的话，只想在高考这一年来一次破釜沉舟。下这个决心是非常困难的，毕竟我也四年没摸过画笔了。我希望爸爸、妈妈能对我说：儿子，没事，不管怎样，我们支持你！如果能从父母那里鼓励，我会有更多的勇气去坚定地走好高考这条路。

结　语

经过心理咨询，小贾回到了学校，他的父母终于做出了让步，小贾转到了艺术特长班。一个多月后，艺术特长班进行月考，小贾的表现让人眼前一亮，学习成绩提升了很多。小贾渐渐地全身心投入学习中，开始变得开朗、阳光，小贾的父母也改变了很多。大半年后，小贾获得了专业考试第一名的成绩，后来，考上了一个自己很喜欢的大学。这是一个让人欣喜的结果，也是一个让人沉思的故事。

当小贾的父母试着去理解、相信、支持孩子的选择，愿意与孩子一起面对不确定的后果时，小贾

后来，心理咨询师专门和小贾的父母谈了几次，一向强势的小贾的爸爸哭了，他一直以为自己在为家庭遮风挡雨，结果却让孩子反感，因为孩子的反感，妻子也对他非常不满意。小贾的爸爸一方面为这样的结果伤心，另一方面也懊恼因为自己的暴脾气给孩子、给家庭带来了压力。好在一切都来得及，小贾的爸爸回想起，自己的

拿出了十万分的努力来证明自己的选择，他竭尽全力地学习。小贾的父母在心理咨询中和小贾达成了一个共识——在这个特殊的时期，只肯定小贾积极的方面，对其他方面的事情暂时不做表态。父母的改变，让小贾非常开心，他专注地学习，成绩提高很快，得到老师的肯定、夸奖，这也让家长安心了一些，原本脱轨的生活终于被渐渐扳回到正常的轨道了。

小贾的父母说，一开始不明白为什么孩子不信任自己，却轻易地相信陌生的心理咨询师。心理咨询师告诉他们，尊重、关注、肯定是挽救关系的灵丹妙药！被尊重、被肯定的需求满足后，孩子会是最可爱的合作者，整个心理咨询工作非常顺利地完成了！

小贾的父母很聪明，他们意识到自己的错误时及时踩了刹车，没有让负向循环继续下去。虽然，小贾的父母一开始也担心，如果放手让孩子去尝试，会不会有不良后果？但是他们也知道这样下去，小贾的人生可能就荒废了。于是，小贾的父母相互鼓励、自我约束，坚定地重塑了亲子关系，小贾看见了这一切，并十分感动。在最后一次心理咨询中，小贾专门提到爸爸劝阻妈妈的一件事，那天，小贾画画没有感觉，心里很烦，于是坐在房间里看

人生也曾有过几年的停滞，可是也安然度过了。小贾的爸爸决定支持孩子试一试的想法，决定尊重孩子的选择，最坏的结果大不了就是复读或者考不上大学，不管怎么样，也好过小贾自暴自弃地窝在家里不出门。

最后，小贾的父母改变了自己的态度，支持小贾转班的决定。小贾对父母的怨恨慢慢消失了，这场辍学事件无疾而终。小贾不再与父母对抗，学会了对自己的人生负责。

漫画。妈妈看到了，很着急，大概心里想着，你高三才开始学习，得比别人多练习才行啊。结果妈妈刚想张嘴说话，就被爸爸支开了，后来，他听到爸爸说，我们不是在心理咨询师那里都说好了，要相信孩子可以做到吗？小贾说这件事的时候，眼泪都流出来了，他没想到，脾气急躁的父亲竟然可以这么克制自己，他开始相信，父母一直无条件地在乎他、爱他。

被尊重、被肯定的孩子，进入正向的模式，可以自主理解爱、认同爱，并愿意为父母的爱而努力。

心理咨询师的建议

这个真实的故事，表面看是一个孩子高中辍学的问题，其实，这个孩子在生活里已经深深地被伤害了。糟糕的是，嘴上说着爱孩子的父母，却常常不知道自己的爱是一把双刃剑，既能给以支持，也可能会给孩子带来创伤。

在小贾的故事里，父母无疑是爱孩子的，也有责任心。但是，他们爱孩子的方式却是让孩子感觉到父母只注重自己的学习成绩，如果学习成绩好，父母就会满意，如果学习成绩不好，父母就会嫌弃，有时还会遭到父母的横加指责。我们都知道，父母是孩子一生中的“重要他人”，是除本人外、对自己影响重大的人。父母对孩子的影响非常深远，孩子在童年时代与父母的关系，很大程度上会影响到长大后的自我价值建设，影响到孩子形成健全的人格。如果父母经常肯定孩子，让孩子觉得自己很重要，值得被爱，孩子也会随着父母自我肯定，养成自尊心、自信心，长大后也能独立自主地待人接物。如果父母总是否定、无视、贬低孩子，与别人家的孩子攀比，孩子就容易养成自卑、敏感的性格，长此以往也许会自轻自贱，做出一些不当行为，甚至可能会伤害自己，希望以此吸引他人的注意力，或者自暴自弃，以“躺平”来逃避困难重重的现实生活。

爱的定义是——一种强烈的、积极的情感状态和心理状态。代表着对人或事物有深切、真挚的感情，这是一种对人、事、物十分深刻的喜爱。这种感情起源于人和人之间的亲密关系或者人和事物之间的联结，也可以起源于钦佩、慈悲或者共同的利益。一般来说，爱会带来温暖的吸引、强烈的热情及无私的付出。如果想让一个人感受到爱，就要让他觉得“爱我如我所是”，而不是“爱我如你所愿”。小贾认为，父母的期待太高，自己无法做到，所以父母不能接受他，从而不相信父母爱他。小贾的父母没有想到这一点，事实上，他们只是希望小贾高考取得好成绩，抓住优质的教育资源，开启美好的人生。但是，小贾不能理解父母的所作所为，双方产生了误会和分歧，最后，小贾伤心、父母也伤心。

值得深思的是，虽然父母一直在努力为孩子搭建良好的成长环境，为什么孩子却感受不到爱？其实，孩子对爱的体会是有条件的，一般有以下三个方面。

时　间

不管父母多爱孩子，如果很少花时间陪伴孩子，那么孩子也无法体会到父母的爱，可能孩子只能从理智上认为父母爱他，但从感情的角度来说，难以感受到父母的爱意。我们在心理咨询工作中也发现，很多初、高中的学生，遇到困难时，想对父母诉说，寻求父母的帮助，但是父母常常忽略了孩子的求助，只是不断催促孩子学习，让本来就少的亲子时间更少或更不愉快。和父母愉快相处的时间，才是孩子成长中有价值的情感体验，能给孩子带来安全感、愉悦感。

耐 心

耐心一般分两个层次。

第一个层次，慢慢地等待孩子的成长，不急于控制孩子，不强迫孩子长成父母期待的样子。在每一次亲子互动中，如果父母耐心地听孩子讲话，等孩子用心思考，孩子就会感觉到父母在关注他，知道自己在家庭中是很重要的一员。遗憾的是，很多父母给孩子的感觉却相反，有些孩子甚至认为，父母能耐心地对待所有人，却不能对自己有一点点的耐心。有时候，爱只是耐心、温和的陪伴、等待。

第二层次，要允许孩子成为他自己，允许孩子是本来的样子、当下的样子。一个总是被挑剔、被苛求的孩子，很难相信父母的爱是真诚的，越不相信就越会去挑衅、反抗，更有甚者，孩子拒绝和父母沟通，把自己封闭在自己的小世界里。其实，只要父母接受孩子，不再批评、指责、苛求，孩子就会渐渐放松下来，处于放松状态的孩子更容易接受父母的指导意见，这对孩子的健康成长很重要。

心理咨询师要提醒父母，有一种隐形的不耐心，对孩子的伤害很大。例如小贾的妈妈，她很少发脾气，好像是在用温柔、耐心的方式爱孩子。但是，小贾说，妈妈随时随地的提醒让他感觉到格外烦躁，有时候，小贾觉得妈妈的提醒还不如爸爸发脾气那样痛快。小贾尤其怕看见妈妈哀怨的目光，他说，妈妈目光里的担忧、否定，常常让他喘不上来气……在辅导中学生排除考试焦虑的心理咨询工作里，很多孩子都说，父母小心翼翼看似温和的提醒、过度的照顾都让他们产生一种感觉——达不到父母的期望，是一件非常糟糕的事情。这些表现就是父母隐形的不耐心，可能他们意识不到，那些看起来平和其实暗藏玄机的做法，也是对孩子隐形的伤害，因为他们时时刻刻在提醒孩子——马上去做父母要求的事情。

事实上，很多父母没有意识到，当孩子意识到父母的着急、不满否定，孩子就无法再放松地学习、生活，无法安心地与父母分享自己的想法、感受。不清楚孩子的真实想法、感受，父母就无法了解孩子，也无法开导孩子。有的父母看到这种情况，会想方设法地关注孩子，甚至去窥探孩子的隐私，而孩子察觉到父母的过度关注，出于逆反心，就会故意躲着父母，不让父母走进自己的小世界……这就是心理学上所说的负向的互动循环，越想做一件事，反而离结果越远。要停下这个负向循环，关键就在于父母要有充分的耐心，允许孩子有自己的想法，慢慢地等待孩子打开心扉，亲子关系才能有所好转。

表　达

小贾第一反感的是爸爸的家暴，但小贾的爸爸认为，管教小贾这是为了他的成长，小贾的爸爸不知道这样激烈的管教方式会严重影响孩子的自信心，影响孩子自我价值感的认同，也影响孩子的人际交往，小贾不敢再信任他人，也不敢表达自己的想法。

小贾第二反感的是父母用他们认为合适的方式（给小贾转学）干涉小贾的学业，他们自以为是的爱并没有让小贾感到亲情的温暖。小贾的父母没有考虑小贾的实际情况，导致在多年的学习过程中一直处于学习压力沉重的状态。可以想见，当一个孩子的学习与痛苦相联结、痛苦又与父母的要求相联结，学习成绩上不去，无法达到父母的要求，生活中的一切似乎都一塌糊涂，孩子饱尝失败的打击，情绪崩溃，很有可能就此失去了对生活的热情。有些父母养育子女不仅没有成就感，反而产生了挫败感，甚至遭到子女的排斥与憎恨，这一切都源于父母的习惯性思维，想将孩子塑造成自己期望的样子，却忽略了孩子的感受。在负向循环的过程中，孩子把父母的行为与不良情绪进行了联结，然后，从父母的严格管教中推导出——父母不爱我。

被爱是一种快乐的感受，是被肯定、被认可、被理解。小贾的父母习惯性地忽略孩子的想法，不断地否定孩子的努力，希望孩子按照自己的期望成长，如果孩子做不到，就表现出极大的失望、沮丧等负面情绪。这让小贾认为自己，自己的努力完全不可能得到父母的认同，因此在对前途彻底绝望后，选择了辍学。

不想上学的孩子，几乎背后都有一个“我想上学，可是不敢去学校”的伤心故事，如果父母和孩子找到这个故事的核心问题，解决它，孩子就能战胜困难，继续自己的学习生涯。

我是一个模糊人

孙聿为

我的人生是一个错误

清怡，衣着整洁，面目应该十分清秀。之所以说“应该”二字，是因为清怡不怎么抬头看人，总是有意无意地低着头，头发又总是遮住一部分脸。不过，尽管如此，一点不妨碍她给一种人懂礼貌、顾及他人感受的感觉。

坐在一起聊了一会儿，心理咨询师又慢慢感受到，面前这位正值青春年少的高二女生身上有一种特别的气息，好像需要不停地“拉锯战”，明明相对于而坐，间隔距离只有 1 米，却感觉她离得很远，无法看清楚她。后来，又见了好几次面后，心理咨询师才对这个孩子的形象有了一个大概的整体印象。

清怡的陈述是这样的。

“如果再不找个‘明白人’谈谈，我怕自己真的会爬不起来了。

“长时间里，说不清楚究竟从哪一天开始，我总是全身不痛快，几乎每一天都有无休止的悔意、自责涌上心头，好像人生的各方面都错了，全部是错！错误的面孔、错误的举止、错误的喜好、错误的表现、错误的初高中，或者根本就是一个错误的出生……大约因为表面上我的事情都还“维持着”正常状态，学习成绩没有明显下降，也没有过显著提升，从没有人注意我，但是，我已经消沉了好几年。

“刚上高中时，周围的同学都多少表现出中考后的稍许放松，而我每天想到、听到、看到、感受到的，都是高考的压力！爸爸、妈妈跟很多人都说，将来他们的女儿肯定会考上一个名牌大学的数学专业。可是，我必须考上名牌大学吗？必须是数学专业吗？我的成绩特别是数学，到了高三，到了高考，会不会成绩下滑？那时候会是一个什么样的局面？有什么办法可以不去面对那一天？”

心理上出现问题，懂得向心理咨询师求助，是智慧之举！

现代社会中，尽管人们的生活水平、文化水平、健康意识都在不断提高，但依然有不少人对心理问题讳莫如深，怕被人误解，不敢或不愿意求助、求治；有些人甚至认为，根本不存在什么心理问题，纯粹是娇气或矫情，是“臭毛病”；也有人在得知别人因心理问题寻医问药后，表现出不解、轻蔑的态度……据统计，目前，有心理问题的人群，求助、求治的比例不足10%。这对个人健康、家庭和社会的稳定来说，都是一个巨大的隐患。

事实上，很多心理问题不是忍忍就能过去的，单纯依靠自我反省或找朋友诉苦、发泄，大多时候不能有效缓解情绪；心理问题严重时，根本不可能“挺”过去的，必须积极进行心理治疗，及时寻医问诊，才有机会康复。

如果不良情绪持续超过几周，饮食、睡眠等日常规律发生较大的变化，影响到工作、学习的时候，一定要摆脱世俗偏见，及时寻求心理治疗！

我的天赋被谁拿走了

刚会说话时就会数数

“听长辈们说，小时候我是一个‘明星宝宝’。

“不到 2 岁，我说话的时候吐字还不清楚，就会数数了。这件事让大家觉得很稀罕，我的光荣事迹还扩散到相邻的两个小区，我成了年龄相仿的一大堆小孩子里的佼佼者。邻里们都说‘这小姑娘有数学天赋’，这让姥姥倍感荣耀，但是每每又很谦虚地反复解释：‘咳，这都是因为我闺女——我外孙女她妈，以前是数学老师！’

“我当然不记得这些情景，都是在慢慢长大的过程里，家人常常津津乐道时被我听见了。可是，他们不知道，那些‘津津乐道’的事，对我来说，却是恐惧的来源，因为我的数学成绩不是特别优秀，尤其上了中学后更是下滑得厉害。

“虽然不记得小时候到底能不能数到 100，也不记得自己‘特别可爱’的样子，但是依稀能记起小时候大人们看我的眼神。直到现在，那些眼睛好像还在我的头顶，跟着我、盯着我，不知道其他孩子是不是也是一样被如此关注？我的感觉，是惊奇？是喜欢？是疑惑？还是羡慕？或是不屑？我分不清。总之，感觉很不寻常，大人的关注让我心里慌

赏识教育已经被推崇多年，有人将之形象地比喻为“大拇指”教育，就是说，无论孩子做什么，不管做得好不好，都要对孩子伸出大拇指，告诉孩子——“你真棒！”培养孩子的自信心，孩子将来就可以做得更好。

孩子的成长过程中，需要不断地获得认可、鼓励和支持，人们经常说的“能力”，其实就是那些不断被肯定的行为，慢慢巩固形成的。因此，夸奖孩子是必要的。但是，要避免不切实际的夸奖，只是做好了一件小事，就被无休止地夸奖，或一个小小的优点被无限放大并夸奖，对孩子的成长则非常不利。

当不切实际的夸奖被当作“标签”贴到孩子身上时，孩子就会承受巨大的压力，不但严重影响孩子对自我的认知，也会束缚孩子的多样性，使孩子未来的发展受到局限。

慌的，不知所措，总想跑出他们的视线。

“因为不敢面对那些眼睛，所以大人们一看我，我就赶紧低下头。有一段时间，姥姥和妈妈对我说得最多的一句话是：抬头，看着叔叔 / 阿姨 / 爷爷 / 奶奶 / 哥哥 / 姐姐，说话！我也记得她们后来为什么突然不说我了——有一个阿姨提醒道，有天赋的孩子，就是和一般的小孩子有些不一样，行为有一些奇怪的特点，因为他们的脑子比较特殊……从此以后，姥姥和妈妈再也不要求我抬头了，每次和别人相遇，还忙着解释：这孩子比较特殊……她们这么一说，我本来挺想和人说话的，也没法继续说了。慢慢地，低着头、不说话，成了我的一贯姿态。很长一段时间，我都感觉憋得慌。现在？反正也没人再注意我，我已经习惯了。

“不过，我似乎也确实感觉到了自己的与众不同，好像生来就会加减法，上学后，听老师稍微讲一讲，我就完全弄懂了乘除法。加减乘除的题，我从来没算错过！应该可以确定——我有数学天赋。”

打游戏通关的光环

“谁能想到，玩手机居然也会成为我有数学天赋的证明。

“手机是在哪一天开始出现在手里的，我完全想不起来了。那时候，我刚刚开始被允许玩手机，妈妈需要我安静一会儿的时候，就打开手机里的计算器，让我学习加减法。据说，我果然和别的孩子不一样，我能在那个计算器的页面，起劲地算上半天，也不给大人捣乱。

“我 4 岁多的时候，有一天，家里的气氛不大对头，好像爸爸、妈妈吵架了。爸爸突然一甩手，正玩着的手机被丢到我跟前！只要家里的气氛一紧张，我就感觉喘不上气来，只想哭。但是，那天，我突然没有了害怕的感觉！爸爸应该是冲到妈妈面前去了，而我顺手拿起他的手机，一款游戏的界面还在，爸爸应该是打得正欢，我一下子被吸引了，摆弄了起来。也不记得过了多长时间，反正妈妈的哭声没一开始时那么大了，爸爸从我手里拿手机的时候，手机上莫名地突然显示出一个庆贺胜利的画面。本来，我怯怯地，以为会被爸爸呵斥，结果他看了一眼手机，惊喜地拍拍我的脑袋，说：‘我闺女还真是有天赋，这关居然能被你打过！’

“直到现在，我也想不清楚摆弄了什么就获得了胜利，在我的印象里，我就是学着大人们打游戏的样子，动动这儿、动动那儿而已。不过，重要的是，爸爸夸奖了我！之前，每次有人说到我的数学天赋，

在这里，要提醒家长孩子使用手机等电子设备的问题。

孩子需要的是陪伴，眼睛望眼睛、手指牵手指、心灵碰心灵的真实陪伴，胜过千言万语。电子产品的陪伴，声、光、电俱全，看似好玩，但没有呼吸、没有温度、没有情感互动，所以，不要让孩子过早接触电子产品。

爸爸虽然也跟着露出笑脸，但似乎总带着几分迟疑，这次，他应该是肯定我的数学天赋了！

“应该就是从那次以后，我时常可以打游戏，用爸爸或者妈妈的手机，或者用电脑。我认识了各种游戏，而且不知怎么的都会玩儿了，这让我在幼儿园、小学里，有了好几个铁杆粉丝，还都是男生！他们都说，有数学天赋的人打游戏就是厉害！

“您看，我头顶上分明有个光环，可是为什么我越来越经常感觉自己被光环的光亮晃得看不清这个世界了呢？那些男生的父母也逐渐知道，他们的儿子有个女同学，每次都能考到数学最高分，是个数学天才，并且打游戏也特别好，于是走在路上，我经常感受到一些来自其他家长的注目礼……

“我心里很慌——不要老看我，行吗？”

谁动了我的天赋

“万万没想到，泯然众人，淡出家长们的视野，才是更令人不安的事。

“上初中后，入校没多久，初一年级进行了一次数学测试，要分出一个数学尖子班。我顺理成章地进了尖子班，30个人，我几乎一直是班里的最后一名。

相信每个人都能理解总被“盯着”的感觉——不自在。

清怡头顶着光环，站在聚光灯下，对一个孩子来说，她不自觉地会去迎合别人贴在身上的标签，尽管难受至极，却无力抵抗，也只能一次次忍受着，内心深处的感受却被忽略了。在长辈亲友的夸奖声中，清怡不能按照自己的意向、能力发展，渐渐地，连自己究竟喜欢什么、擅长什么，也完全搞不清楚了，自我认知出现了偏差。

“发生了什么事？我应该排名很靠前才对吧？天赋这种东西，难道不是极少数人才能拥有吗？

“在后来的学习中，虽然我从来没有开口要父母送我去上过课外班补习数学，他们似乎也从未想到我会有这样的需要，但是私下里我找了不少题来练习。然而，我的数学成绩在班里依然是倒数的。那几个总得高分甚至满分的同学，数学好得简直没道理！尖子班是尖子生们熠熠闪光的地方，我这种屈居人下的差生成了灯下黑，不被人关注。

“头顶的光环不再亮闪闪，我在学习的过程中没有片刻安宁。每次数学测验或考试前，都是我最紧张不安的时候，可是每到这时，本来该回家做题、复习功课，可我却总是先打上半天游戏！上了初三，越临近中考我越心慌，爸爸、妈妈在家里、家外到处跟人说，我肯定能上那所学生连年高考数学成绩稳居第一的重点高中。但是，我心里一点底儿也没有，越心慌，越做不好数学题，越做不好题，就又越心慌，根本不能安心学习……那些日子，我每天都像在漩涡里打转，晕头转向。

“还好，那种心慌的感觉在中考前一个月的模拟考试后，突然得到了缓解，我算是松了一大口气，因为我所在的数学尖子班，被爸爸、妈妈期望上那所重点高中，也就是我现在所在的高中，对我们班

以偏概全，看待事物时，仅仅因为某个点的缺陷，就扩大为对整体的全面否定，这是一种常见的认知偏差。如果孩子出现了认知偏差，往往会自我否定，这也是“学霸”无法忍受成绩滑落的原因之一。

因此，帮助清怡全面、正确地认识自己的能力、优点，是本次心理咨询工作中的重点。这也是清怡在成长过程中缺失的一部分——建立正确的自我认知。

孩子在成长过程中的不同阶段，学习、发展了多项技能。不同的个体，掌握

来了个‘连锅端’，全部免试录取！

“然而快乐总是那么短暂！进了高中，要再次选拔尖子生。分班考试后，数学尖子班扩充到了45人，已经没有了我。我甚至连普通班的前几名也考不到，茫茫高一年级，我被深深淹没了。

“一整个高一学年，我常常问自己，为什么要上这所高中？我原本可以不选择这里，初中的30个同学中，有两个人放弃保送名额，去了别的高中。他们是早知道在这所数学高手如林的高中，日子不好过？我要是也来个‘主动撤出’，玩一把‘急流勇退’该多好？

“每当为这种错误而懊恼的时候，每当为即将到来的数学测验而担心的时候，每当为刚刚的数学考试又不顺利而烦躁的时候，每当又拿到不尽如人意的数学成绩而失落的时候……我都会更深地低下头，不跟同学说话，不看老师的眼睛。回到家，我就立刻扑到电脑前，狂打一通游戏。其实，我很讨厌打游戏，耽误时间不说，更重要的是打游戏根本不需要数学知识，也无法提升数学成绩！但是，好像我的生活只剩下打游戏了，这能帮我稳定情绪，让我在心境不稳、欲哭无泪的时候，感受到一丝轻松。

“不到一年时间，我就要参加高考，那时候会

技能的时间不一定同步，使用技能的熟练程度也大相径庭。根据清怡在学习上的表现，可以判断出，明显不是“数学天才”的级别，最多只是在幼年时期表现出了较强的“数字学习”能力。随着年级的提升、课程难度的加深，清怡的“数字学习”能力也显示出不足，这是正常的现象。但是，个体的能力是多元化的，在一个领域不擅长，可能在其他领域就如鱼得水，如果适当引导清怡挖掘自身的潜力，也许能发现其他的“天赋”！但是，清怡执着于“数学天赋”的“标签”，迫于自我认知的压力，无法从现实中解脱，限制了自身的发展。清怡就像被丢进一条死胡同，想前进却被高墙阻拦，想后退又不甘心，两难的境地中，清怡看不到自己的发展前景。

怎样？我不敢想！我只知道，心理防线的堤坝在一点一点塌陷！

“平时，我尽量不让别人看出我的狼狈状况。是我的演技够好吗？好像真没人知道我的沮丧、混乱、不堪。心里一阵阵发紧的时候，我也会一个人出去走走，在确定附近没有认识的人时，我的眼泪会止不住地往下掉。明明阳光照在身上暖暖的，应该很舒服、很享受，可我却会抑制不住地对着太阳大哭大喊……

“我恨自己！”

父母不理解我

父母都怕多看我一眼

“我很早就注意到，大人们也总是低着头，看上去多数是在玩手机，我时常会想，是不是大人们也和我一样，不想面对别人探究的目光？大人们也有些不太愿意抬着头去迎接的东西吗？或者，大人们也常常不知所措，根本不知道自己在做什么？

“其实，看到大人们老是低头看手机，我心里挺生气的，大人们是不是可以花点时间，搞清楚孩子想要什么？是不是因为我老低着头，所以容易被忽略？反正爸爸、妈妈好像从来就没搞清楚过他们的女儿究竟是什么情况，我至今不知道，他们是否了解我的境况……哦，对了，他们只知道我有数学天赋。呵呵！

“如果不是因为我表现出的数学天赋，姥姥也不会提起，爸爸以前是学数学专业的，后来因为成绩平平，就转到了财会专业，在他们那个时代，财会专业没有现在这么受重视，给人的印象就是打算盘的。妈妈做过数学老师，偶尔听到妈妈和姥姥拌嘴，我才明白，曾经，姥姥嫌弃妈妈只是个小学老师。但是，妈妈现在是一家娱乐公司的财务总监。不过，姥姥又有了新的抱怨，她的女儿、我的妈妈，生下我后就跳槽了，工作更体面，赚钱也更多了，却三天两头地出差在外，看不见个人影儿！而她的女婿、我的爸爸，以前在一家外企做财务工作，被外派出差，好几年不着家，我上幼儿园那年，爸爸辞职回了家。姥姥认为，爸爸丢了饭碗，其实爸爸是主动辞职，在家专做期货和股票。可能因为姥姥总是说爸爸虽然赚钱，但不做家务，太懒了。我们终于和姥姥分开，各过各的了。不过也确实如姥姥所说，爸爸钱挣得不少，家里的事却几乎什么也不干，也没陪我玩或写作业，甚至好像都懒得看我一眼。

“和爸爸相比，妈妈还是关心我的。尽管经常出差，但我知道，她心里总是惦记着我。可是，有时候我觉得，妈妈还不如不惦记我！

“开始上小学后，妈妈的公司总部搬到了我家附近，妈妈回家比以前多了。老实说，我不喜欢妈妈在家。上小学一年级的时候，有天晚上，妈妈突然说要教我解方程式。她写了一串什么东西，指着说了一通，我告诉她，我听不懂。她愣了一下，然后就鼓励我，说我肯定很快就能懂，然后又讲了一遍。后来，见我真的听不懂，妈妈叹了很深的一口气，走开了，丢我一个人坐在那里发愣。

“后来，很长时间里，妈妈不怎么理我，我以为她死心了。哪里想到，小学三年级结束后，放暑假那天晚上，我把满分的数学成绩单拿出来给妈妈看，她看了一眼，没表态，可又过了一会儿，她突然来了兴致，说要教我函数……结果，不用我说了吧？她又一次叹了口气，眼睛盯着我，问：怎么回事？你不是……吗？她磕巴了一下，可我心里明白，她想说的一定是“有数学天赋”几个字。是啊，怎么回事？我也想问问这到底是怎么回事！那天，我的眼泪一直哗哗地流了很久。

“后来？没什么后来！妈妈没再问过我功课方面的事。后来，我还拿过各科优异的成绩单给她看，她看或者不看，都没有什么表情。后来，好像也很少和我交流，我感觉，妈妈也很怕多看我一眼似的。

“我经常想，如果数学成绩能再好一点，可能生活里的一切就都好起来了。可是我偏偏又把很多时间都浪费在打游戏上，没有办法专心学习。

“唉，还是我不努力惹的祸！”

爸爸、妈妈不相爱

“大人们的事，我永远搞不懂。我是不是很幼稚？就算爸爸、妈妈平日里多看我一眼、两眼，又能怎么样呢……嘿嘿，我想哭……

“妈妈其实挺无知的，根本不了解对她的妈妈、她的孩子，也不知道怎么和她的丈夫相处，在家里老摆出一副检查工作的姿态，所以爸爸跟她合不来，两个人总是吵架。

“在我的记忆里，他们的摩擦是逐渐升级的，从和姥姥一起生活时的小吵小闹，到我们一家人搬出来住的大吵大闹，直到近两三年的动手打架，爸爸、妈妈的关系越来越紧张。看他俩吵架，我一开始很怕，现在很烦，已经见怪不怪了。有一次，爸爸气急之下拿起了菜刀，我居然坐着没有动，继续打着游戏……事后，我想起来就禁不住害怕得直哆嗦。爸爸应该不会真的用刀砍妈妈吧？我好后怕……

心理咨询中，清怡讲述这些的时候，情绪起伏很大，有时候很气愤，有时候很无奈，有时候懊悔，有时候又悲悲切切。而作为心理咨询师，我很心疼、同情这个陷入情绪漩涡的孩子，这样的孩子承受了太多的压力。

在家里，清怡只是个孩子，她的情绪常常被长辈忽略，因为清怡的“数学天赋”，甚至成了长辈满足虚荣心的道具。这种情况并不少见，因为孩子的某个特长，家长就四处宣扬并引以为傲，不考虑孩子的感受，这对孩子的成长极为不利。

“每次，他们吵架就那么几个话题：妈妈说，爸爸从不关心她，看不到她的成就，不尊重她，爸爸则更委屈，反问还要怎样去尊重妈妈？爸爸说，妈妈和姥姥一样爱慕虚荣，不会管家、不会管孩子。妈妈又说，爸爸不求上进，反问爸爸是不是会管家、管孩子？他管过多少？说爸爸不是沉浸在奶奶家时隔多年的往事中，就是整天看股市行情……在我出生前奶奶就去世了，奶奶家有什么往事，从来没有人告诉我。小时候我很好奇，现在已经不想知道了。

“在我看来，两个人没完没了地吵，说明他们彼此不尊重对方，关于管家、管孩子这件事，我更觉得他俩都做得不怎样！其实，我上这所重点高中，父母都比我更高兴，爸爸会乐着说‘天经地义’，因为女儿的基因里就带着数学天赋，可以不费分毫气力就进入名校。令我非常不自在的是，在亲友邻里聚会或相遇闲聊时，我是名校学生的话题总是在一分钟内冒出来，在爸爸、妈妈脸上，马上就可以看到一种‘这件小事不在话下’的神情。可旁人一说赞许的话，他们又立刻摆一副很轻巧、谦虚的样子说：我们以前都是学数学的，如今孩子也就是数学能力强点罢了……但是他们从来没有问过我，学习数学是不是感觉轻巧，他们曾经是学数学的，我就一定也要学数学吗？

“我不知道爸爸、妈妈是怎么结婚的，在我眼里，他们互相并不相爱。还有奇怪的呢，他们的争吵，经常会在提及‘天赋孩子的爸爸/妈妈’话题时偃旗息鼓。我是他们互相容忍的理由吗？如果我的数学成绩优异，考上名牌大学，会让他们和好如初？每次想到这里，我都喘不上气来。”

我没有存在感

“教育学家说，我们这么大的孩子，一般早都有自己的圈子了，但是我没有。

“初中毕业前，我看到很多同学串着班级，互相写毕业留言，那时候，我突然发现，找不到人给我写几句毕业留言，因为我居然和哪个同学都不太熟。确切地说，我好像只认识班里十来个同学，甚至不知道班级的30个人里，有几个男生、几个女生……所以，我的毕业留言册上，最终一个字也没有写。

“最让我难过的是，在学校的保送欢庆班会上，全班有29个同学都发言了，只有我一个人被漏掉！直到下一个节目结束，班长才注意到这个‘小事故’，要给我补上发言的机会。这时，我分明听到，有两个同学低声互问：‘啊，这是咱们班谁啊……’当时，我一句话也说不出来。

“后来，我没忍住，问一个平时说话很直接的女生，因为打同款游戏，我和她的关系还算不错的：‘我真的让别人没什么印象吗？’她脱口就来了一句：‘你好像是没什么存在感……’然后，可能是看见我深深地低下头，引发了她的恻隐之心，她赶紧往回找补：‘可能好多人以为你是孤傲型的，不敢接近呢！不过打游戏的几个同学都知道你啊，女生里你打游戏最棒了……’我记不清后面的话了，陷入一种感觉，云里雾里，一直飘飘忽忽的，不知道自己会往哪里去。我好像被隔在一幅巨大的雨帘之外，看不清楚这个世界，也没有人看清楚我——我是一个没有存在感的‘模糊人’。”

看《红楼梦》学不了什么好

“我经常处于难过的心境中，为了缓解这些不良情绪，我经常会打游戏，很多时候，连续打几个小时也停不下来。不过我尽力克制自己，为了控制自己打游戏，我能不带手机就不带，非带不可的话，只给手机充20%的电，这样，手机就只能用于接打电话、收发短信……

“比起做数学题，地理和历史才是我喜欢的，看小说更能帮我走出消沉的心境。但是，我不敢告

对孩子来说，“天赋”和“努力”，究竟哪个更重要？

答案不言而喻。

当父母要求孩子“替代自己”，活出他们不曾有的精彩，孩子无法确定自我价值的存在，也找不准自己的人生定位，也许就会误入歧途。

诉别人，尤其不敢让爸爸、妈妈知道，我已经把《红楼梦》看了十遍，依然还在看。有一天，妈妈发现我手里捧着《红楼梦》，她居然站在我身边掉下了眼泪，呵斥我说，看《红楼梦》学不了什么好！问我怎么不做数学题……我一直没弄明白，不做数学题，怎么妈妈比我更着急？见我准备看别的书，妈妈站我身边不肯走。我不得不拿出数学习题集的时候，实在没忍住，对妈妈大喊了一声：'有数学天赋的人，根本就不需要做数学题！'嘴里喊出'数学天赋'几个字时，我的心脏莫名其妙地一通绞着疼，可万万没想到，妈妈的反应比我还大！她居然更伤心地哭出了声……我还能说什么呢？本来想继续喊：'我为什么一定要做数学题？我对做数学题早就没了兴趣！'这下子，全都被她的哭声堵在心里……

“好吧，注定我要考数学系，我不能让爸爸、妈妈太过失望。如果他们失去希望，我们这个家也许很快会分崩离析，想到这里，我又有点害怕了。

“我知道，那是幼稚可笑的假想，但是，前几天过生日时，我抑制不住地在心里默念：愿全天下的大学，都没有数学专业！”

霍林沃斯在《青年心理学》提出了“心理断乳”的概念，指子代在发育成长中要求摆脱父母或者其他监护人的监护而形成独立人格的过程，相对于“生理性断乳”，“心理断乳”常发生于青少年期。孩子在成年后，需要与原生家庭剥离，形成自我认知。但是，有一些孩子成年后，却不愿独立自主地生活，依然沉溺于原生家庭的舒适，无法“断乳”。

在这个案例中，清怡是被父母牢牢抓在手里的孩子，为了父母的期望，小时候的清怡逼迫自己勉强成为“数学天才”，甚至用做数学题这样的方式来得到父母的关注，她觉得自己必须是父母的“荣耀”……

有时候，需要“心理断乳”的是父母，而不是孩子！

希望所有的家长引以为戒。

心理咨询师的建议

赏识教育有利于孩子的健康成长，但是要注意分寸，应该做到以下两点。

1. 赏识教育是基于实际情况、针对孩子具体的表现，父母对孩子适时、适度的夸奖，具有很好的效果，能让孩子学会脚踏实地，知道努力的方向。更重要的是，避免过度夸奖导致孩子产生的盲目膨胀、浮夸与虚荣等心理。

2. 夸奖孩子的前提，是为了让孩子做好一件事后产生成就感，正向激励孩子，可以让孩子进步更快。但是，在这个过程，要尊重孩子的感受，多了解孩子的想法，如果孩子反感，要及时纠正自己的行为，不要弄巧成拙。

一直以来，清怡一直在抗拒“数学天赋”的光环，孩子也有自知之明，她不敢看人们的眼睛、躲避那些关注的目光，想让自己消失在人群中，等等，这些都是抗拒心理的极端表现。

但是，清怡的那顶“数学天赋”的光环没有被及时摘掉！

究其原因，“数学天赋”的光环，是亲友邻里赋予清怡的。但是，也可能是被姥姥含饴弄孙的温情感动，亲友邻里用夸奖的方式表达自己的善意，更有甚者，所谓的“数学天赋”只是一句逗趣的话，不承想，清怡的家人，包括姥姥、妈妈和爸爸，都对这样的天赋之说极为享受！姥姥曾经看不上女儿、女婿的数学专业，因为清怡的表现，现在也不再小看数学了，甚至十分欢喜；突然间，爸爸、妈妈发现，自己的遗传基因似乎那么优秀，于是志得意满、信心百倍……家长沉浸在孩子有“数学天赋”的喜悦中，以往的家庭生活里曾产生的矛盾似乎被化解，一家人其乐融融，偏偏，唯一被忽略、被牺牲的，就是孩子的感受！

婴幼儿的自我认知、情感表达方式，起初是从对监护人的镜像效应（在自我意识心理学中，他人对自己的态度犹如一面镜子，能照出自己的形象，并由此而形成自我概念的印象）中习得的，镜像效应的过程中，孩子逐渐确认自己作为个体的存在方式和状态。当“数学天赋”之说被大人们津津乐道、口口相传，不难想象，小清怡可以看到、听到、感受到家人对“数学天赋”的另眼相看，“数学天赋”慢慢成了她对自己的标志性认定——我的天赋是存在的，而且很讨喜，只有这样我才能得到长辈的认可和喜欢。

难怪清怡一边抗拒着“数学天赋”，一边却又为维护这顶光环而不断地努力，从而痛苦得不能自已。

不是真心为了孩子的夸奖，往往都是不恰当的，这种夸奖并不是在鼓励孩子，而是夸奖者自己内心缺失的投射，往往是为了满足他们的虚荣心。得到了不恰当的表扬、赞美，孩子的内心会产生混乱、失衡感。更可悲的是，因为孩子的年龄小、阅历浅，潜意识里对父母有本能的认同，不具备话语权、反抗能力等，只能承载着父母给予的重压，像一只蜗牛，驮着厚厚的壳，艰难地成长。这样一来，孩子在家庭中无法摆正自己的位置，成了父母酬壮志、了夙愿的工具人，怎么能找到人生坐标与方向?

在心理咨询工作中，心理咨询师和清怡的谈话重点之一，是帮助她逐渐建立自我意识，通过“我可以做出自己的选择和决定”，感知自己的独立、自由意志，并且逐渐积蓄力量！具体来说，清怡通过对兴趣、爱好的全面梳理，例如对文学、历史、地理的喜爱，逐渐认识到，即便没有“数学天赋”，自己也有很多感兴趣的事物，并且可以通过努力学习，取得优异的成绩。每个人都不会仅有一种能力，不会仅能做好一件事，人生也不只是一条单行道，关键在于找到自己的兴趣、爱好，并且不断努力深耕，一定能有所收获。

现实中，许多家长没有做好准备就要为人父母，自身还有很多不足之处。

因此，作为家长，必须做好自己的功课，和孩子一起学习、成长，不能把自己的意志转嫁给孩子，让孩子来弥补自己的人生缺憾。孩子的成长需要父母给予鼓励和帮助，孩子的感受、情绪得到尊重、支持，感受到“存在感”“价值感”，才能感受到自我价值的存在。只有这样，孩子才能找到自己的坐标点，树立正确的目标，健康、快乐地成长。

家长和孩子的身份、位置正确，人生才有正确的方向。

我是妈妈唯一的指望

王卫华

我有些羡慕那些飞在空中的小鸟，有些羡慕那些游在水里的小鱼，也许那些小鸟、小鱼也有它们的无奈，但在我的眼里，至少它们是自由的。

面色苍白的大男孩

初春，没有阳光的午后，窗外灰蒙蒙的一片。天空是灰蒙蒙的，地面也是灰蒙蒙的，寒意如冰水一般浸泡着身体，渗透到骨头缝里。

这天，心理咨询室迎来了两位来访者，是一对母子。

妈妈看起来大约40多岁，身高大约一米六，略胖，肤色偏黄、发暗，脸上有浅浅的黄褐斑，眼角已经有了浅浅的皱纹，比较显眼的，是她双眉之间的川字纹，犹如刀刻一般，好像在诉说着生命的苦难、不甘。

她的儿子名叫子默（化名），16岁，是一名高中生，站在那里像竹竿一样，瘦瘦高高的，接近一米七的个子，却塌着双肩，似乎生活中有许多“不能承受之重”。儿子和妈妈一样，也是眉头紧锁，眼睛里藏不住的愁苦，将本该五彩斑斓的青春浸染成苍白的颜色，就像他的脸色一样，苍白到无力着墨。

“老师，你一定要帮帮我，医生说我儿子神经衰弱，让我带他来做心理咨询，他现在才上高中，要是这么下去，我们的后半辈子就毁了……”妈妈哀求着说。

这一刻，经验和直觉告诉我，子默的故事一定很沉重，也许背负了太多压力。

神经衰弱

在精神疾病诊断中，神经衰弱被归类于神经症。

目前，大多数学者认为，精神因素是造成神经衰弱的主因。

症状表现为：长期处于紧张和压力下，出现精神易兴奋和脑力易疲乏等现象，常伴有情绪烦躁、易激惹、睡眠障碍、肌肉紧张性疼痛等，这些症状不能归于脑、躯体疾病及其他精神疾病。

子默的痛苦

“我没有朋友，也没有兴趣、爱好。生命里只有一件事情，那就是学习，除了学习还是学习，白天是学习，晚上还是学习，上学期间是学习，节假日还是学习。学习，学习，学习，我永远都在学习。

“我的人生使命就是努力学习、拼命学习，为了不辜负妈妈对我的期待，为了给妈妈幸福。

“‘妈妈这辈子就只有一个愿望，就是儿子能努力学习，考上一个好大学，妈妈的后半辈子可就全指望你了。’妈妈的话时常萦绕在我的耳边。

“小姨也时常告诉我：‘你妈一个人把你拉扯到这么大，非常辛苦，你可不能让你妈失望啊……’

“是啊，妈妈生我、养我，为我付出了那么多，我必须让妈妈满意，成为妈妈的骄傲！

“可是我发现，自己真的很没用，我是这个世界上最没用的人，我鄙视自己，感觉自己就像每天见到的那棵路边干枯的狗尾草一样，吸多了汽车尾气，灰头灰脸的，还像巷子里那辆七零八落的废旧自行车一样，锈迹斑斑。

“没有人知道，每当我看到那棵干枯的狗尾草，每当我看到那辆废旧的自行车，反而是最轻松的时刻，我对它们有一种同病相怜的惺惺相惜感，甚至略微感到慰藉。更多的时候，我都活在混混沌沌的沉重里、头痛欲裂的痛楚中。

“我不知道这是怎么了，学习对我而言，已经成为生命中的‘不能承受之重’，每当我拿起书本，就会眼皮发沉、头皮发麻、两边的太阳穴开始突突地胀痛，然后蔓延到整个头部，胀痛得如遭重锤击

妈妈的后半辈子可就全指望你了

从人际沟通分析学的视角来看，抱有此类想法的妈妈都有一个“漠视”——漠视了自己的责任。

一个健康的生命个体，具备为自己的生命负责的能力，而且应该为自己的幸福负责。漠视自己的责任，把幸福和快乐寄托在他人身上，不仅仅是将自己摆放在“不重要”的从属者位置，同时，也将巨大的责任压力转嫁给他人，一旦对方难以承受，将导致一系列的问题，如子默的“神经衰弱”，与妈妈转嫁给他的压力有很大关系。

打。我感觉难以呼吸，憋闷到想要将整个世界撕毁。

“虽然活在这个世界上，但我感觉不属于这个世界，头顶的那片天空阴冷潮湿、暗淡无光，即使外面正风轻云淡、阳光灿烂。

“每天吃饭时，我几乎都没有什么胃口，面对妈妈为我精心准备的美味、可口的饭菜，我只是不忍拂逆妈妈的心意，才勉强下筷。妈妈并不知道，那些饭菜到了我的嘴里，其实味同嚼蜡，食不甘味、寝不安席，每天都浑浑噩噩。

“我感觉很乏力，什么都不想做，连一根手指头都不愿意动一下，就像死鱼一样漂浮在水面，任凭雨打风吹、日晒雨淋，随波逐流，直到尸骨无存。我感觉很烦躁，坐卧难安、魂不守舍，想远离这钢筋混凝土构成的繁华、冷漠的城市，想嘶声呐喊，吼破苍穹，看着天空中星辰坠逝。

“其实，我想安安生生地睡上一觉，无忧无虑、自由自在，我已经太久没有睡一个好觉了，不是难以入睡就是多梦易醒。

“说到做梦，最近这一年的时间里，我经常梦到上学路上经过的那座小桥。在梦里，那座桥变得很狭长，狭窄到只比一只脚略宽一点点，长到看不到河对岸。在梦中，每次，我战战兢兢地踏上小桥，走不了两步就心惊肉跳、两腿打战，只能趴下去，一点点往前爬，爬着、爬着，眼前的桥断了，我无法到达河对岸，或者，我一下子失去重心，掉下桥来，双手紧紧扣住桥身，桥下水流湍急，看得人心惊肉跳。

“然后，我就被吓醒了，心慌意乱、大汗淋漓，很长时间再难入睡，爬起床勉强看书、学习，却一个字也看不进去，我头痛欲裂，只能睁眼等到天亮。

“我不想这样，真的不想这样，希望有人能帮帮我、拯救我，可是，身边没有人能帮我，也没有人能拯救我。我清楚地记得，初三的时候，有一天，早自习课快结束了，同桌问我：‘你怎么看了一早上的书，还停在原来那一页呢？’我看着同桌，告诉他，我头疼得看不下去。同桌很奇怪地看了我一眼，说：‘看这么简单的内容会头疼？是你不想学吧？’好吧，我承认他说得也许有道理，这些内容对他来说，的确不难，因为他是一个学霸，每次考试都得第一，可能他永远不会明白我的痛苦。后来，我学会了沉默，不再向别人吐露我的心声。

“我埋藏了痛苦，从初三开始，一个人在痛苦中默默煎熬，咬牙坚持，实在坚持不住的时候就薅自己的头发，用疼痛来保持一点清醒。终于熬过了中考，我理想中的、更是妈妈理想中的县一中，把我拒之门外，我被初中——三中的高中本部录取。

谁都知道三中和一中的差距，就像清华、北大和一个三本大学之间的差距一样，那是一道看不见、也跨越不了的鸿沟。

“我对自己失望透顶，妈妈肯定对我失望透顶吧。我知道的是，收到录取通知书的那个晚上，妈妈做了一桌子好饭、好菜，我没有吃几口，妈妈也没有吃几口。虽然那个晚上，妈妈没有说什么，但是我看到妈妈离开饭桌、转身的那一刻，眼睛里闪着泪光，妈妈的后背在那一刻有些佝偻，我注意到，妈妈房间的灯亮了一夜，那应该又是妈妈的一个不眠之夜。

“我对不起妈妈的殷切厚望，我知道自己很没用，就像爸爸一样。”

子默的回忆

“爸爸这个称谓，在我的记忆里其实很陌生，陌生到和路人甲、路人乙、路人丙几乎没有什么区别。可笑？还是可悲？我不知道，因为我没有感觉。

“在我的记忆中，家里一直只有妈妈和我。从小到大，都是我和妈妈相依为命。在我幼小、稚嫩的眼睛里，只有妈妈忙前忙后的身影，洗衣、

妈妈肯定对我失望透顶

很多孩子努力学习，不是因为自己喜欢学习，仅仅是为了不让父母失望。

这样的学习，我们称之为“要拼命努力”，这是一种源于外在力量的驱使，内在动力却不足。在“要拼命努力”的驱使下，孩子表现得非常刻苦、努力，但学习效率却很低，或者，平时学习成绩还不错，但往往在关键时刻掉链子，更严重的，就会发生类似子默的情况，甚至身体、精神出现问题。

从小到大，都是我和妈妈相依为命

在当下社会，单亲家庭已经不是个例，甚至成了普遍现象。单亲家庭埋下的隐患，不仅影响孩子的健康成长，也影响到家庭系统的正常发展。

在家庭系统中，父母关系是核心。父亲和母亲结合在一起，形成一个健康的共生关系，在这个共生关系中，家人互相依赖、互相支持，

做饭、收拾房间，换灯泡、换煤气罐、扛米袋上楼，将我放在三轮推车上，去菜市场卖菜，每天辛苦赚钱，还要接送我上幼儿园、接送我上小学，每天晚上睡觉前，妈妈会给我念故事书，直到我睡着，每天，我在妈妈温暖的怀里醒来，这种生活一直持续到小学毕业。

“记得上幼儿园的时候，我非常羡慕小朋友有爸爸接送，或者爸爸带着他们一起玩，但是我从来没有享受过爸爸的陪伴、呵护。我问妈妈：‘我有爸爸吗？爸爸在哪里？’妈妈摇着头，叹一口气，说：‘别提你那没用的爸爸了……’然后就是可怕的沉默，在妈妈转过头去的瞬间，我依稀看到了妈妈眼里的泪光。那天夜里，我被一泡尿憋醒，发现自己没有躺在妈妈的怀里，妈妈靠坐在床头，默默地流着泪，我吓得一动也不敢动。从此以后，我再也不敢问爸爸去哪儿了。

“后来，有一天，一个满身酒臭的陌生男人出现在家里，让我叫他爸爸，我吓得躲在妈妈的身后，怯怯地看着那个陌生的男人。妈妈护着我，对那个陌生的男人说：‘你还有脸回来？你还有脸让孩子叫你爸爸？指望你这个没用的男人，还不如指望一个四五岁的孩子呢！’满身酒臭的陌生男人立即瞪圆了双眼，恶狠狠地说：‘你说什么？你敢

一起处理家庭内部、外部的事务，共同养育孩子。一旦父母关系中的一方从家庭中抽离出去，就打破了家庭关系的平衡。父母（尤其是母亲）很容易将自己的情感转移到孩子身上，和孩子组成一个不健康的共生关系。孩子不再是父母感情的黏合剂，还要承接情感支撑者的角色，这是对孩子的“情感绑架”，幼小的孩子无法承担这种压力。

别提你那没用的爸爸了

现实中，父母中的一方被另一方贬低的现象很常见。可能一方的表现确实很糟糕，但这一般不是全部事实，这种贬低实际上是将一方某方面不好的表现夸大为整体否定。

在这样的家庭中长大，孩子习得的是以好或不好、有用或没用等二元对立的方式来看待自己或他人，从而形成以下几种具有对抗性心理定位：“我好、你不好”“我有用、你没用”，这是一种

再说一遍？老子削死你！’‘说你怎么了？说是到外面做生意，两年都不着家，挣的钱呢？是不是都喂了狗了？’妈妈叉着腰回骂道。‘你……’陌生男人晃着身子向前跨一步，一巴掌甩到妈妈脸上。‘不许打妈妈！’我不知道从哪里生出来的勇气，像妈妈一样叉着腰，指着陌生男人喊道。‘臭小子，滚一边儿去！’陌生男人抡起胳膊，把我推倒在地。然后，我看到妈妈和陌生男人厮打在一起，似乎在拼命一样。我已经听不清妈妈嘴里说了些什么，更听不清陌生男人嘴里说了些什么，我不知道什么时候躲到了墙角，缩着小小的身子，瑟瑟发抖，害怕到说不出话，只剩下号啕大哭。

“这一幕就像刀刻一样镌刻在我的记忆里，并且在我逐渐长大的过程中，每隔一两年就会重复回想起一次，一直到我上了初中。

“后来，我知道那个满身酒臭的男人就是爸爸，这是小姨告诉我的。小姨说：‘你那个爸爸，从你出生以后，就说跟着人出去做生意，什么摆地摊卖服装、卖手工艺品、卖那些不知道从哪里鼓捣来的古玩、卖什么二手手机，卖什么赔什么。这么多年，没贴补家里一分钱不说，还前前后后从你妈手里榨走了不下十万块钱，那可都是你妈每天辛辛苦苦卖菜挣来的血汗钱啊，是为了你以后

偏执的态度，在人际交往中会不自觉地成为“迫害者”或者“被害者”，导致成年后正常待人接物，人际关系紧张。

“我不好、你好”“我有用、你没用”，这种功利的处世态度，极易导致丧失自我，与人交往时也更容易发生矛盾，导致人际关系紧张，从而诱发心理问题。

“我不好、你也不好”“我有用、你没用”，也是一种绝望的人生态度，极易导致抑郁，甚至更严重的问题。

这一幕就像刀刻一样镌刻在记忆里

这是典型的心理创伤事件，孩子的年龄越小，心理创伤就越严重。现实中，我们经常能听到这样的话：孩子这么小，他懂什么？

的确，3 岁左右的孩子，认知刚刚开始发育，认知水平十分有限，但是，孩子的感觉系统已经发育完善。在成年人激烈的语言、肢体冲突前，幼小的孩子首先感受

上大学准备的啊。’小姨一边说着，一边叹气：‘你可不能像你爸那样，做什么事都不成。’小姨语重心长地说：‘你妈一个人把你拉扯这么大，非常辛苦，你可要努力学习，别让你妈失望啊……’

“在我上初中那年，再次生意失败的爸爸灰头灰脸地回了县城。我家对爸爸来说，应该就像旅店一样，要来则来、要去则去。爸爸每天不是酗酒，就是打麻将，深更半夜醉醺醺地回来，上午晃晃悠悠地出门，有时候甚至两三天不归家，对家里的事情从来不闻不问。这也就罢了，最让人头疼的是，只要爸爸一回家，爸爸、妈妈就会吵架、打架。每当那时，我都会躲到小屋里，拿被子捂着头。家里因为爸爸而不得安生，有时候，我甚至希望没有爸爸，和妈妈两个人相依为命就好。这个希望在我上了高中之后实现了，妈妈在学校附近租了一间房子，远离了那个已经不是家的家，远离了爸爸。妈妈还是每天辛辛苦苦去学校附近的菜市场卖菜，照顾我的饮食起居。

“我不要成为爸爸那样一个什么都做不好的男人，不要成为爸爸那样一个没用的男人。我把所有的时间都用在了学习上，除了吃、喝、拉、撒、睡。我要考上一所好大学，有一份令人羡慕的工作，成为妈妈无上的骄傲，给妈妈永远的幸福。”

到的是安全受到威胁，并由此产生极大的恐惧感，如果冲突事件重复发生，孩子感受到的恐惧就会累加起来，这些恐惧得不到缓解，长此以往，孩子在面对外部世界时，就会表现得畏缩不前、过度顺从，或者漠视自己的感受，假装坚强，最终导致产生严重的心理问题。

子默的觉醒

“事与愿违的是，虽然我把所有的心思都用在学习上，努力成为妈妈希望的有用的人时，一个令人难以接受的事实给了我当头一棒：我越是努力，成绩越差，离妈妈的期望越远，然后我越加倍努力，结果是越来越学不进去，反而学习成绩一落千丈。

“我沮丧地发现，在学习这件事上，我就是爸爸的一个翻版，复刻了爸爸什么都做不好的本性，不知不觉中，变成了令妈妈失望、令小姨不屑、没用的人。

“我还惊恐地发现，似乎和爸爸建立了某种血脉相承的神秘联系，在我心里，爸爸的形象不再陌生，不再让我嫌弃、害怕、无法接受，取而代之的是一种似曾相识、同病相怜，甚至是惺惺相惜的感觉。我似乎有些理解爸爸，他的行为背后潜藏着的不为人知的不得已，似乎是在一次又一次地努力证明——我不是没用的人！当爸爸发现无法证明自己，只好破罐子破摔，这是一种果断的放弃，酣畅淋漓。我看到路上那辆的废旧自行车时，感觉像看见了爸爸，自行车就那么锈迹斑斑地待在一个被遗弃的角落，无所事事，反而轻松。

“对，就是轻松的感觉！从小到大，我被妈妈寄予厚望，犹如不断堆积的土丘一样越来越厚实；那份厚望，犹如不断搅拌的糖浆一样越来越黏稠。那份厚望，厚实到难以撼动，黏稠到不能呼吸，我从未有过片刻轻松，从未有过！

“我只是一个孩子，也只想做一个孩子，一个无忧无虑的孩子。我希望在巷子里疯跑，仅仅是为了追逐一只无家可归的小野猫；我希望趴在墙头一动不动，仅仅是为了弄明白曾经低矮的爬山虎是如何向上攀爬、翻过墙头的；我希望和小伙伴一起打打闹闹，互相挖苦也互相支持。

“我想轻轻松松地做个孩子、做回自己。在这一刻，我惊讶地捕捉到内心深处这个小小的愿望，这么多年来，这个小愿望一直躲藏在某个角落里，偶尔怯怯地抬起眼皮张望两下，然后又低眉顺眼地蜷缩起来。从小，我就被告知要懂事、做一个乖巧、听话、努力学习的孩子，不要让妈妈失望；从小，我就模模糊糊意识到，妈妈之所以那么辛苦，是希望我能长大后成才，‘妈妈的后半辈子可就全指望你了’，因此，我得做一个顶天立地的人，承载妈妈的期冀，我不能做一个在父母羽翼保护下的小男孩。

“我有些羡慕那些飞在空中的小鸟，有些羡慕那些游在水里的小鱼，也许那些小鸟、小鱼也有它

我想轻轻松松地做自己

轻轻松松地做自己，这不仅仅是子默的心声，也是所有青春期孩子共同的心声。

一方面，随着年龄的增加，孩子越来越少地依赖父母，有了独立自主的意识。进入青春期后，摆脱对父母的依赖是孩子的正常心理诉求。孩子希望独立，有自己独立的思想，想要按照自己的意愿行事，不再遵从父母的安排。另一方面，青春期的孩子仍然有很多困惑不解

们的无奈，但在我的眼里，至少它们是自由的。

“我有些羡慕那些被妈妈疼、爸爸爱的同学，也许他们也有苦恼，但在我的眼里，至少他们是快乐和轻松的。

“我甚至有些羡慕爸爸，可以活在自私中，不管不顾地任性、自暴自弃，感觉很真实。我有一种探究爸爸心路历程的冲动，也许爸爸的经验能够带给我一些启迪，让我可以拨开人生的迷雾寻，找到那一丝希望。

“我对爸爸的家庭情况所知甚少，仅有的那点了解还是听姥姥、妈妈、小姨们一起聊天时知道的。爷爷、奶奶是郊区的农民，很穷，爸爸是家里最小的孩子，上面有两个姐姐。我从来没见过爷爷、奶奶，还有两个姑姑，不知道他们长得什么样，更不知道他们的性格、喜好，相反，我跟姥姥一家人很熟悉，对她家的情况如数家珍。我还听说，爸爸从小娇惯、不求上进，后来勉强上了个中专，进了一家私人办的工厂，爸爸、妈妈就是在那个工厂里认识的，也不知道怎么回事，骗得妈妈稀里糊涂和他结婚了。姥姥一家人很看不上爸爸，后来工厂倒闭，爸爸、妈妈丢了工作，眼高手低的爸爸就没再找过什么正经工作，吃穿用度都是靠妈妈卖菜挣来的钱勉强维持，因此，妈妈和爸爸吵了好多次架。妈妈

的问题，期望得到父母的指导，但不希望父母替代自己做决定。

相对来说，子默的情况比较复杂，因为家庭情况的异常，子默的童年并不美好。进入青春期后，子默的自主意识觉醒，他希望可以做一个孩子，没有压力、可以享受父母的爱和陪伴，弥补童年的缺憾。

类似子默这样的孩子，建议通过专业的心理咨询去帮助他们。

怀上我之后，爸爸才不得已跟着别人出去做生意，但做什么赔什么，一事无成。

“我隐隐约约觉得，在我的成长过程中，源自爸爸家庭的血脉始终没有显露出来，我就像一个独腿的孩子，无法掌握生命的平衡。就是这样一个四肢不全的我，还要支撑起妈妈的幸福，我快要被压力压垮了。

“对不起，妈妈，我累了，我病了。我宁愿这么一病不起，也不想拼命地努力学习了。

“对不起，妈妈。”

心理咨询师的建议

给父母的建议：

1. 妥善处理夫妻关系

夫妻关系关系到家庭的稳定、孩子的成长，夫妻双方共同承担家庭的责任、抚育子女的责任，还要分别担负父亲、母亲的职责。德国著名心理治疗师海灵格将孩子称为“家庭中的救世主”，因为孩子天生有一种本能——保护家庭的稳固。每个孩子都乐于看到父母相爱，如果父母相爱，孩子就能安心做一个快乐的孩子，而不是把自己妄想成是爸爸或妈妈的配偶，做一些和他那个年龄段不相符的事情。

2. 共同承担抚育子女的责任

子默的父亲长期不在家，回归家庭后，沉迷于赌博、酗酒的恶习，子默在成长中缺失了生命中重要的男性力量支撑，父亲成了一个负面的榜样。因此，父母要为自己的人生负责，并同时承担养育子女的责任。

3. 正确处理情感问题

如果夫妻关系破裂，难以弥合，父母也不要将情感寄托在子女身上，因为这样会给子女带来过多的压力，使他们陷入痛苦之中。父母要争取自己的幸福，正确处理情感问题，不要让孩子成为夫妻关系问题的受害者。

4. 要肯定自己和家人

父母可以不喜欢某个家庭成员的表现，但要避免上升到对其整个人的否定。父母的言行有言传身教的作用，更应为孩子营造健康的家庭环境。

5. 及时疏导孩子的情绪

影响孩子行为的不仅是认知，还有情感体验，发现孩子有心理问题时，要及时疏导孩子的情绪，给予安抚。喜、怒、哀、乐是人类共通的情感，孩子也有自己的情感体验，日常生活中多关系孩子，能让他们产生安全感。

给孩子的建议：

1. 关注自己的需求

未成年之前，孩子的任务是健康地成长，关注自己的想法、情感、需求，不要压抑自己，并在此基础上兼顾他人。

2. 培养一些兴趣、爱好

鼓励孩子在紧张的学习之余，培养一些兴趣、爱好，拓展自己的人际关系。在漫长的人生旅途中，不只有学习、工作，还有很多有意义的事情，能让生命的历程更加丰富多彩。

3. 张弛有度，兼顾学习和生活

适当的休息、娱乐，能放松身体、安抚情绪，为孩子以后的学习、生活提供充足的能量，让孩子更好地成长。

4. 结交同龄的朋友，让生活丰富多彩

人是群居动物，存在感、价值感等，体现在他人的互动中，结交同龄的朋友，携手共进，互相支持，能开阔眼界，培养孩子开朗的性格。不要将自己局限于家庭之中，只依赖家人，错过精彩的世界。

被忽略的孩子

王　曦

我叫莉娜，今年 15 岁，已经是高中生了。说到童年，我真的不愿回想。

现在想想，我还是喜欢一直待在老家。起码，那时候的生活还是彩色的，有小伙伴一起玩，哪怕是玩泥巴，或是看着小虫子、小动物在草丛、树丛里爬来爬去，总比现在的生活快乐吧！那时候，小伙伴都愿意和我一起玩，起码不嫌弃我，不会伤害我。大人们也都很慈爱，不会像爸爸、妈妈一样，没时间理我，甚至嫌我是个累赘。现在的我，真的对生活没有一点兴趣，没有希望，只有绝望。

曾经，我算是个快乐的农村孩子，一直长到5 岁，都在乡下跟着爷爷、奶奶生活。5 岁的时候，爸爸、妈妈的生活条件逐渐好了起来，在北京租了

这个故事是有关“被忽略”的悲剧。父母工作繁忙对孩子心理状态的忽略，对孩子来说是一种爱的缺失。孩子的人格培养中最重要的环境是父母稳定而持久的陪伴。有了这样的陪伴孩子才会逐渐树立起安全感和自信，因为“我是被人爱着的”这一核心信念是依靠反复的亲子互动来建立的。

房子，所以就把我接了过来。来北京之前，我想象着北京的生活是多么美好，有爸爸、妈妈的陪伴，还有新的小伙伴，还能买许多的新衣服、新玩具……

可是，到了北京才发现，这里跟我想象的完全不一样——全部不一样。爸爸、妈妈根本没有时候陪我，每天早晨，天还没亮就慌忙要出去工作，晚上回来得很晚。我常常一个人在家等着，等到天都黑了，爸爸、妈妈才陆续回来。每天，我都把家里的钥匙挂在脖子上，放学一个人回家等着父母，有时候真的感觉很孤独，比在农村的老家还孤独。而且，当时我们租住在北京郊区的农村，其实也并没有比在老家生活得更舒适，房子比老家小，还没有院子，不能养狗，这都让我觉得更加孤独。还有好多看起来很小的事情，也让我感觉紧张。这里的人都说普通话，可是我只会说家乡的方言。每次，我一开口，就有很多人笑话我，尤其是上了小学以后，闹得笑话更多了。

孩子在上学过程中，一旦环境发生了变化（如转学或跳级等），学习进度的差异会使孩子产生焦虑或自卑。家长、老师在一开始就应多和孩子沟通，了解孩子内心的感受，帮助他们度过这一转变期。

我的小学生涯，是地狱深渊般的噩梦。虽然我都 5 岁了，但是，爸爸、妈妈觉得，上幼儿园浪费钱，他们也没有时间接送我，于是，就带着我去附近的小学报名、入学。当时，入学还需要考试，但我从没有上过幼儿园（老家没有幼儿园），所以连 12345 都不清。在爸爸、妈妈的央求下，校方勉强同意让我入学了，还交了高额的借读费。上学之后，我根本学不会，听不懂普通话，也不会说普通话，没办法跟同学沟通。当然也听不懂老师上课时讲的课。还记得一个让我紧张、可怕的事，那就是每天早读时的速算练习：每个人发一张速算练习纸，我看着练习纸上的阿拉伯数字，就像一串串神秘的天文符号。虽然我不懂这些符号什么意思，但是还要硬着头皮写点什么，经常会瞎写出一些鬼画符样的东西，毕竟我不知道怎么写数字。北京的幼儿园会教小朋友数字的写法和含义，所以同学们都能顺利完成速算练习。从手心到额头，我的全身在短时间内冒出冷汗，因为我知道，这个速算练习结束后，老师会把成绩公布出来，甚至会为了警示大家，把我的练习纸拿给全班同学看，所有人都会看到我写的鬼画符。那时，全班同学就会一起哄堂大笑，嘲笑我、鄙视我。有时候，我看着练习纸，觉得那些数字都在扭曲着嘲笑我。那时候，成绩差的同学，就会被老师当着全班同学的面严厉批评，甚至有些侮辱性。例如，“痴呆”“智障”“傻”“懒”等词汇，被用来形容我们这些差生。

刚开学没多久，一年级的我就成了班上著名的差生，大家甚至还没记住我的名字，就记住了我的“傻”。直到现在，我都害怕别人评价我的智商，

班中欺负她的孩子的家庭对孩子的教育也是有所忽略的，并没有关注到孩子对他人的伤害行为和原因。往往主动去伤害其他孩子（尤其是生理上比自己发育弱的同伴），孩子内心本身就压抑了许多愤怒和悲伤，如果家长及时和孩子沟通并疏导这些情绪，会帮助孩子学会与他人友好相处的能力。

怕别人笑话我。同学给我起各种外号，什么“傻大妞”“蠢蛋”“猪”等，都是很常见的外号。有些小男生很淘气，也很好动，我的书包、书本和文具，就经常遭到他们的恶作剧。有时候，书包被扔到垃圾桶或厕所的水池里，粘上各种垃圾和污渍；有时候，书本被撕了或是被乱写、乱画一些侮辱和嘲笑我的内容；有时候，我的文具会被踩碎或是肢解，扔进垃圾桶里。每到这时，我只能哭着去垃圾桶或厕所的臭水池里捞我的东西。那些文具都是我很喜欢、很珍惜的，是用攒了很久的零花钱买的，毕竟爸爸、妈妈不像别的同学的爸爸、妈妈那么有钱。穷，也是我被嘲笑、被欺负的一个原因，因为我穿的总是旧衣服，款式很土，同学们说我是“土老帽”。对我来说，课下的时间最难熬，没有女孩子人愿意和我一起玩，躲我就像躲瘟疫一样。男孩子常常会笑着像一阵子风一样冲过来，把我推到树丛或是垃圾堆里。每天，我不敢抬头，生怕看到嘲笑的目光；不敢和人说话，怕听到侮辱的言语。在相当长的几年里，甚至直到今天，我还夜夜做噩梦，即使是白天睡着了，也会做噩梦。偶尔做了美梦，醒来时也会被现实的苦涩压得喘不过气。这些还都只是开始，比起后来我的经历，这样的欺负、排挤还只是“开胃菜”而已。

本案例中，班里那些欺负娜娜的孩子，他们的家庭对孩子的教育也有一些问题，家长并没有注意到孩子对他人的伤害行为，更无从分析孩子的动机。如果一个孩子有暴力倾向，故意伤害其他孩子（尤其是比自己弱小的孩子），说明这个孩子内心压抑了许多愤怒、悲伤等情绪，家长及时和孩子沟通并疏导这些不良情绪，能帮助孩子学会与他人友好相处，养成健全的人格。

娜娜的同学中，有一部分因为恐惧或担忧，无视或忽略娜娜的遭遇，默许身边霸凌现象的存在、加剧。应该鼓励孩子在注意安全的前提下帮助他人，例如，鼓励孩子和班主任单独沟通，或者咨询学校的心理老师，不能放任不管甚至为虎作伥。

可能会有人问，我为什么不告诉家长？说到家长，我更无奈了。爸爸是做工程的，妈妈做会计，每天早出晚归。对我的教育就只有那么几句话：“没人和你玩？那就好好学习，以后挣大钱，别人就爱跟你玩了！”“学习成绩就是一切，别的不要跟我们说！爸爸、妈妈忙着给你赚钱呢！”“人家看不起你，就是因为你学习不好！”“小孩子家家，哪有那么多心事，专心学习，别整天跟电视剧学，有什么可恐惧、害怕的！”也有人问我，为什么不找老师求助？在我的世界里，老师只关心成绩，我是差生，老师批评我还来不及，哪有心思关心我的处境呢？

到了小学三、四年级，由于长时间的压抑、焦虑，我开始暴饮暴食，饭量越来越大，有时候吃得很撑、很饱，还是觉得不够。体型越来越胖，欺负我、嘲笑我的人开始有了新的话题，“肥猪”“丑八怪”成了我的新外号。

那时候，我懵懵懂懂地开始喜欢一个男生。班里有一个没欺负过我的男孩子，学习成绩很好，长得很清秀，我总是偷偷地看他。当时，我很怕有人当着他的面笑我，或者叫我的那些“外号”。有一次，有几个男生在操场上看见我路过，就忽然大声地喊：“快看啊！我们班的死肥猪 ××× 来了！死肥猪！大蠢猪！”这些攻击性语言虽然每天都反反复复地

孩子升学或转学后，家长、老师往往很关心孩子的学习成绩，却忽略了孩子的内心感受，这对孩子来说，更加重了心理压力，从而很难适应新环境。不经意间，师长的一些话语、行为就是在给孩子“贴标签”，例如，娜娜被老师叫“差生”，形成了负面的心理暗示。所以，当孩子的学习成绩不好时，师长可以观察、询问孩子的心理状态，找出孩子学习成绩不理想的原因，帮孩子调节情绪，以便应对繁重的学业。如果发现孩子因为人际关系紧张而出现了情绪问题，孩子当然是无法专心学习的，学习成绩也不理想。这时，家长要多陪伴、安抚孩子，让孩子感到温暖和理解。孩子有充足的安全感，学习就更有动力，有助于帮助孩子提高学习成绩。

娜娜长期压抑、恐惧、焦虑，产生了暴饮暴食的症状，只有吃东西才会有一点安全感，这是一种应对压力的“心身反应”，出现这种症状，并不是“心宽体胖”，反而是缺乏安全感的一种表现。“心身反应”，也叫心理生理反应，是应激反应的一种，由心理（情绪）活动引起或伴发的生理反应，如

在我耳边大声回响着，但是每次被这样辱骂的时候，我心里还是又委屈、又愤恨，恨不得冲上去抓住他们打一顿，可是我知道，他们人多，我打不过。这一次，我又恰巧看到那个清秀的男生就在不远处，嘴角上挂着一丝笑容。虽然不知道他是不是因为听到我被嘲笑而笑的，但我还是哭了一夜。当然，我的学习成绩还是一样垫底儿，看到书本时，我就感觉脑子里像是堵着一块大石头，完全没办法思考。

小学低年级的时候，男孩子还只是恶作剧式地欺负我。到了小学中高年级，女孩子也开始排挤我。在全班同学眼里，我变成了瘟疫，不能碰，不能靠近，仿佛我一出现，空气里都是愚蠢、丑陋的病毒。大家都躲着我，不小心碰到我的东西，急忙夸张地像怕死一样地甩手，或者跑去厕所洗手。但是，老师没有站出来批评那些同学，反而更加严厉地批评我，说我的成绩太差，就好像成绩差比欺负人还要糟糕一样。

上体育课，没人敢靠近我，老师命令某个同学跟我一组，这个人就像受到奇耻大辱一样，气得直嚷嚷。男生们起哄，喊："完了完了，被蠢猪病毒传染了！"女生们满脸鄙夷地逼着我离开。书本上被同学偷偷写上的、咒骂我的语句更多了："你长这么丑，为什么不去死？""胖成这样，你还能

愤怒时的心跳加快、血压升高；恐惧时的皮肤温度下降、儿茶酚胺分泌增多等生理变化。该类反应大多为一过性的，只要消除情绪刺激，症状便随之消失；若过于强烈，在某些情况下则也会造成严重后果。该类反应被视为心理社会因素致病的一个基本途径或环节。

内心的焦虑、恐惧会导致孩子无法集中注意力，这是抑郁症的一个典型症状。抑郁症的发生与心理因素有关，是生活中常见的一种心理性疾病，抑郁症患者会出现情绪低落、注意力不集中、意志减弱等情况，还会存在失眠、乏力、食欲不振、消瘦、排便困难等临床症状，经久不治，会对患者的身心健康造成严重的伤害。抑郁症患者应注意劳逸结合，每天保持愉快的心情，保证充沛的体力，有助于身体、心理的恢复。

再来说说娜娜在学校遭遇的事件。霸凌，通常是指人与人之间权力不平等的欺凌与压迫，一直长期存在于社会中，包括肢体或言语的攻击、人际互动中的抗拒及排挤，也有可能是类似性骚扰般的谈论性或对身

喘气吗？”“都是因为你，咱们班的空气都变差了，快滚吧，臭猪！”。每个字、每个笔画就像一把刀，狠狠地扎进我的心里，每一个诅咒的字眼都像毒药一样剧烈地煎熬着我的心。慢慢地，我学会了咬牙，每次被嘲笑、被辱骂，甚至被打的时候，我都咬着牙不吭声，好像这样就容易忍受一些。

一个偶然的机会，学校维修下水道，我好奇地钻了进去。下水道很窄，一个10岁的孩子钻进去刚刚好，身体的四周被紧紧包围。下水道里很黑、很安静，其他同学只是好奇玩一下就都了，但是对我来说，这里给我很安心、舒服的感觉，一种被保护的感觉。直到现在，我还清晰地记得下水道里泥土的味道，虽然让人感觉有些憋闷，但是我却感觉很舒畅。那段时间，我一下课就钻到维修中的下水道里。说来好笑，这可是真的是找个地缝钻进去了，但是，我认为钻地缝的人不应该是我，而是那帮欺负我的同学。

班里有一个女生的三人小团体，很厉害，其他女生都害怕她们。虽然，她们的学习成绩并不突出，但是很会玩游戏，也很会打扮，有时候喜欢欺负同学。我自然成了她们欺负取乐的对象，虽然她们不会像男生那样大声嘲笑我，但是会当着全班同学的面，用很理所当然的语气辱骂我。例如，“她那样

体部位的嘲讽、评论或讥笑，或者是因嫉妒等个人原因对其进行辱骂和讽刺。霸凌事件会对学生产生许多不良影响，严重时会毁掉学生的人生。不单单是遭到霸凌的学生会产生情绪问题、课业问题，实施霸凌的学生亦会受到不良影响。当学校里发生霸凌事件时，教师不加以阻止，可能导致学生产生错误的价值观。娜娜的学习成绩不理想，被老师批评、指责，并且经常当着全班同学的面。这就给班里的学生树立了一个错误的范例，让同学们以为攻击、伤害娜娜是一件“正确”的事情。接下来的几年时间中，可能老师也看到了学生之间的一些错误互动，但却只是听之任之，没有及时制止，导致霸凌事件愈演愈烈，最终导致了娜娜从游戏架跳下来的恶果，对其他同学来说，目睹同班同学的自杀行为，也会造成严重的心理创伤。

值得一提的是，2021年1月，教育部印发《防范中小学生欺凌专项治理行

的人好脏啊，她碰过的东西都带着蠢细菌和丑八怪细菌！”“天哪！她碰了我的书包，这个书包不能要了！”三人小团体中，领头的女生叫果果，一个矮点的女生叫甜甜，一个高点的女生叫素素。有一次，我在垃圾堆里找被她们扔掉的书包，忽然听到果果叫我：“臭肥猪，每天这样在垃圾堆找书包好玩吗？”我不知道怎么回答，心里很怨恨她们对我的欺辱，可是又不敢反抗，怕以后会被欺负得更狠，只能咬着牙狠狠地瞪着她们。果果继续说：“如果你以后每天去接我上下学，我可以考虑不让她们把你的书包扔垃圾堆里，你愿意吗？”见我不回答，果果急忙说：“不回答就当你同意了，以后每天早晨六点半，准时在我家门口站着，要是被我发现你没有做到，我一定弄死你！”听到这句话之后，我不太记得自己做了什么，只知道内心一直在愤恨，恨自己不敢反抗，恨自己这么笨，恨自己这么胖、这么丑，恨自己被人这样欺负，还要给人家做仆人。要知道，学校要求早上八点半到校，从家里出发，走路去学校只需要半个小时，可是，果果要我六点半就站在她家门口。但是，我什么都做不了，只能按她说的做，不然，又会被她们变着各种法儿地侮辱。

从第二天开始，每天无论刮风、下雨、下雪，

动工作方案》，启动开展防范中小学生欺凌专项治理行动。

一般来说，“钻地缝”是因为做了令人看不起事，羞愧难当、无地自容。娜娜只是学习成绩不理想，但在老师的批评之下，班里的孩子认为学习成绩不好就等于做坏事，应该被大家耻笑，不配得到尊重，也不配交到朋友。孩子入学后，学校在学生的成长过程中有重要的作用，教师是学生在学校里的“重要他人”，与学生的交往密切。教师用不同的管教方式，会产生截然不同的教育效果，教师也许会成为“教育家”，反之则可能沦为“霸凌者”。态度正向、行为积极的教师和态度负面、行为消极的教师，教育出的学生大相径庭。关怀和监督并重的教育策略能有效减少霸凌事件的发生，排斥、放任甚至体罚则极易导致霸凌事件的发生。如果教师发现班里存在霸凌现象，要及时调整教育策略，不以学习成绩为唯一评判标准，教育学生团结友爱，一起进步。

甚至下冰雹，我都会站在果果家门口，等她八点钟出来和我一起上学。记得有一次下大雪，我浑身都冻僵了，身上落了一层厚厚的雪，后来才发现，手指都长了冻疮。然后，背着我和她两个人的书包，还要帮她拿着她突发奇想要带去学校的玩具或者其他的什么东西。有时候是彩笔和娃娃之类比较轻的东西，但有时候是她的溜溜车或是小提琴。要是不小心碰伤了她的东西，她就会狠狠地掐我，我的胳膊和大腿经常会青一块、紫一块。每次等她的时候，我都躲在角落里，生怕被她的家长看到，但是又很期待被她的家长发现。我猜，如果她的家长知道了这件事，可能会批评她，那她就更不会让我好过了。期待被发现，是因为如果她的家长知道的话，会不会教育她？禁止她指使我当仆人？那样我就得救了。就这样过了一段时间，有一次，果果出来的时候，她的妈妈追出来给她送东西，当时我心中有股冲动，想冲上前去告诉果果妈妈我的遭遇，让她救我。可是，果果先一步看见我，立刻就说："×××，你怎么在这里？是等我吗？我都忘了跟你约好一起上学啦！"然后她就快速地跟妈妈说了再见，拉着我就走了。在半路上，她警告我："如果你敢告诉家长，无论是我的家长还是你的家长，我就往死里整你！别以为我们只有那些对付你的方法！还多的

如果家长发现孩子有以下现象，请多加注意：在孩子身上发现莫名的伤疤、指甲印，孩子的衣服有人为地破损，或者头发被人为地剪掉或扯掉；孩子突然对上学失去兴趣，十分抵触学习；孩子的情绪常常较为低落、思维迟缓，提起学校的事情就含糊其词。那么，孩子可能不幸成了校园霸凌事件的受害者。校园霸凌可能发生在任何孩子的身上，但那些低自尊、遭受欺负不反抗的孩子更容易成为被攻击的对象。一般人只敢找软柿子捏，如果有同学欺负孩子，孩子却不敢反抗，只是一味自我怀疑甚至轻生厌世，只会更频繁、更严重地被人欺负。

所以，家长要有意识地培养孩子的自尊心，让孩子有自我意识，懂得保护自己。遭受霸凌的孩子，内心渴望被重视、被理解、被尊重、被"正常"对待，这种渴望能让孩子产生奋力一搏的勇气，让孩子有动力正确处理同学间的关系。

是呢！”她边说，边露出了我熟悉的、邪恶的笑容。每次她那么笑，我都会受到深深地伤害。这一次，我真的绝望了。

一开始，因为太害怕了，我不敢偷懒，生怕被果果发现我没有准点在她家门口等着。时间长了，我尝试着偷懒，等到快八点了再去她家门口。结果，有一次被她发现了，后来发生的事情毁了我的人生。那天，她睡迷糊了，把六点半看成了七点半，所以就早起了，然后心血来潮地出来看了看，发现我有没有站在那里等她。被发现之后，她狠狠地打了我几个耳光，边打边骂我不听话、不尊重她……直到上午第三节课后，我耳朵里的嗡嗡声才彻底消失。本来以为这样就能结束了，然而，我还是太天真了。那天中午，果果对我说：“对不起啊，我早晨太着急了，打疼你了吧？我们几个决定对你好一点，放学之后去操场的角落，我们一起玩吧？”我满脸通红地答应了。这真的让我很开心，上小学四五年了，第一次有人主动找我玩！而且她们欺负我这么久了，第一次跟我道歉，我感觉自己终于被尊重了！如果能跟她们成为朋友，那就没有人敢欺负我了！虽然我不喜欢像她们这么残忍的人，但是她们也会改变的！最重要的是，我能像别的孩子一样有朋友了，不用再躲在阴暗的角落！以后，我是不是就可以跟别的同学一起玩耍了？我从来没有玩过的那些游戏，跳皮筋、踢毽子、丢沙包还有捉迷藏，是不是以后都可以玩了？那天下午的心情，是上学四五年来最好的一次，简直可以说是幸福！可是，现实总是那么残酷，又给了我当头一棒。

下午放学后，我如约来到操场的角落，看到小团体的三个人，我兴奋地跟她们打招呼。

果果先开口，说："为了欢迎你加入我们的小团体，有个仪式，你要配合做一下，就算你正式加入了！"

"好呀！"我想都不想就答应了。

"那你把裙子脱了，小内裤也要脱！我们要看你尿尿的地方！"果果抬着下巴，用命令的语气说。

当时我就愣住了，这么羞耻的事情，我真的很难做出来："必须这样做吗？没有别的方法吗？"

素素嘲笑道："看吧！一点胆量都没有，大家都是女生，她还不敢让我们看。看来，完全看不上跟我们一起玩嘛！"甜甜也在旁边帮腔："对啊，果果，她看来根本不服气啊，白瞎你跟她道歉了！这样的人，没必要帮她在全班同学面前说好话！"

听到她们说我看不上她们，我心里正急着辩白自己不敢对她们不尊重。又猛然听到她们说，要在全班同学面前帮我树立好形象，我就什么都不在乎

和孩子相处时，家长要注意孩子的情绪变化，理解和尊重孩子的想法。孩子产生不良情绪时——例如悲伤、焦虑、恐惧和委屈等，需要他人尤其是父母的理解、支持，才能更好地化解。

了，暴露隐私的羞耻感和像个正常人一样生活的急迫感相比，真的不算什么。我太想在阳光下做个普普通通的孩子，在下水道里太暗、太冷、太寂寞。于是，我深吸了一口气，说：“好吧，我愿意，但是你们一定要保密。”

一听到这些，她们三个人兴奋起来了，开心地把我拉进更隐蔽的角落，带着坏笑盯着我看。我紧张地咽了一下口水，深呼吸，一下子把裙子和内裤一起脱了下来。就在这时，三个人忽然四散开来，然后周围忽然响起一阵哄堂大笑的声音，好像有很多人在这里。大多是男生的笑声，也掺杂着一些女孩子的笑声，我猜，他们是我们班的同学。我的脑子“轰”地一下子炸了，无论什么语言都不足以描述我当时的感觉。我愣在当场，大概有将近一分钟的时间，我不愿意相信发生了什么，就算是知道发生了什么，我也不知道怎么接受这件事。当时，我只觉得自己的尊严彻底荡然无存了……

后来的事情，我已经记不清了。不知道自己怎么穿上衣服离开那里的，也不知道怎么回家的，甚至连后面几天上学的事都记得不太清楚了。后来，很长一段时间里，我彻底放弃了学习，放弃了努力在班里表现，放弃了试图赢得同学的喜爱，放弃了所有生活的希望。上课的时候，我看着外面的花草

在遭受了多年霸凌、失去自尊的情况下，娜娜产生了强烈的绝望感。家长和老师代表的权威方，没有给予孩子保护和支持，同学对她的欺辱、虐待，从身体到心

树木发呆，想彻底变成一具行尸走肉，这样心里就不会感到痛了。有一天，中午，我午休醒来，看着身边的环境，教室里的同学、桌椅，突然发现自己看不到色彩。也不是真的看不见颜色，而是看不见快乐，我的生活变成了一片灰暗。慢慢地，我开始想到了结束自己的生命。我想了很多方法，例如偷吃妈妈的药，可是我不知道吃什么、怎么吃；那就找个高楼跳下去，但是，我又不知道哪个高楼可以上去;也想过跳桥,但是又怕伤到开车的司机。后来，我发现教室外面的大型玩具架很高，足足有两层楼高，也许从上面跳下来，就可以解脱了。想了大约半个月之后，我准备实施计划了。

那天下午，天气不是很好，是个阴天。我们刚好有一堂自由活动的体育课，大家都在各种玩玩闹闹，没有在意我这样一个细菌、病毒一样的家伙。我慢慢地爬上大型游戏架，在爬上去的过程中，还碰到同学也在爬上爬下地玩，他们还咒骂着，怎么这么倒霉碰上我。我淡淡地笑着，已经不那么愤恨了，没关系，这样低贱地活着，还不如死了快乐，就快要解脱了。而且，我要当着你们的面跳下去，用这种方式告诉所有侮辱我的同学，这就是你们的罪恶，让我化为噩梦，缠绕你们的每一个夜梦。就这样，我爬到游戏架的顶端，到达了计划中的位置，

理都给娜娜造成了深深的心理创伤，最终导致她失去了生存的意愿。同时，娜娜自杀行为的焦点也是为了指向他人，想通过自杀，让他人陷入自罪和谴责，是一种被动攻击。

家人面对有自杀倾向的孩子，往往不能理解，甚至因为太过痛苦而愤怒。其实，面对这样的孩子，可能一句理解、温馨的话语，就能挽救孩子的生命。

准备跳下去。这一刻，我真的很快乐，终于可以不用再提心吊胆地活着！终于可以安安静静地睡一觉，不用整夜被噩梦纠缠！终于和大家都一样平等了，我可以躺在地下长眠了！想到这些，我直了直身子，站在架子旁边，做好了准备。

就在这时，巡视的体育老师发现了我的异常，大喊着，让我不要动。可是，来不及了。我想象着自由、快乐的感觉，向前轻轻倒了下去。我感觉自己就像一片羽毛，世界也很安静，虽然他们在大喊大叫，但是一下子——很快的一下子，我的世界就全安静了。

很快，我就醒过来了，感觉只有一眨眼的时间。醒过来后，我很沮丧，不明白自己为什么又活过来了，愤恨不已，为什么我还要继续过那样的日子。看着医院里白色的天花板、白色的床单、被子，还有很多白色的东西，我忽然又松了口气，逃避几天是几天吧，终于有机会不用咬着牙、小心翼翼地生活了，虽然不知道这样平静的日子还有几天，但毕竟我暂时离开了那个环境。记得医生叔叔给我做了好多张问卷，问了好多问题，还去抽血、化验什么的。就好像我生了很重的病一样，这虽然让我害怕，但是这种被人重视的感觉真好。

那天，我躺在床上，看见远处病房门口爸爸、

自杀行为常见于抑郁症患者，近年来，儿童抑郁症的发病率也在逐年升高。相对于成年人来说，儿童更情绪化，如果孩子表现出一些抑郁症的症状，要仔细观察孩子的抑郁情绪是否已经超过正常范畴。如果发现异常，要及时带孩子去医院进行诊断，帮助孩子尽早恢复健康。需要说明的是，抑郁症是当今社会常见的“情绪病”之一，就像心理的一场感冒，如果能在初期发现，治疗快、效果好，时间越久对人的伤害越大。

妈妈在和医生说话，然后，妈妈忽然就哭了起来，爸爸一直在摇头。过了好久，医生走了，妈妈走了过来，眉头紧紧地皱着，默默地又哭了。我以为她又生气了，是不是我这一跳是一个很大的错误，她又要生气了，我好怕，也对自己很失望。但是，接下来她的话太让我惊讶了！

她一把抱住我，很紧、很紧地抱着我，断断续续地边哭边说："娜娜，都是妈妈的错……是妈妈没有照顾好你！只顾着赚钱啊……妈妈可后悔了……"在她身后的爸爸，把手搭在她背上，也说："我也有错，平时压力大，没关注家里的情况。家里所有的事都让你妈管，让她很累，更没空和闺女说说话……"我看到内向的爸爸眼里噙着泪花。心里好像有道闸门被打开了，我的眼泪就像决堤一样，怎么也控制不住，大哭了起来。我不知道自己在妈妈怀里哭了多久，但是，那一场大哭就像夏天的暴雨，狠狠地冲刷了我的心，把我心里层层叠叠的委屈洗掉了不少。我们三个抱着哭了很久，慢慢地平静了下来。他们告诉我，医生说，我得了抑郁症，这是一种会让人心里难受到想自杀的病。妈妈就开始问我，为什么会这么难受，我就把在学校遭遇的事情一点一点告诉了他们。包括学习不好的时候，老师对我的点名批评、同学们的嘲笑，一直到操场

家长在和孩子沟通时，需要慢慢分析孩子的情绪来源，要具体到某件事、某个人，尽量去理解孩子的感受，分析具体的细节。这样就可以大幅度地减轻孩子的压力。了解具体情况后，和孩子一起商量解决办法，培养孩子独立管理情绪的能力，让孩子学会表达、沟通，以应对以后的学习、生活。无论如何，孩子是未成年人，总是需要父母的支持、帮助，父母不能擅自缺席，对孩子不管不问。

有时候，家长可以给孩子一个拥抱，用身体语言来交流，表达父母对孩子

发生的这件事。爸爸听到最后，都骂脏话了，气得要去找那几个欺负我的孩子的家长。妈妈赶忙拦住他，说："这件事不是简单地找家长就可以解决的问题，我们今天找这几个家长，这几个孩子暂时不欺负娜娜了。明天呢？如果环境不改变，娜娜还是会被人欺负啊。""那咱们转学？"爸爸问。我很迷茫，去了别的地方就不会被欺负了吗？我低下头说："我不想上学了……"妈妈说："娜娜，你是不是害怕呀？怕他们再欺负你？"冷静下来的爸爸用手轻轻摸着我的头，说："孩子啊，现在爸爸、妈妈知道你在学校的情况了，你也很努力，爸爸很心疼你。从今往后，不管你受了什么委屈，都可以跟我们说，这世上谁都没有爸爸、妈妈跟你亲！就算你真的不够优秀，爸爸、妈妈努力赚钱养你，不用怕！更何况，我知道你很聪明，所以之前才会不管你，觉得你可以照顾好转自己。不过现在看来，这是不对的，以后我们有时间就听你说说心里话。曾经的遭遇让你害怕去学校后再被欺负，我也很理解，咱们可以在家好好休息休息，等你好了再说以后的事！""对！你落下的课妈妈先给你补上，毕竟妈妈在咱们村里做过一年的代课老师！"妈妈赶忙说。我感到前所未有的温暖，整个人又轻又软，像个棉花糖一样躺在妈妈怀里，很久、很久。

的情感，调节亲子关系，这是一种非常有益的情感交流方式。多给患抑郁症的孩子一些支持，缓解孩子的不良情绪。

从那天开始，好像阳光从乌云里露出了一些光彩，终于要照进我的世界了。接下来的几个月，爸爸、妈妈常常守在我身边，陪我聊天，像是要把之前几年错失的亲子时光都弥补上一样。经过这段时间的休养，我渐渐不再那么恐惧学校了。爸爸建议我先回学校和老师、同学沟通，如果能调整好状态，就继续上学，实在不行就转学。

于是，我出院后就在爸爸、妈妈的陪同下回了学校，和班主任、校长见了面。学校很重视我的情况，也对我表达了关心和理解。父母提出，希望改善我和班里同学的关系，校方也同意，并且很重视，而且建议找个心理医生，给全班一起做个心理治疗。

不久后，一个春天的下午，我印象很深刻，那次是我从游戏架上跳下后，第一次回到班里，和同学一起面对一场心理治疗。我非常恐惧，甚至不敢看任何一个人的眼睛，我不知道他们会怎么看我？他们会嘲笑一个失败的自杀者吗？不过，我不再是孤零零一个人了，就算同学都看不起我，我还有很爱自己的爸爸、妈妈，我并不是无路可退的！

幸运的是，那个心理医生很亲切、温暖，她带来了很多彩色的布，还有各式各样的画笔、彩纸，分给全班同学，说一会儿会在活动中用到。心理医生说，今天她会做一个很有趣的游戏，让所有人都

专业的心理医生或心理咨询师的介入，能给类似班级这样的集体带来专业的帮助。心理咨询师更注重情感层面的沟通，给孩子一个互相交流感受、情绪的通道。角色交换让孩子换了一个“阵营”来看问题，换一个角度，孩子更能理解别人的感受，从而改正以前片面的看法，在处理人际关系时就更成熟、理智，进一步融入集体生活。

学到一些东西。和学校老师不同的是，心理医生很在乎我的感觉，因为她帮我整理了心里话。跟着她造句，我逐渐说出了被别人欺负时的内心想法："我感觉害怕，想要逃跑；我想要你们不再笑话我，别再乱扔我的东西；我害怕自己被你们抛弃、讨厌；不要以为我没有努力，其实我想变得和你们一样好；我悄悄地期待着自己可以和你们做朋友。"我刚说完时，班里的有些同学还觉得我很可笑，慢慢地，嘲笑声不见了，很多人皱起了眉头。然后，心理医生让大家来做角色交换，先让我们每个人都坐在自己的座位上，让每个人都说一句心底最想对我说的话。再让我选择他们中的某个人，让我扮演对方，让对方扮演我，让我们换个角度体验一下别人的感受。当我变成别的同学时，我很惊讶地发现，原来，有时候我并不是因为讨厌娜娜而去欺负她！有时候我是因为别人都笑话她，为了和其他同学成为朋友，也只能跟着一起欺负她。有的同学并不想伤害我，也想为我说话，但是又怕被孤立，所以不敢替我出头。还有的同学其实偷偷找老师反映过我被人欺负的事。我慢慢地了解到，我并没有被所有人厌恶，很多同学也很善良、温暖，他们并不想伤害我。

但我心底的恐惧并没有完全消失，因为果果她们三个和几个欺负我最起劲的男生不愿意和我进行角色交换，说不想当被欺负的人。“傻瓜才去扮演那只猪呢！摇摇晃晃的，肥肉都要掉下来了！”一个男生边说边扭着表演，全班又哄笑了起来。我觉得心里又像是被一把刀砍了一下，“突突”地疼。“你害怕被欺负吗？”心理医生很温柔地对他说。“谁怕这个呀！谁敢欺负我？”那个男生有点生气道。“你有没有被家人欺负过？让你又气、又急，但是又不能反抗？”她继续温柔地问。“你怎么知道？”那个男生似乎很惊讶，但是似乎更加生气，反问道。“因为我从你说的话里听到了愤怒和不服。娜娜在你眼里，好像变成了你在家人眼中的‘没出息’的样子。”心理医生认真地说着。“我才没有‘没出息’呢！”那个男生边大声说着，抑制不住地哭了出来。心理医生走到他身边，蹲下来，安慰道：“所有给别人的伤害，都是因为自己的内心受过相同的伤，所有骂出去的话，都是因为同样被骂过。所以你也是个让人心疼的孩子啊。我相信你们这些骂娜娜的孩子，内心也一样受过伤害，很脆弱。”她的话像春雨一样，让教室里忽然变得安静了。那几个常欺负我的同学都默默地低下了头，若有所思地沉默了。后来，其中的几个同学主动提出，想和我进行角色交换，想体验我的感受。

几乎所有人都和我进行了角色交换，体验过我的

实施霸凌的孩子，实际也是有很大问题的。家长过多地批评、指责孩子，一味地表达自己的失望、愤怒，会让孩子的自尊心受伤，时间久了就会产生暴力倾向。有时候，孩子不会激烈地反抗家长，但是，他的愤怒会传递到其他方面，致使孩子出现霸凌行为。对家长来说，孩子的言行举止失当，家长可以和孩子谈谈，找出内在的原因，正向引导孩子。孩子得到理解和尊重，又找到了改正的方法，慢慢地，孩子就会习得调整、提升自己的正确方法。

感受之后，同学对我的态度变化很大。还有一个女生，在角色交换的时候直接哭了，奔涌而出的眼泪让我分不清是她的还是我的。游戏结束后，她还抱了我，这是我第一次在班里和同学拥抱，那个拥抱很温暖，和妈妈的不一样，虽然轻柔、单薄，但充满了理解的力量。那几个男生，尤其是原来起哄很厉害的，居然跟我说，以后不用担心，谁敢欺负我，他们替我出气。那天，我觉得自己就像喝醉了一样，开心得都合不拢嘴。心理医生给我们放了一首很欢快的歌，我和大家在歌声里一起跳起在体育课上学的舞蹈，真的像做梦一样啊。直到今天，我一闭上眼睛，就不由自主微笑着回想起那个画面。我终于明白，被接纳、被爱，需要勇敢和智慧才能获得。勇敢地对同学说出我的心声，用智慧去弄清楚被伤害的原因，用爱去建立友谊，这些收获是我一生的财富。

后来，我复学了，不到一年后，我顺利地考上了附近的一所初中，这是从前老师和父母根本不敢想象的。再后来，我顺利地考上了现在这所重点高中。现在我有很多朋友，有理想、有抱负，生活得有滋有味。就像歌中唱的，阳光总在风雨后，乌云上有晴空，要相信有彩虹！

“人之初，性本善”，彼此相互理解后，娜娜和老师、同学和解了，大家都学会了在集体中友好地相处，善良的初心也能让曾经的伤害和、暴力转变为友谊。

一张黑色的大网

王　曦

我真的搞不明白，事情为什么会变成这样！短短几天的时间，我几乎失去了一切！现在，我就像被一张黑色的大网牢牢地困住，越收越紧，好像被扼住了喉咙，只有窒息的感觉。找不到出路，明明长着嘴，说出来的话却被洪水般的言语瞬间淹没！不由分说，我被狠狠地扣上了“恶人”的帽子，无论我怎么厮打、怎么怒吼，都无济于事。好像除了离开这个世界，我别无他选！

事情还要从几个月前说起。我叫俊杰，是一名高二的学生，学习成绩在班里名列前茅，虽说不能数一数二，但也可以说是德智体美劳全面发展的高中生。我的家世很普通，出生在一个二线城市的普通双职工家庭，虽然不是大富大贵，但是也算是衣

网络暴力是一种危害严重、影响恶劣的暴力形式，指一类由网民发表在网络上的、具有“诽谤性、诬蔑性、侵犯名誉、损害权益和煽动性”五个特点的言论、文字、图片、视频，针对他人的名誉、权益与精神造成损害，人们习惯称其为“网络暴力”。网络暴力能针对当事人的名誉、权益与精神造成损害，而且已经打破了道德底线，往往也伴随着侵权行为和违法犯罪行为，亟待运用教育、道德约束、法律等手段进行规范。网络暴力是网民在网络上的暴力行为，是社会暴力

食无忧了。原本，我的理想是考上一个医学院，将来当一名临床医生。

小时候，我在公园玩的时候曾不小心摔伤了腿，多亏一位医生路过，及时发现、处理，并把我送到医院，才没有留下严重的腿伤。从那时起，这份感动让我对医生这个职业特别崇拜和向往。我爱看那些讲关于有慈悲、仁爱之心的医生的故事、小说、电影和电视。

我最爱学的课是化学和生物，成绩总是名列前茅，因为这些课可以帮我接近医生这个目标。在生活中，我也对生命充满了关爱。无论是感冒发烧的家人、同学和老师，还是受伤生病的小猫、小狗和其他宠物，但凡是不在健康状态的生命，我都想尽自己的一份力去照顾和呵护他们。

想到这里，我不禁更加心酸了，因为我后来遭受的种种痛苦，都是因为想要保护别人。

上周二的早晨，我和往常一样坐公交车上学。那条线路经过的都是居民区，有一些中小学、医院和商店等。所以，车上的人很多，“老弱病残孕”自然也不少。

快要下车的时候，我的斜后方有一位孕妇蹒跚地向车门靠近，看样子是想要下车。我自然而然地向旁边挪了挪身子，给她留出点空间。

在网络上的延伸，网民们若想获得自由表达的权利，也要担当起维护网络文明与道德的使命，至少，要保持必要的理性、客观。

成为网络暴力的受害者后，最深的体会就是百口莫辩，无法为自己辩解，被片面地甚至是侮辱性地评判。在长时间内，尤其是大量的评判后，受害者会被深深地伤害，常伴有创伤后的应激反应，对当事人的价值观、世界观都造成冲击。

就在这时，从车的后部跑过来一个小男孩，大约六七岁的样子。速度很快，一下子就要冲到眼前了。当时，我脑子里只有一个念头："不能让这孩子撞到孕妇，冲劲儿太大了，会伤到孕妇和肚子里的孩子。"于是，我手一抬，挡了一下这个冲过来的小男孩。由于惯性，孩子倒向了一旁的椅子，幸好椅子上有乘客抱住了他。我赶快去确认小男孩和孕妇的状态，他们都没有受伤，真是皆大欢喜。

就在我傻傻地高兴的时候，后脑被人狠狠地打了一下，当时，我感觉脑子里嗡嗡作响。转过身，我看到一个头发花白的大娘怒瞪着双眼，正要抬起手准备打第二下。她边打还边骂："你这个混蛋！怎么能对孩子下手？我孙子要是有个三长两短，你要拿命赔的！"这个突如其来的攻击太迅速，我来不及反应，于是下意识地抬起手，想要抵挡她一下又一下的击打。可不巧的是，我抬手的一瞬间，老人没站稳，一下子撞到了我快速抬起的手臂，被弹了出去，撞在另一边的椅子上。然后，老人如雷鸣般的哭骂声、小男孩撕心裂肺的哭泣声充斥了整个车厢。

我记不太清楚后来的事了，好像是周围的乘客帮忙劝说，司机也把车停在路边，对老人和孩子进行了安抚。

本案例中，引发网络暴力的老人对自己孙子保护过度，并未了解事实便采取了过激行为。老人一家的处理方式很粗暴，剪辑了视频，上传到网上，又引发了不明真相的网友口诛笔伐，使问题进一步复杂化。

那个孕妇早不见了踪影，想来应该是安全了。只是她的消失让我有一点失望，本以为她会帮我解释一下。不过，也许她根本就不知道我做了什么。

老人和孩子依然很愤怒，无论我怎么道歉和解释，他们都认定，我是个动手打人的混蛋。不久后，警察来了，也对这件事做了调解，让我道歉，这个事件暂时平息了。

当然，我上学迟到了，被老师批评过后，我又恢复了平静的学习状态。

但是，万万没想到的是，当天下午，这家人找到了学校。教务处叫我去的时候，我真的完全懵掉了，从来没想过自己会因为打架、斗殴被教务处老师训话。

看到那祖孙二人愤怒的脸，还有教导处主任紧皱的眉头，我真的头疼了，不知道该怎么为自己辩驳。

后来，就是老师不停地赔礼道歉，并表示会对我严肃处理。

事情发展到这一步，我心里又委屈、又愤怒，完全没有耐心去听他们在说些什么，也不愿再去解释。和胡搅蛮缠的人，我无话可说。

当那家人指着鼻子问我有没有良心的时候，我只说了一句：“我没有做坏事！”那家人像是又一

现实中，如果和他人发生了纠纷，可以向公安部门求助，客观地描述问题、澄清事实，并根据相关法律法规来解决纠纷，如果发生网络暴力事件，也可以保留具有法律效力的证据。2019年12月，国家互联网信息办公室发布《网络信息内容生态治理规定》。根据规定，网络信息内容服务使用者和生产者、平台不得开展网络暴力、人肉搜索、深度伪造、流量造假、操纵账号等违法活动。

老师、家长发现孩子遭受到网络暴力，应该仔细

次被我这句话激怒了。小男孩的爸爸恶狠狠地说："好，既然你这样过分，那就别怪我们手下不留情了！你等着吧！"

他们走后，教导处主任只说了一句："回班等处理意见吧！"就把我赶了出来。

那天，放学回家后，我也没吃饭，没有向爸爸、妈妈提这件事，倒头就睡了。后来，我就继续去学校上课，以为这件事不了了之了，但是后来发生的事情，真的是意料之外的灭顶之灾。

那家人去公交车公司，调取了当时的监控视频，并且截取了从我挡小男孩到老人摔倒撞到椅子上的部分，发到了网上。一夜之间，这件事引起了网络的热议，许多的网民参与到这件事的讨论中。

第二天，我一早看到新闻，才发现这件事，伴随着父母的怒斥，我逐渐清醒了一点。在反复对父母解释后，他们相信，我没有做视频中大家以为的欺负老人、孩子的事。我反复地看过这段视频，从头到尾都看不清楚那个孕妇，只能看到我们几个人胸以上的位置，所以我抬手去挡的动作十分清楚。

看完整个视频，完全吻合网上的标题"××高中生在公交车上因被挤碰，暴打祖孙二人"。那几天，各大新闻网站的版面上都登载了这个事件，下面不乏网友的"义愤填膺"：

地询问事件经过，请学校专业的心理老师协助，分析学生行为背后的动机，再根据现实情况妥善处理。如果学生确实犯了错误，可以根据错误的程度适当惩戒。反之，如果学生没有做错事，应及时进行心理辅导，帮助学生摆脱困境，避免学生产生更严重的心理问题。

“我只想说你至于对老人孩子下手吗？像你这样的高中生，就算考上大学，将来也只能是衣冠禽兽！”

“只能说遇见垃圾人！”

“公交车上那么多人，小孩子碰你一下怎么了？”

“才几岁的孩子，都十七八岁的人了，怎么能跟他一般见识？怎么能下得去手呢？”

“这么牛，怎么不让爸爸买辆公交车，自己开着上下学啊？”

“都说熊孩子可怕，现在熊孩子长大了更可怕！”

“像这样的人就不配活着，现在的社会真是容忍度太高了！怎么不枪毙了？”

“人肉！人肉他！人肉他家！”

“畜生！这种人就该死！”

网友个个义愤填膺，仿佛如果当时自己在现场，恨不得当场就把我打死，才能维护“社会正义”。

一开始，我还敢去学校，可是走在路上，我害怕被别人认出来，怕那些不明就里的人伤害我，和网上那些人一样不分青红皂白地骂我，甚至发生更糟糕的情况。从那天早晨开始，我没办法专心学习，老师在课堂上讲的内容，一个字都没办法进入我的耳朵。

我满脑子都是那天发生的事，网友说的话，还

网络暴力不同于现实生活中拳脚相加、血肉相搏的暴力行为，借助网络的虚拟空间，用语言、文字诬蔑、诋毁当事人。这些言论、图片、视频的网民，以为自己发现了一些违背公序良俗、触及道德底线的恶性事件，因此才会恶毒、尖酸刻薄、残忍凶暴地攻击当事人。

本案例较为特殊，老人一家对客观事实进行了“断章取义”的视频剪辑后，制造了一个当事人道德沦丧的假象，从而引起网民们的愤慨和铺天盖地恶性评论。与常见的网络暴力不同的是，发布视频的人，只想利用网民的道德感来宣泄自己内心的愤怒。

现实生活中，人在生气、烦闷、情绪不定时，想通过语言暴力宣泄是正常的。但是，面对面的人际交往，受到道德伦理的约束，或多或

有心里满满的恐惧、愤懑！我恨不得冲到每一个误会我的人面前，告诉他们："我没有！我是为了保护孕妇！我并没有伤害老人孩子！你们不能只根据断章取义的视频就定我的罪！我冤枉啊！"

更可怕的，网友开始人肉我了。有人根据我的校服，在网上讨论我上哪所学校，应该是几年级的学生。

后来，还有好事者提供了我的班级情况。

两天后，我在自己的课桌上收到了一封恐吓信。信里有我家小区门口的照片，我家那栋楼和单元门的照片，甚至是我房间窗户的照片！

还有一封从报纸上剪切字拼成的信，上面说："这是我们找到的你的住址，别以为你干了伤天害理的事情还能逍遥法外！我们早晚有机会揍你，来主持正义！"看到这些，我真的害怕了，这些人真的找到我了！他们会不会伤害我的家人？他们会如何来伤害我？我能保护自己吗？我能报警吗？我会不会被杀掉？离开家的每一分钟都是不安全的！我的思维越来越乱，脑子里胡思乱想的念头越来越多。

在这个事件发生的第六天，恐惧使我不敢再出门了。

父母虽然十分不愿意我辍学，但看着我的压抑、沉默，也不得不随我去了。但是，一个人在家，

少地抑制了这种宣泄。网络社会是虚拟的，在网络上比在现实中更容易爆粗口，通过文字、图片、视频暴力伤害他人。网络上随处可见粗俗、恶毒的攻击性语言，这也推动了网络暴力的扩散，增加了网络暴力的危害。所以，当我们不幸在网络上被"网络暴民"当靶子的时候，要坚定自己的信念，不要关注那些恶意的留言、图片、视频，就能保护自己不受伤害。

网络暴力对事件当事人进行人身攻击、恶意诋毁，更将这种伤害行为从虚拟网络转移到现实社会中。有人对当事人进行"人肉搜索"，将其真实身份、姓名、照片、生活细节等个人隐私公之于众。这些做法，不但严重地影响了当事人的心情，更破坏了当事人的工作、学习和生活秩序，造成了严重的后果。

本案例中，网络施暴者打着"正义"的旗号，对当

并不能使我多一些安心的感觉，我感觉窗外有许多眼睛，像野兽一样盯着我，随时准备把我撕碎，连肉带血一起吞下去。

时光像是出了故障，几个月过得很快、也很慢，钟表上的日期数字疯狂地变着，但是每一分钟对我来说都是煎熬。妈妈告诉我，邻居家的阿姨也来问她这件事了，说，平时那么有礼貌的孩子，怎么会做出这样的事？妈妈很生气，虽然做了解释，但是邻居们很可能已经不相信了。

看到妈妈无奈的表情，我很心疼，不知道能安慰她些什么，连我自己都无法走出来。

我不想害爸爸、妈妈无法正常生活，可是又什么都做不了。我甚至开始害怕父母也不相信我。不能出门，不能去上学，我一个人在家里胡思乱想，甚至开始怀疑自己，当时是不是不该那么做？是不是应该和别人一样，什么都不要管，看见当没看见，会不会就没有这些事了？

有时候，我控制不住自己，去看那些网上的评论和留言。看着满篇的鄙夷、嫌弃、哀叹，我开始怀疑自己的理想和信念。《史记》里说："众口铄金，积毁销骨。"众口所责，虽坚如铁石之物，亦告熔化；毁谤不止，令人难以生存，而遭毁灭。

说实在的，我真的想死，计划都想好了。等

事人实施了恐吓，有暴力侵害的倾向。《最高人民法院最高人民检察院关于办理利用信息网络实施诽谤等刑事案件适用法律若干问题的解释》第五条规定，利用信息网络辱骂、恐吓他人，情节恶劣，破坏社会秩序的，依照刑法第二百九十三条第一款第（二）项的规定，以寻衅滋事罪定罪处罚。当事人可以报警，并提供恐吓信及其他相关证据，寻求公安机关的援助。

因为暴力事件的发生，俊杰开始逃避，安全感的缺失，让他产生了自我怀疑。后来，父母的理解、安慰，给了俊杰很大的支持。在家庭中，他是被理解、被支持的，作为重要他人的父母，对孩子的态度至关重要，正向的激励有一定的疗愈效果，能帮助孩子增加抵御外来伤害的勇气。俊杰的父母虽然十分疼爱他，但缺乏沟通技巧，所以一开始没有充分表达出对俊杰的理解、支爸爸、妈妈白天去上班之后，我偷偷把药箱里的药都吃掉，或是爬到楼顶跳下来。

但自杀也是需要勇气的，每次冲动的时候，我就害怕了，不由自主地停下来。除了怕死之外，我也怕父母会悲痛欲绝，为了他们，我一次又一次挣扎着，不让自己走到死亡线外。幸好，父母及时发现了我的抑郁，帮我约了心理援助。

那是个漆黑的夜晚，在我又一次承受不了内心的痛苦时，想去厨房拿刀砍自己，被起夜的爸爸看见了。他先是一愣，很快便惊叫着、哭着抱住我，问我："你为什么这么傻啊？你不要爸爸、妈妈了吗？"

后来，妈妈也闻声赶来，我们一家三口抱着哭成了一团。那个拥抱，对我来说，是一种前所未有的温暖，爸爸、妈妈的眼泪像乳汁一点点滋润了我的心灵，让我绝望的心有了点生机。

爸爸提出打心理援助热线，我忽然意识到可能有出路了。

后来的事，我的记忆有点模糊，不太记得心理援助老师对我说了什么，只记得她的声音很温暖、很舒服，让我觉得，除了死亡，还有其他办法让我得到解脱。

再后来，父母带我去了医院，医生诊断说我有

持，也没有给予俊杰温暖的安慰，这也是导致俊杰逐渐抑郁，甚至产生自杀倾向的原因之一。

中度抑郁，开了一些药。为了让我好得快点，也怕西药伤身体，妈妈专门找了中医师，又开了一些中药。后来，爸爸还预约了心理咨询师，帮我进行心理治疗。

我的心理咨询是一条很长、很曲折的路。两年多的时间，终于，我慢慢走出了抑郁。

一开始，很长一段时间里，心理咨询师都陪着我面对苦痛、恐惧，鼓励我面对那些扎在心底的刺。她的语气平和，对我的态度很温暖，让我感到无论怎么做她都能理解。她也知道了我的理想，看得出来，她也很支持我，希望我继续上学，回到追求理想的路上去。

在这个过程中，好友小宇也一直在关心我，他每周都会送笔记和讲义给我，也会讲学校的趣事、趣闻给我听，有时候还会陪我打打游戏。每次他都会输，我猜，他是为了让我开心点，所以还假假地说："你欺负我，那么会打游戏，还不让着我？"当我们一起笑成一团的时候，我感到好像乌云就快要散了。

慢慢地，我感到心里有点力量了，这力量来源于爸爸、妈妈、心理咨询师，还有心底那个没有放弃的自己。

慢慢地，我开始审视网友的话，也就是我心里的那些刺。他们为什么这样不分青红皂白，随意评

当然，俊杰是幸运的，在自杀的时候被父母发现，并在拥抱和泪水中充分地体验了父母深沉的爱和支持，并在父母的陪伴下开始了心理治疗。

得了抑郁症，按时服用药物，可以辅助治疗心理创伤造成的大脑器质性损伤，改善情绪郁结导致的身体系统失衡，调理体质，恢复身心健康。心理咨询能帮助孩子理解自己的情绪，调整自己的认知，肯定自己的价值感，通过陪伴孩子深入分析事件，重建自尊心和安全感。当然，父母、朋友的陪伴是非常重要的，他们的理解和关爱能帮助当事人体验到价值感、安全感。本案例中，俊杰在父母、朋友的鼓励下，理性发挥了作用，帮助他将网络暴力与自己的内在价值剥离。俊杰意识到，自己内在的价值只有自己可以定义、表达，网络上的评论与自己的内在价值无关。

判一件自己并不了解的事情呢？

心理咨询师拿起了一个苹果，给我讲了这样一个故事："有一天，苏格拉底在上课的时候，从口袋里面拿出一个苹果，在教室里面转了几圈，让学生们用力嗅空气中的气味。学生们聚精会神，仿佛闻到了阵阵苹果的香气飘入自己的鼻子。苏格拉底问学生们：'闻到了什么味道？'学生们异口同声回答说：'闻到苹果的香味！'这时，我也感觉她手中的苹果有些清香，好像很好吃的样子。她笑着继续说道："苏格拉底非常遗憾地低下头说：'可惜，这是一个假苹果。'你看，我手里的这颗也是假苹果啊，有时候，我们都会不由自主地受到环境的影响，失去判断力，有一本书《乌合之众》，你有空的时候可以读一下。"

这段话对我来说犹如醍醐灌顶，一下子唤醒了我。是啊，我不也被误导，以为苹果是真的吗？如果当时我也是观看视频的人，说不定也会认为视频里的这个年轻人是一个冷血、无理的坏人！不过，我可能不会主动咒骂别人，甚至去人肉、恐吓别人！他们没资格这样伤害我！

心理咨询师开导了我很久，我慢慢学会了这些道理。

后来，我也意识到，借由别人的错误发泄自己怨恨，这也是一种心理问题！任何人都没有资格去伤害别人，我被人伤害，还没办法还手，所以才在心中压抑了好多的愤怒、屈辱、恐惧等不良情绪，所以才会抑郁。

在心理咨询师的帮助下，我逐渐把这些愤怒宣泄出来，不良情绪随风而去，我慢慢好起来了。

现在，回过头看看那些伤害我的人，除了可怜、鄙夷，我没有其他感觉。

心理咨询师问我："你还要拿别人的错误惩罚自己吗？可以把这些错误还给他们吗？"这件事发生之后，我第一次释然地笑了，因为那些尖刺不是我的，我可以把它们还给网友了。

心理咨询师引导我写了一些卡片，内容是那些让我受伤的侮辱性话语，然后，给我分析这些话背后隐藏的恐惧和无能。最后，我们一把火把这些卡片全部烧掉，用这种方式将这些刺还了回去。

在心理咨询进行到第四个月的时候，我开始回校读书。虽然，一开始，还是有很多人在背后指指点点地议论，但我该怎么样就怎么样，毕竟我有家人、朋友、心理咨询师的理解，别人怎么看我，无所谓了。再后来，我顺利地考上了大学，学的是临床心理咨询专业。希望在不久的未来，我可以帮助别人，让更多像我一样受到伤害的人恢复心灵的健康。

心理咨询师帮助俊杰把网络上的负面评价还给了评价者，并分析了那些网暴者的思想。俊杰明白了，遭受网络暴力不是自己的错，清晰地划分开自己和施暴者的界限，摆脱了网络暴力的阴影。

心理咨询师的建议

给家长的建议：

1. 当孩子情绪低落、不爱出门、不爱说话、不再做平时喜欢做的事、整天发呆，一定要警惕孩子是不是有抑郁情绪。如果这种情况持续时间较长，要及时带着孩子进行心理咨询。

2. 孩子向家长讲述自己的遭遇时，无论听起来多么荒诞离奇，一定要从孩子的视角看待问题，无条件相信孩子的感受。当孩子认真描述事件、感受等，其实是在向家长求助！如果家长表现出怀疑，孩子就会迅速关闭心门，封闭自己。本案例中，俊杰的家长无条件地信任他，因此，俊杰遭遇网络暴力的时候，选择留在家里而不是“离家出走”，俊杰心中，家才是“安全基地”。

给孩子的建议：

1. 当感觉情绪压力大、无法调节的时候，及时寻求身边师长的帮助。有时候，“怕麻烦别人”仅仅是一种误解。如果父母、师长、朋友等意识到事情的严重性，一定会竭尽所能帮助你。

2. 当被误解、被冤枉、申辩无门的时候，一味去证明自己的无辜，往往更会消耗时间、精力，不如将注意力转向自己，从当下的一件小事做起，看一页书、练三行字、背两个单词，都能让你感觉好一点。“走自己的路，让别人说去吧”！

我想回家，却找不到回家的路

王　莹

会变脸的女孩子

雅静，14 岁，一个刚上初一的女孩子。

雅静被妈妈带进了心理咨询室，完全没有进入陌生环境的羞涩、紧张，她很大方地问好，然后就四处看着心理咨询室的布置。

雅静的妈妈自顾自地冲向了我，像竹筒倒豆子一样的，开始历数雅静的问题。

妈妈是外地口音，说话语速也非常快，说着、说着，妈妈突然降低声音，好像不想让雅静听到一样，凑到我耳旁……

这时，一直很悠闲地玩着沙盘的雅静，突然蹿到了我和她妈妈的面前，面向着我，笑着大声地说：

父母跟子女的亲子关系，是一种非常复杂、微妙的关系，父母在这场关系中占据主导地位，孩子常常处于从属地位。但是，孩子也应该有自己的生活，如果一个孩子过度关注、依赖父母，那么，这个孩子还不够独立，仍然陷在父母的世界里。父母的爱应该给予孩子成长的力量，让孩子产生自主意识，逐渐能够独立生活，为他将来走上社会打下坚实

"老师好。"这时，我才有机会仔细地端详一下雅静。

雅静的个子不高，有些瘦小，齐耳的短发，皮肤偏黑，两只眼睛不大，却异常有神，但最吸引人的是她那一对装满了笑意的酒窝。

雅静喊老师的时候，是微笑着的，两个小小的酒窝配合着这个笑容，显得非常俏皮可爱，青春洋溢。

妈妈对雅静说："你先去一边玩儿，让我跟老师把话说完。"雅静却突然跑到了妈妈的身后，从后面把妈妈抱住，然后像个小女孩一样，趴在妈妈的背上赖着不下来。妈妈很尴尬地看着我，一边把雅静从自己身上拽下来，一边说："都这么大了，不能这么没规矩。"

只见雅静的小脸儿，刚才还是一副笑嘻嘻的样子，突然阴沉了下来。但只是一瞬间，雅静又换上了一副笑脸，对妈妈说："好的，妈妈！"然后，就安安静静地坐在妈妈的身边。

妈妈似乎有些话当着雅静的面说不出口，于是又开始说起雅静在学校里的一些事情。雅静开始不耐烦，动来动去，不停地打断我们的谈话，时而为自己辩驳，时而嘟着嘴生气。母女俩也会因为某件事情而争执起来。

我和雅静的谈话，就是在这样混乱的情况下开始的。

的基础。雅静作为一名初中生，还深受父母言行的影响，这种亲子关系是不正常的。

笑，是一种情绪的表达，但代表的意义却有所不同，有时候，笑能帮助人们掩藏自己、化解尴尬。雅静的笑就像一张面具，用来回避自己不愿意面对的问题。所以，父母要多陪伴孩子，多和孩子聊天，了解孩子内心的感受，不要让孩子养成回避型人格。

又爱又恨的老师和同学

“怎么说呢？其实我很喜欢初中的老师和同学，尤其是语文老师。我的作文写得比较好，每一次作文课，语文老师都会把我的作文拿出来，在全班同学面前朗读。老师说，我的作文写得非常有灵性，而且有独特的风格。语文老师经常强调，作文里要写出自己真实的感受。可是，大部分同学，要不就写作文书上抄来的片段，要不就写一些非常无聊的内容。但是，老师说，我的作文就不同，从文字间能看到我的独立思考。

“可是，我又不是很喜欢语文老师，因为他也是我们的班主任。一天到晚，因为我迟到呀、作业不合格呀、被其他老师告状呀……为了这些小事就对我黑着脸，找我谈话，让我很厌烦

“我知道，语文老师很喜欢我，可是他也挺矛盾的。他总是跟我说，我能不能成为一个优秀的榜样，不仅在语文课上、也在其他课上让他为我骄傲。

“可是我真的做不到，就是很烦。学校的规矩实在太多了，这不让做、那也不行，我的心情不好，上课无聊时，撕一些纸，都会被老师揪出来骂。有时候，我想调整自己的心情，在课上表现得特别积极，很大声、很大声地回答问题，也会被老师批评

心理学家研究认为，从出生到成年，一个人在成长过程中经历了几个不同的有着明显界限的心理阶段，而且每个阶段都能表现出不相同的心理活动。心理成长阶段与身体成长阶段二者之间关系是十分密切的。身体成长发育不同阶段的心理活动变化也十分明显。一个心理成长阶段完成后，另一个心理成长阶段应运而生，每一个阶段都是下一个阶段的基础。上一个阶段的发展顺利完成才能使下一个阶段顺利发展。这就如同蝴蝶的生长过程，蝴蝶不论是外形还是生活习惯都与毛毛虫不同，可是毛毛虫时的样子却决定了蝴蝶的美丽。因此人们得出结论：“成长就是一个不断再生的过程。”

每个孩子都期待父母长辈的爱和欣赏，一味地忽略甚至否定孩子，孩子就会产

是在发疯，我感觉很烦，不知道怎么办才好。

“我真的曾经尝试过，像跟老师承诺的那样，按时来学校，踏踏实实上课。可是，我好不容易坚持了一天、两天，家里却会出现一些事情，也让我很心烦。

“老师，我的心里压了一块很大、很大的石头，那块石头让我喘不过气，所以只能做一些自己感觉轻松的事情。

“我试过用刀给自己放血，因为高年级的学长说这样做能放松心情。确实很管用，我特别难受时，给自己放血，心里真的会舒服一些。

“提到高年级的学长，他们也能让我轻松地喘口气，虽然，学校不让学生串年级、串班，可是我控制不住自己。

“我们班里的同学，他们都好假、好虚伪。当着老师的面，他们会讨好、奉承老师，说很多的好话，而且会装得很乖。可是，老师，你知道吗？背后，他们评论老师的话，都很阴损，而且，他们也做过很多违反学校规则的事情，可是，他们掩盖得很好，没有受到任何惩罚，我真的很讨厌他们。

“我喜欢和高年级的学长在一起，因为他们都很真实，逃学、跟同学打架、跟老师叫嚣，从来都不掖着藏着装乖孩子。一旦他们把你当成朋友，就

生很大的心理压力，一旦觉得自己达不到别人的要求，就会退缩、回避，影响正常的社交生活。

值得一提的是，青少年的自伤行为越来越多，这与焦虑、挫败、内疚自责、压抑、烦躁等强烈的负面情绪有关。青少年需要借助外伤和感受到的痛觉来抵消情绪的煎熬，即通过自伤行为将内心的负面情绪转化为外部可见的伤害，暂时性地摆脱一些负面情绪。发泄情绪、惩罚自己，寻求“活着”的感觉是青少年自伤的主要原因。要想防止青少年发生自伤行为，父母要营造和睦的家庭关系，教育孩子正确地表达情感。

孩子在社会化的过程中，学习适应、遵守社会规

特别仗义，为你出头，让我感觉很有安全感。同学们都说，我在早恋。其实，他们懂什么，无非是嫉妒罢了，嫉妒我有这么多的哥哥保护着。

“所以，不管别人怎么说，老师怎么劝，我都不听，其实，他们不懂，这些虚伪的人怎么会懂得真正的友谊呢。可以说，如果没有这些哥哥们的存在，我早就放弃自己了，早就不想活着了，没什么意思。

“每次，我难受得喘不过气的时候，就用刀子割自己的胳膊。其实，我不想死，但是，老师，你知道吗？刀子划在胳膊上，很疼，但是，比起心里的那块大石头，比起它压得我喘不过气的感觉，刀子划在皮肤上、划在肉里的感觉，要舒服得多。”

则，也是一个重要的成长课题。有的孩子不能在原生家庭里得到足够的关注和认可，基本的心理需求得不到满足，那么，进入社会时，孩子的适应性就可能出现问题。另外，只有得到孩子的信任，家长才有机会了解孩子真正的想法，并给予相应的陪伴、指导，帮助孩子适应现实社会。

我有一个讨厌的妹妹

“为什么会觉得喘不过气？为什么会心烦？为什么不想回家？为什么讨厌同学的虚伪？其实，这些都是因为家里有一个可恶的妹妹。

“妹妹是一个非常虚伪的人。她刚出生，身体就不好，1 岁的时候生了一场大病，那时候，我应该不到 4 岁吧，爸爸、妈妈因为要照顾她，要送她去医院，要陪护她，所以我就被无情地送到了爷爷、

对多子女家庭来说，如何与不同子女相处及子女之间如何建立良好的关系非常重要。在雅静的原生家庭里，

奶奶家。

“虽然爸爸、妈妈会定期来看我，可是在爷爷、奶奶家我过得并不好。爷爷、奶奶，包括姑姑，他们全都是势利眼。虽然也会照顾我，负责我的饮食起居，但是我总是感觉他们不情不愿的。他们更喜欢姑姑家的哥哥，虽然我是孙女，哥哥只是外孙，但是，因为哥哥是爷爷、奶奶从小看着长大的，所以格外偏爱一些。

“我在爷爷、奶奶家一直都像个外人，我很小的时候就学会观察爷爷、奶奶的脸色了，也能听出姑姑的言外之意。在那样一个地方，我不觉得是家，只要我能听话、懂事、不吵不闹，生活还比较平静。但是，我不能有太多的要求、不能有太多的脾气。所以，那时候，有心事了，就像在学校遇到了困难，或者和同学发生争执，我一般都不会跟家里的大人们说。

“那时候，我只有两个朋友。

“一个是哥哥，哥哥对我很好，有时候会带我出去玩，还把他在学校里的新鲜玩意儿送给我，还曾经为我出头，教训过在学校欺负我的同学呢！不过，那一次，哥哥被姑姑狠狠地骂了一顿。姑姑还把这件事的责任安到了我头上，不仅给爸爸、妈妈打电话，还说我带坏了哥哥，那时候真挺恨姑姑的。

因为妹妹的到来，雅静被送到爷爷、奶奶家寄养，在一个4岁的孩子看来，这就是被抛弃，因而产生不安和恐惧。这种感觉让雅静厌恶妹妹、埋怨父母，是一种失败的亲子关系。

雅静提到过，更喜欢和高年级的学长一起玩，似乎与她的童年生活有一些关联，在她幼小的时候，生活中出现过一个让她信任的哥哥。

“另一个朋友，就是书。姑姑为了培养哥哥，买了很多的书，但哥哥其实不爱看书，他更喜欢出去跑着玩，这些书却成了我的宝贝。在爷爷、奶奶家，我不自由，但是，看书放飞了我的心情，而且，会让他们觉得我很乖，他们就不会来唠叨我、管教我。

“妈妈曾经对我说，等妹妹身体好一些了，就会把我接回去，这句话让我一直苦苦坚持着。

“我乖乖地住在爷爷、奶奶家里，因为有回家的期盼，我一直假装很他们的听话。我要让爸爸、妈妈放心，我要等着他们把我接回家里的那一天。

“终于，上小学五年级的时候，我回到了爸爸、妈妈身边。那时候，妹妹上小学二年级了，据说，她的身体也已经养好了。到现在，我都不知道妹妹究竟生了什么病。

“以前见到妹妹，她不是躺在病床上，就是蜷缩在爸爸、妈妈身边，一副有气无力的样子。我也心疼妹妹，我是姐姐呀，也盼着妹妹赶紧把身体养好。那时候，我总是想，一定要乖乖的，让爸爸、妈妈专心照顾妹妹，这样，妹妹也会好得快一点。

“可是，当我回到家里，妹妹跟我之前的印象完全不一样。她已经变成一个会弹钢琴的小姑娘，每天笑着和爸爸、妈妈开开心心地聊天，皮肤白白的，打扮美美的。

书本或某些兴趣、爱好，是一个人成长过程中的慰藉。雅静爱看书，在陷入不良情绪的沼泽时，通过阅读得到了一些心理安慰，极大地缓解了焦虑情绪。

雅静觉得，同样是爸爸、妈妈的孩子，妹妹留在父母身边，自己却被送去爷爷、奶奶家寄养，这对一个孩子来说不公平，雅静产生了自我怀疑，非常失落，甚至觉得是因为自己不够好才被抛弃的。因此，回到父母身边后，雅静努力学习，也取得了优异的学习成绩，她极力证明自己的优秀，想得到父母的肯定和夸奖，这也是所有孩子的诉求——被爱、被肯定。

“一开始，我和妹妹很亲近。妹妹也似乎很喜欢我，一天到晚姐姐长、姐姐短，围在我的身边转。时间长了，我才发现，妹妹，其实是一个小魔鬼。

“妹妹就跟我的同学一样，当着爸爸、妈妈的面，她是一个样儿，可是爸爸、妈妈不在的时候，就变了一副面孔。她的钢琴，不让我碰；她的洋娃娃，不让我抱；她的小床，不让我坐……

“有一次，妹妹的同学来家里写作业，我在一旁偷听到，她小声跟同学说：‘这是我老家来的姐姐，你看她长得多黑，而且她穿衣服可土了，讲话还有外地口音，跟她说这里的很多事情她都不懂，最烦的是，她现在跟我住在一个屋子里。’

“从听到那些话开始，我就不太爱搭理妹妹了。

“不过，我开始更努力学习，不想让人看扁我。虽然我确实不太会玩妹妹的那些小玩意儿，也对这里的生活不太熟悉，但是我想，如果我有优异的学习成绩，爸爸、妈妈，包括妹妹，一定不会再小看我。

“很快，我适应了学校的生活，小学期间，我的学习成绩很好。每一次，我取得了好成绩，爸爸、妈妈都会奖励我，那时候，我就跟他们要漂亮的衣服，要跟妹妹一样多的娃娃。一般情况下，爸爸、妈妈都能满足我，可恨的是，每次我想要什么，妹妹也会跟着要。如果爸爸、妈妈跟她说，这是姐姐

雅静回到家里，为了得到父母的认可，她做了第一次尝试：做一个懂事的好姐姐。但是这次尝试很快以失败告终，雅静没有得到妹妹的认可，父母也没有察觉雅静的努力和进步。

雅静的第二次尝试是学习，通过刻苦努力地用功，雅静的学习成绩确实得到了父母的认可，但是她想得到父母更多的关注、爱护，依然没有成功。

学习成绩好才能得到的奖励，让她向我学习，取得好成绩才能给她买。妹妹就会在爸爸、妈妈面前撒娇，说大话，保证她下次能考个好成绩。每次，爸爸、妈妈都拗不过她，也会给她买相同的奖品，而且有时候比我的还多、还好。

“这时候我就很生气——明明是我取得了好成绩，可是妹妹却得到了更多、更好的奖励。我发现，不管怎么努力，学习成绩再怎么好，爸爸、妈妈还是会更偏向妹妹，妹妹有办法让爸爸、妈妈围着她转，但是我却没有办法。

“所以，从六年级下学期开始，我累了，不想再继续这样的生活，无论再怎么辛苦，看到的都是爸爸、妈妈对妹妹的偏心。我不想学习，虽然是我取得了好成绩，但却是妹妹向爸爸、妈妈要来了更多的好东西。”

雅静觉得自己一直没有得到想要的父母的爱，因此，备受打击。不管是努力讨好妹妹，还是努力学习，雅静的真正目标都是指向父母的爱。当这个目标离自己越来越远时，雅静放弃了，她决定自暴自弃，不再奢求温暖的亲子关系。

我恨爸爸、妈妈

“我真的很讨厌妹妹，但她毕竟只是个小孩儿，如果没有爸爸、妈妈给她撑腰，她就什么都做不了。

“后来发现，我一直盼望着回来的这个家，我一直思念的爸爸、妈妈，根本只把我当成一个外人，一个他们完全不理解、也不愿去理解的孩子。

其实，雅静出现的心理问题，在心理学上“同胞竞争障碍”，指儿童在弟弟、妹妹出生后表现出某种情绪紊乱及竞争或嫉妒，往往出现在弟弟、妹妹出生后的几个月内，表现为与同胞竞争、

"在这个家里，多半是妈妈照顾我们，爸爸常年出差，很少在家。爸爸、妈妈似乎也有一些矛盾，有时候，我听到他们吵架，有时候，我感觉他们在冷战，谁也不搭理谁。妹妹似乎很熟悉这样的家庭氛围，可是我有点儿不知所措。

"刚回到家的那些日子里，妈妈对我非常热情，但是言谈举止间透着一股客气，感觉隔着很远的距离。对我说话的语气跟对妹妹说话的语气完全不同。例如，同样是让我们去洗澡，妈妈会跟我说，姐姐，要去洗澡了，给妹妹做一个榜样；会对妹妹说，妞儿，还不快去洗澡，别总让妈妈催。然后，我就会乖乖去洗澡，就像真的要去给谁当榜样。而妹妹呢，就会在妈妈的身边，腻歪一会儿，有时候腻着、腻着，就偎在妈妈身边睡着了。那时，我以为妈妈也许真的想让我做一个好榜样、好姐姐。所以，我很听话，也很努力地学习。但是，当我努力学习、不给妈妈惹麻烦的时候，妈妈只会夸几句、奖励一下，不会过多关心我。妈妈把更多的时间、精力花在妹妹身上——带妹妹去练琴、上各种补习班，等等。

"我努力只靠自己就成绩优异，可学习成绩一般的妹妹，却一直可以占有着妈妈的爱。

"说到爸爸，更是让人生气。爸爸出差回来，有时候给我们带一些外地的特产，也会给我和妹妹

争取父母的偏爱和重视。严重时会对弟弟、妹妹有明显的敌意，甚至有言语辱骂、身体摧残等行为，有时还会行为幼稚化，模仿婴儿的举动，引起父母的注意，如果得不到自己想要的结果，就与父母发生对立、冲突等行为。

孩子对家庭关系非常敏感，并不是完全靠语言来获得信息，而是通过很多线索如父母的态度、言行举止、情绪变化等来判断自己在家庭中的地位。

雅静提到，自己堕落后得到了母亲更多的关注，虽然这并非她之前渴望的认可式的关注，但毕竟通过这种方式，雅静得到了自己想要的，说明雅静的行为有意义。但是，雅静也很快发现，通过这种堕落的方式得到的关注，并不会真的让她感受到爱和尊重。

爸爸的态度，对雅静来讲是一个沉重打击，她没有得到爸爸的理解和重视。相

买一些礼物。但是，每一次的礼物，爸爸都是按照妹妹的喜好来买。我喜欢书，妹妹喜欢一些花里胡哨的东西。爸爸从来没有记住我喜欢什么，每一次，他给妹妹买什么，也顺手给我买一份。在他看来，妹妹喜欢的东西，应该也是我喜欢的东西。但是，我真的不喜欢那些花里胡哨的东西，我希望爸爸能送一些我喜欢的书。

“爸爸和妈妈在一起的时候很平淡，跟我在一起的时候也一样，每一次例行公事般的问话，内容都差不多——学习怎样啦，考了多少分——虽然每一次我都认真地回答，但是爸爸似乎没有认真听我说。只有和妹妹在一起的时候，爸爸才会开心地哈哈大笑，爸爸会陪妹妹一起玩儿，很放松、很温馨地一起玩。这时候，妈妈偶尔会赌气地跟我嘟囔抱怨，爸爸心里只有妹妹，有时候也会讨好地凑上去和他们一起玩，却把我晾在一边。

“上六年级时，我不想再那样努力地学习了，我跟高年级的学长、还有他们那些不爱学习的朋友混在一起。我玩了一整个学期，学习成绩开始下滑，妈妈反而比以前更关心我，开始给我请辅导老师，跟我聊天，买我喜欢的东西，苦口婆心地劝我好好学习，甚至对我发了脾气。

“有时候，看到妈妈无奈的样子，看到她着急

反地，爸爸的打骂让雅静更加难过。

雅静无法得到父母的认同，开始转向寻求同龄人的认同。孩子的不良行为背后一般有几个诱因：1. 寻求过度关注；2. 寻求权力；3. 报复；4. 自暴自弃。

的神情，看着她卑微地讨好我，我也有点心疼。但是，当我想跟妈妈说说自己的心里话，说说烦人的妹妹，说说老师的不好，说说爸爸的健忘，妈妈就会讲各种道理来教育我，从来没有耐心听我完整说完一段话。我知道，妈妈不喜欢我，她总觉得我不是她带大的，觉得爷爷、奶奶把我带得不像她的孩子，所以她不愿意听我说心里话。

“事情似乎越来越糟糕了，好像日子也越来越过不下去了，我的情绪也越来越不稳定，每天都生活在痛苦中。

“我只想让自己活得舒服点、开心点。可每次一不小心，就触犯了学校的那个规定、这条纪律。妈妈被老师一天到晚叫去学校谈话，心烦意乱，开始跟我过不去。有时候，妈妈把我关在屋子里，带着妹妹出去了，我就在家里砸东西。每次爸爸回来，她就开始告我的状。一开始，爸爸还会问我事情的来龙去脉，后来，爸爸也烦了，甚至开始动手打我。

“我真的恨他们，他们凭什么管我？他们凭什么打我？我那么小的时候，他们就把我送到别人家寄养，知不知道我过的是什么日子？凭什么按他们的标准要求我？

“有一次，妈妈又把我关进房间，还对我大喊大叫，说，等爸爸回来，要让爸爸再揍我一顿。那天，

雅静的家庭里，亲子关系一直在恶性循环的怪圈里打转。因为被父母抛弃的经历，雅静怀疑父母的爱，内心充满了负面情绪。雅静几次三番地努力，想得到父母的肯定，但是都以失败告终。于是，“我是一个被父母抛弃的孩子”，这个想法被反复验证。父母并没有用心关注雅静的心理问题，也没有对雅静童年时期的“被抛弃”遭遇做出合理的补偿和安慰，他们不能接纳雅静现在的状态，并归因为雅静不是自己带大的，所以不听话，在本案例中，雅静的父母没有真正地承担起自己的养育责任。

我在日记本上画了这样一幅画：我坐在妹妹的钢琴椅上，爸爸、妈妈跪在我面前，他们向我认错、道歉，而妹妹在一旁流着眼泪伤心痛哭，很丑、很丑。

“画画的时候，我感觉很解气，可是，后来妈妈偷看了我的日记，看到了那幅画，看到了我对他们的仇恨。

“因此，妈妈觉得我疯了，觉得我得了精神病。她把我的日记画作，拿给我的老师看。而且，我知道，她也把这些东西给你看了，对吗？”

结 语

雅静一直断断续续地在做着心理咨询，连续做几次，就落下几天不来心理咨询室。我多次向雅静的妈妈强调，心理咨询的连续性很重要，直接影响心理治疗的效果。每次，雅静的妈妈都答应得很好，但总是有这样或那样的理由，不能按时送雅静过来。

雅静的最后一次心理咨询，是新年的元旦过后，雅静看起来很沮丧。她说，这一次，是自己坚持来做心理咨询的，要来跟我告别。雅静的妈妈最终还是决定把她送回到老家，不过她不用再去面对爷爷、奶奶、姑姑等亲戚，因为爸爸帮她找了一所老家的寄宿学校。

作为成年人，父母不能妥善处理生活中的问题，反而把责任归咎于人，甚至去苛责孩子，就会彻底失去孩子的信任。子女和父母在处理问题时，具有相似性，父母是孩子在家庭中的榜样，父母处理棘手问题的方法会影响到孩子。孩子的生活中有不同的活动，面临困难时，应该让孩子直观地了解事物发展的过程，从反复体验中逐步认识到挫折的普遍性、客观性，从而真切地感妈妈的理由是，雅静的户口不在北京，早晚要回原籍参加考试。爸爸则说："寄宿学校管理得严格，这样能让雅静有一个更好的学习环境，将来好考上一个理想的大学。"

但雅静告诉我："爸爸、妈妈说的都不是真的，他们之间的关系出现了问题，好像爸爸在外面有了别的女人，妈妈非常痛苦，自顾不暇，爸爸不愿意回家，他们一直在吵架。"但雅静的爸爸、妈妈却在一件事上达成了共识——那就是再一次"放逐"雅静。

在这次心理咨询中，雅静很平静，一反之前在心理咨询室里的嬉笑怒骂、活泼好动。

雅静对我说："老师，你放心吧，我现在反倒轻松了，回到家里的那一天，我就知道会有今天。现在，我终于不用再装了，不用硬撑着，更不用再跟妹妹攀比，我会带着喜欢的书、还有你推荐的书单，高高兴兴地离开，也许这就是大家都想要的结果。"

然后，她勉强对我笑了一下，使劲把嘴巴扯向两边，想露出两个可爱的小酒窝，看着她的笑容，我却很心痛，几乎要流下眼泪来。

受到要做任何事情都会遇到困难，成功的喜悦恰恰来自于问题的解决。只有让孩子在克服困难中感受挫折，认识挫折，才能培养出不怕挫折、敢于面对挫折的能力。

我的藏宝箱

许馨月

初　见

纯子，14 岁，一个可爱的女孩子，是一所重点中学的初三学生。进来心理咨询师的时候，纯子很乖巧地跟随在妈妈身后，皮肤微黑、眼神灵动，可能是刚到了陌生环境，纯子有些躲闪。纯子的妈妈皮肤白皙，看起来很知性，化着精致的淡妆，衣着得体、大方。熟悉了之后，纯子在说话的时候会认真地看着别人，更显得明媚皓齿、十分清丽。纯子希望解决的问题是：改善强迫症、失眠症，缓解自卑的情绪，改变做事拖拖拉拉的习惯，让自己更快乐一些。

初次访谈的时候，我被纯子的指甲吸引了，我做青少年的心理咨询工作较多，看到过很多类似的情况。儿童时期，很多孩子不安和紧张时，就会啃指甲，但进入青春期的女孩子，这种情况并不多见，大多女孩子已经开始有了审美，不会再做这种影响形象的事情。

啃指甲，一种无意识的刻板动作，多半是由于焦虑不安、心烦气躁等情绪引起。

我就像一块豪华的真丝抹布……

纯子规矩地坐在我面前，双手紧紧交叉扣在一起，能看得出她有些紧张。纯子双手的指甲短得不能再短了，手指尖的肉都有些外翻，一眼就可以看出来，纯子有啃指甲的习惯。注意到我的目光停留在她的指甲上，纯子羞涩得脸都红了。

纯子耸了耸肩，吸了口气，开始讲述自己的故事。

“从上幼儿园的时候，我就开始啃指甲了。从小到大都是这样，我觉得自己是一块豪华的真丝抹布。从小到大，我没有什么出众的地方，妈妈说，我的表姐、表哥都比我出色。妈妈是名牌大学的研究生，要不是因为嫁给爸爸，她现在的发展情况要好很多，要不是我和爸爸拖累她，妈妈现在应该过得更好。我的爸爸是传说中的凤凰男，可是，我连凤凰女都做不了。

“本来，我在原来学校的班里是数一数二的，但在这个重点学校，我就是个学习成绩垫底儿的学生。没人喜欢我，也是，谁会喜欢一块抹布？即使是豪华的真丝抹布，那也只是抹布啊。

“我的同学大多是土豪，他们比我的家境好很多。学习成绩好、家境好、衣着好、人际关系好，同学们什么都好。我呢，就是一个废物，就是一块

孩子的自我认知多半出于早期父母的评价，也就是父母给孩子贴的标签：他是很乖的孩子，他胆子小，他特别聪明，等等。

不要总是拿孩子的缺点和别人家孩子的优点相比较。

父母能否看到自己的进步，对孩子来说至关重要。所以，家长应该多关注孩子的优点，并及时表达对孩子的爱、欣赏与夸奖。

反之，一旦父母给孩子打上一个不好的标签，孩子就会在潜意识里重复父母对自己的评价：我不优秀，我永远比不上别人。

纯子认为，“我是一块豪华的真丝抹布……”言谈中表现出强烈的自我否定，即使外表光鲜，也只是一块抹布，听起来有些苍凉、无奈。纯子觉得自己不堪大用，

看起来很好、很豪华的抹布……其实，爸爸、妈妈不用那么费劲培养我，反正我是抹布，不值得。

“我的运气也不好，去年，过圣诞节的时候，有个同学约我们去她家过节，还要一起聚餐，约好各自带着亲手烘焙的食品去。去她家之前，我恶补了一下怎么用面包机做面包，而且也试着做过，还挺好吃的。可那天我做好了面包，包好带去了，但是在分吃的时候，一个同学居然从里面吃到了搅拌器的零件，当时我喜欢的一个学长也在。

“他是我的学长，长得很帅，穿普通的校服也好看。在入校的联谊会上，他跳了一支，如此耀眼，就像太阳神一样，他一出场就震惊了场，同学们都叫他男神。

“他的英语特别好，能用英语演出舞台剧。有一次，我也上台了，和他同台表演，我扮演一个信使，之前和他对过台词，他也辅导过我英语的发音。可是我上台后，和他对白的时候，居然说错了一个单词，看着他和另一个学姐在舞台的光圈里，那么自信、耀眼，我觉得自己很丑陋，是一个废物。

“我喜欢他，即使知道不可能也喜欢他。我知道配不上他，但还是想拼命表现得好一些，可是，一到学校我就紧张，生怕出丑，越是害怕就越是紧张、越容易出丑。有一次，我表演古筝弹奏，那时，

总是在关键时候掉链子，不值得被爱，也不会得到爱。

在生活中，倒霉的事件偶有发生，一个巧合就能让孩子的情绪崩溃，孩子开始变得自卑，自我怀疑，感觉运气不好，埋怨命运的安排，也对将来的人生产生了恐惧感。

女孩子一般10岁左右开始进入青春期。当她们迈进中学的大门，面对生疏的集体、学业的压力、竞争的激烈，在这些外在因素促她们成长、成熟的同时，也会使一些人产生忧郁、自卑的情绪——因缺少朋友而自卑、因学习成绩差而自卑、因长得不够漂亮而自卑。尤其是家教严格的孩子，会更加敏感，无所适从，甚至产生巨大的心理包袱。

我早就考下来古筝八级了，但是上台演出时，居然滑音出错了，他们都是内行，一定听出来了。学长也是，我看到他笑了，一定是在笑话我……我回家后就把琴弦弄断了，迁怒于琴不对，但是我真的不知道该怎样发泄心中的郁闷。”

我没有童年

“小时候？我的童年是什么色彩？应该是像红木家具一样的颜色吧，沉重、庄严、一丝不苟。

“据说，我出生后，一直是姥姥、姥爷在带我。爸爸、妈妈要上班，妈妈说，她没奶，还要上班，所以我是吃奶粉长大的。妈妈说，她生我的时候只休息了两个多月，爸爸的工作单位是清水衙门，工资不高，靠他的收入家里只能维持温饱水平。妈妈经常抱怨说，当初怎么就看上了爸爸这个凤凰男。爷爷、奶奶来看过我，后来就走了，留下一万块钱。爸爸说，你姥姥家门楣高，不欢迎乡下人，只能容纳高飞的凤凰。姥姥、姥爷看不起爸爸，觉得他除了老实、有文化，没别的优点。

“小时候，我住在姥姥家。妈妈白天去上班，晚上来姥姥家陪我，爸爸就一个人在家里。姥姥家里的地方大，我一直在他们家住到上小学，现在也

在纯子的记忆中，童年就像红木家具一样：冷硬，沉重，庄严，了无生趣。说明纯子在童年时期过多地被束缚，她有一些不甘心。

心理学上说，母乳带给婴儿的慰藉、母子间的感应、婴儿吸吮母乳时微妙的感受，是什么都替代不了的，婴儿时期，孩子需要妈妈的抚触和爱护。

美国心理学家尼古拉斯·卡明斯（Nicholas A. Cummings）和帕特里克·戴维斯（Patrick Davies）提出了“情绪安全假设”理论，抑郁妈妈养育的孩子到了学龄期和青少年时期，会更多地表现出较差的社交技能、较低的自我评价或者更多的问题行为。孩子难以忍受父母对其另一半的否定、

经常回去住，暑假、寒假、周末都去。姥姥、姥爷从小就培养我认字、数数、练书法、看书、学古筝，我很早就开始学习了，我知道，如果学习不好，将来就没前途，只能去收破烂儿。我喜欢学习吗？喜欢吧，我可不想去要饭。小时候，我写字不好，姥爷就罚我重写两遍，所以我必须认真写字，也养成了认真做事的习惯。

“My mother queens it over the whole family（我妈妈掌管整个家庭），我很喜欢这句话。

“妈妈很喜欢批评我，无论我做什么事她都要指点一番，好像她的使命就是评判别人。爸爸一般不说话，就在旁边看着。偶尔会劝阻一下，大部分时间保持中立。平时，爸爸对我还不错，我想要什么，基本他都同意。妈妈脾气急躁，像雷神一样，爸爸比较温和、理智，我和爸爸的关系比较好。妈妈不喜欢我、不喜欢爸爸、也不喜欢姥姥、姥爷。在我们这个家里，她称王称霸，在姥爷家，她就只能保持沉默，因为姥姥、姥爷常常批评她。妈妈像个女王，我们一家人的女王。我是一个中学生，无论在姥爷家还是在父母家，我都得听着他们的教诲。

“在原来的学校里，我还算是优秀生，但是上了这个重点中学，我就泯然众人矣。同学们几乎个个学习成绩好、有特长。在我们一个班里，就有好

排斥、贬低，就如同在否定孩子自己的一半一样，使孩子产生精神分裂的感觉。

家人的相处是否融洽、父母之间的感情是否稳定、家庭氛围是否和睦，这些都瞒不过孩子。

如果父母长辈之间有冲突，要及时交流、沟通，化解矛盾，维持家庭氛围的和睦，这样做也能为孩子树立一个优秀的榜样。

家人之间的彼此攻击、指责，会让孩子恐惧、不安、疑惑、揣测。

父母是孩子的最大靠山，父母对生活的态度直接影响孩子的生活安全感和成长信心。

很多父母没有调节情绪和释放压力的能力，经常会在孩子面前抱怨生活，抱怨工作，或者抱怨社会，甚至抱怨另一半。父母或者经常表露抱怨、烦躁、颓废的情绪，会使孩子过早接触到社会或生活方面的压力，会让孩子产生不安全感，厌世感。

如果父母没有解决好

几个古筝八级的同学，钢琴八级的更多，拉丁舞、英语演讲……班里的同学大多都有特长。其实，我和那个学长也没发生什么事，只是我心里偷偷喜欢他。我看过很多书，知道早恋会影响学习，所以，我一直在努力，只把心思放在学习上，只能偷偷地喜欢他。我知道配不上他，现在也不想跟他表白，据说，初恋一般不会有结果的。”

我不想长大，我想要自由

“妈妈怀疑我有喜欢的同学，因为她偷看了我的日记本，总是试探我。我就知道，在爸妈家，我没有什么地位和尊严，他们可以随意翻看我的隐私，所以，我不在日记里写真实的名字，可笑吧？连写日记都要防备妈妈。

“最可笑的是，妈妈说，我长大了，要开始有自己的小秘密了，所以专门送给我一个日记本和抽屉锁。她送我这些的时候，我就感觉到，她送我这些礼物，是为了更方便地偷窥我的隐私。

“其实，我和那个学长之间没有发生任何事，要是真有什么事，被妈妈发现了，以她的脾气，一定会让我们身败名裂。我可不想害他，我真的喜欢他。有时候，我觉得妈妈很假，明明不喜欢爸爸，

夫妻间的冲突，还孩子拖进来，想加重自己这边的砝码，其实是一种对孩子的伤害。

进入青春期，孩子会懵懂地喜欢异性，这并没有家长想象得那么严重，只有影响到孩子的学习、生活时，才需要干预。

很多家长迫切地希望了解青春期孩子的内心世界，生怕孩子走弯路、走错路，这种心情很矛盾，但无论如何也要尊重孩子，不要偷窥孩子的隐私。

家长要多和孩子谈心，让孩子理解自己的担忧，和孩子一起解决青春期的问题。

想让孩子成为天使，就要先给孩子塑造一个天堂。

有时候，孩子的磨蹭就像成年人的拖延症一样，源于对完成任务的焦虑，将拖延行为作为应付这种焦虑情绪的一种形式。

隔代抚养和家族式抚养方式，都会在很大程度上影响孩子的成长。

还要跟他结婚；明明叫我囡囡，说我是她的小棉袄，实际上却把我当犯人看，猜忌我、试探我；明明不喜欢姥姥、姥爷，还是每次都买东西，假装很孝顺的样子回去看他们。我不明白，人为什么必须要演戏，为什么不肯说出自己的真实想法呢？

“有时候，我听见姥爷批评她：‘越来越不思上进了，只知道做贤妻良母。’我看到她嘴角的冷笑和不满，我心里也想笑：贤妻良母？太夸张了。

“我经常觉得自己很矛盾：看到姥爷骂妈妈的时候，我忍不住同情她，总是故意岔开话题；妈妈回家后颐指气使地对爸爸指手画脚时，我又忍不住同情爸爸，还会在心里重复姥爷骂她的话。爸爸背地里跟我说妈妈坏话的时候，我心里也忍不住骂爸爸：有本事去当面骂啊！家里的关系真是一团乱，但总的来说，我和爸爸的关系还是要稍好一些。

“我常常想，大人的世界真的就是这样吗？太假、太假。现在，我也这样假，在爸爸、妈妈面前装得很乖，很认真地写作业，哎，雨天之后不一定是雨天，但作业之后一定还是作业。即使写完课堂作业，也一定还有家庭作业。

“我不想长大，成年人的世界太假了，长大后，我也要变得这么假吗？一想象自己长大后的样子，我就很难受。

当祖辈批评父母的时候，会有语言攻击的情况，对有些孩子来说，生活中和父母有一些小矛盾，也欣然地附和这些语言攻击，不尊重“父母权威”，故意破坏规则，讨价还价，不断试探底线等，这样不仅会影响亲子关系，还会激化父母和孩子之间的对抗。

而有些孩子会感到害怕、自责，觉得爸爸、妈妈被爷爷、奶奶批评，都是因为自己不好，连累了父母，孩子可能通过讨好、压抑、说谎、转移话题、躯体化反应（比如说自己肚子疼）等方式来转移大人的注意力，试图来保护父母，缓和大人之间的矛盾。过度卷入大人之间的冲突，承担过多的责任，对孩子人格发展、情绪情感的发展很不利。

很明显，纯子缺少父母的关爱，童年时期也并不快乐。童年是种子，青春期时，孩子结出第一茬人生的果实。青春期的逆反，源自孩子“不想再受人摆布”的心理，源头就是童年期的“施压式教育”。

“我喜欢啃指甲，因为啃指甲的时候我很安心，觉得有安全感……

“心理咨询师带我做的那几次联想对话和奇迹问句很有意思，在我的密室里，藏宝箱里全是袜子，臭臭的，充满了馊味。老师，我不是疯了，我喜欢那种臭汗味，我身上很少有这种味道。你知道吗？有一次，学长打篮球，我在旁边，好几个男生和他一起走过去，他们的身上有汗味，不好闻，但是让我印象深刻。记得有一次，我也跟着同学打篮球，回家换衣服时，妈妈说，你的衣服上有汗臭味，别跟我的放在一起洗，太脏了，和你爸的一起洗吧，我被妈妈嫌弃了。后来，我的功课越来越多，每次都是坐车回家，很少运动，也没有那种味道了。但是，我真的很喜欢打球时自由奔跑的感觉，不为胜负，只是开心。

“我现在14岁了，感觉自己像41岁，没有开心、快乐地生活。什么是花季、雨季啊？说好的青春呢？”

结　语

纯子的叙述，似乎让我看到一个孤独、无助的小婴儿。纯子才两个月大，就交给姥姥、姥爷抚养，一直到现在，纯子从一个懵懂无知的小婴儿长成一

值得一提的是，纯子说，有几次因家庭事件引发了她的强迫症——严重失眠、反复开关柜门，心理压力很大。纯子还说，希望有真正属于自己的空间。在几次联想对话后，纯子告诉我，在她的世界中，有一个密室，密室中有个没有上锁的藏宝箱，里面装的全是臭袜子。

又进行几次奇迹问句之后，纯子珍藏的依旧是臭袜子。臭袜子代表了什么呢？她认真地告诉我，代表着阳光、快乐、青春……

做完心理咨询后，纯子的失眠、强迫症逐渐消失了，她说，想去运动，去奔跑、出汗，感受被阳光晒到的火辣辣的感觉……纯子的精神状态越来越好，生活也逐渐走上了正轨。

个清秀的女孩子，究竟经历了多少次分离，已经无从得知。服从父母、服从姥姥、姥爷，纯子一直处于“施压式教育”中，内心充满了疑惑、不安、自我否定。

纯子的问题在于，家庭对她来说，充满了质疑、焦虑、惶惑的情绪。家人的指责型互动，对她的批评、否定，都让她充满了无助的感觉，不知所措。

经过近一年的持续心理咨询，小纯认识了自我，本分实事求是地评价自己，通过自我调节，人格逐渐完善，性格也更开朗了一些。纯子说，自己变得快乐了，因为感知到了自我的力量。

心理咨询师的建议

对孩子来说，家庭是最宝贵的资源，家长是坚强的后盾，心理咨询师对家长的建议是：建立安全的依恋关系。

1. 用实际行为告诉孩子，家长的爱是简单、纯粹的，不需要孩子用什么东西来交换。

2. 不能因为事业而忽略孩子，要给孩子一个温暖的家。孩子遇到困难时，家长要从旁协助，不要充当“判官”的角色，对孩子横加指责。

3. 要肯定孩子，告诉孩子，你很优秀。不要紧盯着孩子的短处，让孩子产生心理压力。

4. 要多陪孩子，倾听孩子内心的想法，引导孩子从正确的角度看待、处理问题。

5. 家庭成员之间互动时，难免产生冲突，不要简单、粗暴地否定、批判别人，要互相体谅、理解，营造和睦的家庭氛围。

6. 多和孩子进行情感交流，告诉孩子家长的担心、期望，不要去试探、揣测孩子的想法，甚至窥探孩子的隐私。

作为心理咨询师，我想对纯子这样的孩子说：纯子，我相信你经历了很多，也看到了你在成长过程中的疑惑，相信你开始在慢慢地鉴别事情的真伪，也有独特的感受、想法，希望你懂得，即使是成年人，也会说错话、做错事，伤害了别人而不自知。你要做到：不接受那些无理的责难、批评；做到真实的自己，放下那些心理负担，快乐、轻松地成长。

逃学少年的故事

于冬梅

卫，一个 13 岁的少年，正在读初一下学期，因为逃学被妈妈带来心理咨询室。在卫来心理咨询室之前，卫的妈妈特意打电话联系了心理咨询师，说：卫在学校里爱出风头，并且有早恋的迹象，被老师狠狠地批评了。

老师把卫的妈妈叫到学校，激动而严肃地告诉妈妈："一个孩子不是光学习成绩好就行了，也不是会点儿才艺就叫优秀。卫爱出风头，实际上还不是为了在女生面前显摆。而且，面对老师的批评，卫不仅不虚心接受，还出言顶撞。"卫红着脸说："不是这样。"老师"哼"地笑了一声说："你看，否认加顶撞！"老师还当着卫的面说："一个人要从小修习品行，品行不佳，学习再好也不行。先学做人，再谈成绩。”妈妈说：“我不能明白这孩子到底怎么了，怎么这么浮躁、轻浮。他想干啥？老师让他写检查，我让他反思自己，结果倒好，他离家出走，不上学了。”

感觉自己被排挤

“我想，我是个惹人烦的孩子。我在很多人的眼睛里看到了这一点：妈妈的眼睛、爸爸的眼睛，还有现在的班主任的眼睛。唉……虽然我的成绩一直都蛮不错——看来，老师喜欢学习成绩好的学生，这句话，也不一定是真理啊。

“现在是上课时间，但是我逃学了。因为我不知道该怎么办了，我用尽了所有办法想成为大家眼中的好孩子，我认真学习，在课外班里我也力争上游，画画和长笛，我都学得都不错。因为成绩优秀，的确有人夸过我，可是现在没有人夸我了。就好像我有一座遮风挡雨的房子，现在房顶塌了，我一下子暴露在风雨中，这太让人难过了。

“关键是，我觉得很孤独。马老师（班主任）似乎怎么都不喜欢我，我刚上初一，现在的学校是市里的重点学校。能考进这个学校我挺高兴的，可惜这种高兴没能持续多久。

妈妈的困惑不解，或许可以在卫的叙述中探寻答案。

在心理咨询师的引导下，卫详细地谈了这件事。让我们来看看，卫经历了什么？他的离家出走和逃学，是因为一次事件引发的还是由多个事件慢慢累积导致的呢？心理咨询师试着架起一座理解的桥梁，希望能顺利通到卫的内心世界。

亲子互动可以促进亲子关系的健康发展，家庭中的亲子关系将对孩子终身发展产生重大影响。亲子关系直接影响孩子的心理发展、态度行为、价值观念及未来成就。倾听青少年内心的渴望和呐喊，做好与孩子的亲子互动，才能取得最好的教育效果。

“上小学的时候，因为我的学习成绩好，班主任对我很好，让我当了班长。虽然那时候我心里也有一些困惑，例如不知道怎么和同学好好相处，我总觉得自己在同学们的圈子之外，这种感觉不好受，但是，幸好老师喜欢我，偶尔，同学们也和我一起玩，这给了我一些安全感。更多的时候，我总觉得有一道无形的墙隔在我和同学之间，就是那种‘我被隔离在外’的感觉。什么时候开始有这种感觉的呢？我也不知道，但这让我很彷徨、很孤独。

“在家里。我也有这种感觉，总觉得爸爸、妈妈、姐姐，他们三个人围成了一个圈，他们才是一家人。例如吃饭的时候，他们三个说话时，我很难插上嘴。还有，妈妈总是夸奖姐姐，说姐姐像她。有一次，妈妈对我说：‘你说，你这孩子像谁？你跟我、你爸还有你姐都不一样！’妈妈一说完这句话，我就觉得被一记铁砂掌推到了百米开外，那我在这个家里算什么呢？我甚至疑惑：‘妈妈把我当成她的孩子吗？’可是我也没办法跟人说这种感觉，跟家人说，他们肯定会生气，跟别人说，他们也不会理解吧。慢慢地，这个不能跟人诉说的秘密就一直在我心里堆积，像是打了一个结，让我感觉很膈应。

“至于逃学的原因——不，准确来说，应该是逃学的导火索，是不久前学校的运动会引起的。

卫把学习比作房顶，对他来说，这个房顶遮蔽的风雨指什么呢？他说，通过好的学习成绩，获得过肯定和夸奖，从这句话来看，卫在寻找接纳和认同。对青少年来说，建立对自己的认识、评价是青春期的发展性任务。评价来自两方面：外界和自己内心。卫渴望外界的正向评价。那么，或许这里，卫说的风雨指来自外界的否定？我们带着疑问继续往下看。

“以前，我从来没参加过学校运动会，这一次，我却报名参加了短跑项目。因为，在运动会举办的两周前，我跟张同学在操场追逐、打闹，意外发现奔跑很好玩。张同学酷爱饶舌、耍贫嘴，脸上整天带着笑，似乎不知人间疾苦。有时候，我们俩会一起聊聊动漫，我喜欢看他脸上的笑容，心里会羡慕——他怎么有那么多开心的时刻？

“我们不是在操场追逐嘛，后来玩得太高兴了，追逐变成了赛跑。我迈开步子‘嗖嗖’地奔跑，把张同学甩在身后，他在后面喊：‘你跑那么快干吗？踩一下刹车，等等我啊。你今天穿了风火轮吗？’他越是这么说，我越是跑得兴奋。风从我的头发里穿过，都能听到风的声音；风从我的双臂下面穿过，好像托起了我一半的体重，有一种飞起来的感觉，我体验着速度、专注和投入。或许，此刻我的脸上也有着和张同学一样的笑容。

“‘驭风少年’——我听到旁边有人在大喊。

“‘风是你的坐骑，卫！你跑得好帅啊！’我确定了这是有人在冲我喊，似乎是许同学的声音。

“然后，我报名参加了学校运动会，并且拿到了年级短跑第一名的好成绩。”

根据卫的描述，可以看到卫的内心世界，包括卫对外界信息的解读：无论在学校或家里，卫都有被排除在外的感觉，也就是一种孤独感。孤独感影响到卫的自我认知、评价，内心的感受是“我是不被接纳、不受欢迎的”。这明显影响了卫的自尊水平和人际关系。还有，卫几次提到感觉孤独，这既来自人际关系的紧张，也源于内心缺少依靠。

从云端跌落的少年无处可去

“鬼才知道拿了短跑第一名之后我经历了什么！马老师通知我，要请家长到学校谈话。我一看她的脸色，就知道这不是好事。

“妈妈听到这个消息，很慌张，她的慌张让我确信犯了错——虽然我不知道为什么短跑第一名是犯错。妈妈和我一起来到马老师的办公室，还有其他几个老师也在。妈妈热切地望着马老师的脸色，老师的嘴角向一边扯着，眼睛斜着向我瞥过来，对妈妈说，我最近很爱出风头，还说我参加运动会是为了在女生面前显摆自己，说学校绝对不允许早恋。我不知道这事儿怎么就和早恋挂上了钩。我替自己辩解，却让马老师更加生气，说的话更难听：‘顶撞老师……要先学做人’。妈妈弯着身子，小心翼翼地对马老师说，‘教育得对’，说我爱出风头，也不知道是随了谁。我拼命忍着眼泪，非常生气，心脏像要爆炸。

“回家后，妈妈像发了疯，说要教育我，我看她就是在嘶吼，我试图跟妈妈解释，可是我的声音完全被她的嘶吼给湮灭了。第二天，我就逃学了。

“我不知道能去哪里，只是想离开家和学校。我已经在大街上走了很久，停下来，四顾茫然。我

学校、家庭，对青少年来说，是两个重要的环境，

用一只脚支撑重心，另一只脚来回地踢着地上的树叶、小石头。没地方可去，这让我特别难受。我想到了奶奶，想去找奶奶，但是算了，如果我去了奶奶家，妈妈和奶奶又会因为我而争吵吧？她们以前就因为我争吵过，奶奶说妈妈偏心眼儿只疼姐姐，妈妈说奶奶没有原则只会惯着我，让人既无奈、又心烦。

“我从小是奶奶带大的。因为我是超生的孩子，违反了计划生育，所以妈妈偷偷跑到外地生的我，后来就把我留到外地的奶奶家藏起来养着。我在奶奶家待了五年，直到有一天，街道办事处的人来到奶奶家，说有人举报我是超生儿。因此我家交了不少罚款。又过了一年，我要上小学了，爸爸、妈妈才把我从奶奶家接走了。

“在奶奶家的时候，奶奶经常带我去一片大的空地玩儿，她会找个地方坐下来，笑眯眯地看着我玩儿。我呢，也精力充沛得停不下来，像个小蹦豆一样跑来跑去，追着蜻蜓跑，追着蝴蝶跑，追着风跑。或许，在学校跟张同学一起跑着玩的时候，让我找回了小时候那种轻松、快乐的感觉，我喜欢上了跑步，可是没想到，拿到名次却让我惹祸上身。

“我继续踢着地上的石子，这时，听到有人跟我说话，叫我‘学生’。我抬头看到一个个子不高、

其中的重要代表人物：班主任、妈妈都强烈地否定了卫。短跑第一名这件事引起了老师的猜测和不满，妈妈又推波助澜帮着老师批评卫，这诱发的不仅是卫的委屈、愤怒情绪，还有认知混乱——自己觉得是好事，却被他人当成了坏事。结合卫的内心感受：我是被排除在外的，可以知道，生活中没有一个可以陪伴、支持他的人。

在一些重大事件发生时，人普遍会感觉到压力，大部分人都有逃避的念头，这些都是正常反应。其实，逃避念头象征着潜意识的愿望——找回生命初期的安全感。婴儿和主要养育者之间建立的情感连接、关系类型，影响深远。依恋关系非常重要，人是一种社会性动物，需要和别人的相处，良好的人际关系也是心理健康的基石，依恋关系的好坏对日后

长得挺敦实的大叔，他说：‘学生，我看你半天了，你这是从家里出来的？还是从学校出来的？现在都是中午了，大人、老师都该着急找你了。要不叔叔送你回去吧。你放心，叔叔跟他们说，不批评你。’

“我看看他，对他鞠了一躬，赶紧转身走开了。”

转 机

“当然，后来我还是被抓回去了。

“回家以后，我进了家门，没有感到放松和安全，因为，我知道妈妈不会善罢甘休，她一定会缠着我，诉说我的‘罪状’，就像她平时那样。这让我感到害怕、不安，因为我总是不知道什么时候就犯错了，虽然我已经小心翼翼，话也不敢多说。

“果然，我没有猜错，妈妈一路上嘟嘟囔囔，回家后，声音立刻高了八度，她说，我就是个不省心的孩子，从小就不省心。说我正事儿没做好，净想着出风头，说我爱慕虚荣、华而不实。说着说着，就又提起了因为我的超生、被计划生育部门罚款的事儿。我整个身体都绷直了，肚子很不舒服，似乎被植入了什么异物。我忍不住大喊了一声：‘我就是个多余的人！就不应该被生下来！’然后，我跑回自己房间，关上了门。

成人的人际关系特别是亲密关系的影响是巨大的。卫在婴幼儿时期的主要依恋对象是奶奶，成长过程中经历了几次重大的分离：出生后和妈妈的分离，6岁时和自己的主要依恋对象——奶奶的分离。这些分离影响了卫内心的安全感，也可能会影响他的自我评价——因为在孩子的心里，有时候会把分离等同于被抛弃。卫在6岁时回到“陌生的家”，觉得自己是家里的外人，和父母之间的连接没建立好，像这样没有经过处理的重大分离就可以称为心理上的“创伤”。

在奔跑时、在和张同学玩闹时，卫感觉放松、舒适，卫的心理压力减轻了一些。童年生活会在人的内心留下一些印记，影响长大后的人际关系、心理认知。

“我就是个被讨厌的人，在学校被老师讨厌，在家里被爸爸、妈妈讨厌。我真想去个没人、也没有这些烦心事的地方。

“我躺在床上，脑子里回想着很多事，很烦躁。晚饭的时候，我没出去吃，自己在房间里还稍微清净一点，虽然还能听到妈妈的声音，可是不用看她的表情。

“我一直知道自己不受欢迎，真的很用心地想成为一个优秀、出色的人，这样大家就会接受、喜欢我了吧？我努力学习，也认真学才艺，有时候，我还像一个仰望主子脸色的人，用尽力气想讨好别人。结果总是白费力气，就像这次一样。

“第二天，不管妈妈怎么叫，我就是不出去，也不出声。妈妈在门外大声吼着：‘这都几点了，还不快爬起来上学？不上学，看老师怎么说你，老师又会怎么说我？快起来，是不是想让我揍你？’我躺在床上，只是不理她，过了一会儿，她让爸爸继续喊我，自己去送姐姐上学，姐姐是她的宝贝女儿，怎么会因为我而耽误姐姐上学呢？爸爸在门外有气无力地喊了几声，说：‘唉，你这孩子，怎么那么难搞。家里啥也没亏着你，不就是老师跟你妈批评你了。谁小时候还没挨过批评啊，赶快起来，吃点饭去上学吧。’

“就这样，我在家里待了五天，有时候，我从房间里出来吃点饭，有时候，就在房间随便吃点零食。吃饭的时候，我不看他们，吃完了，我就回房间。妈妈倒是像变了一个样子，我低头吃饭的时候，她絮絮叨叨地跟我说一些话：‘你自己想想看，你是个学生，总不能老这样待在家里不上学，你自己想想，想好了告诉我。’声音里没有了平时跟我说话时颐指气使的气势，反而有点小心翼翼，我用鼻子轻轻‘哼’了一声，埋头吃完饭，就回了房间。他们三个，爸爸、妈妈、姐姐，在客厅中悄悄说话，虽然放低了声音，但我能听到他们的聊天内容。妈妈还要送姐姐去演奏古筝，每次，姐姐去参加活动，妈妈都会亲自为她化妆，看妈妈那个劲儿，简直想把整个银河系的星星都贴在姐姐的脸上、身上，让她闪闪发光，还会拍照、发朋友圈。哈，姐姐就是妈妈脸上的金粉，是她的骄傲，那我是什么呢？听说，当初他们超生，就是为了要个男孩，生下我，就是为了完成这个任务吧？大周末的，儿子关在房间，也不耽误妈妈送姐姐去演奏古筝。

“后来，我能看到，妈妈开始着急了，有时候她压着嗓子和我说话，有时候忍不住还是突然提高声音。其实，我关在房间里也不舒服，心里憋得慌。可是我没有可以说话的人，全世界都在和我作对。

卫带着复杂的情绪和妈妈的对抗，他不能向妈妈说出内心的真实想法，因为卫觉得妈妈跟他不是“一伙的”，不是他的支持性力量。卫离开了主要的依恋对象——奶奶，和父母之间没有建立好新的依恋关系，卫的内心缺少安全感和对外界的信任，在卫的描述中，我们也知道，他把很多心事都积压在心里，这些也成了压力源。不良情绪的发酵，致使卫产生了冲动性的行动。虽然妈妈担心卫，急于解决问题，但是对于那时的情况，应该先建立情感连接，建立新的依恋关系。

“再后来，奶奶来了，为我做了土豆烧牛肉，还有虾肉馄饨，都是我爱吃的饭菜。奶奶掉眼泪了，拉着我的手，现在奶奶的个子还不到我的肩膀，我稍微低着头，看了看奶奶，她的手心是温热的。我知道，奶奶心疼我，我的眼睛有些发酸。奶奶说，她找了个心理咨询师，让我去见见，还说不勉强我，就是让我去试试，如果我愿意，就跟心理咨询师多聊几次，不愿意聊，可以不再去。我很怀疑奶奶从哪里知道这么新鲜的事儿，她从哪里知道的心理咨询师。我说，让我想想，再说去不去吧。

“那天，奶奶没走，睡在客厅陪我，说晚上要是我饿了、她就给我做饭加餐，我要是想跟她说话了、就去客厅找她。那一晚，想到有个在乎我的人就在房门外，我安心了好多。起夜去卫生间回来的时候,我看到茶几上放着几本新书,最上面的是《青春期》，下面几本也都和养育孩子有关。我装作不在意的样子，拿起来翻了翻，这是妈妈因为我的事而买的吗？

“心理咨询师可以帮助我吗？我不知道，一个人躺在房间里，真的有点绝望了，我也不想这样永远关在房间里。

“第二天，我说，那就试试吧，反正如果不行，我就不再去了。我看到妈妈似乎松了一口气，她立

关在房间里的儿子、无能为力的父亲，两个人都困在各自的困境里，谁也走不出来。儿子的困境是外界的否定、缺少支持自己的人；父亲的困境是不知道儿子的问题所在，也不知道怎样做才能帮到儿子。

刻说：‘那就约个时间，我们过去吧。’我觉得，我的怀疑没有错，这个心理咨询师应该就是妈妈联系的。先不管了，说过了去试一次，就去试试吧。”

联合的力量带来改变

“第一次去见心理咨询师，我们差一点迟到，因为妈妈要先给姐姐做好饭，她说，爸爸做的饭营养搭配不好。那时候，我真想反悔，赌气不去做心理咨询了。

“心理咨询师是个女的，长头发、偏瘦、挺和气的样子。她问我，是先跟她一起进心理咨询室，还是希望妈妈陪我一起。我说，不用了，就在外面的接待室聊聊就行。她让我们坐下，停了几秒钟，她看着我，轻轻地说：‘我姓唐。’我低着头，没说话。过了一会儿，她又轻轻说：‘我叫唐宜。’妈妈伸着脖子，冲我有点大声地说：‘老师在跟你说话呢，你……’心理咨询师伸出手，示意没关系，还是平静地轻声说：‘他可以不说话，没关系。’我快速抬头，瞥了她一眼，嘴角抖了几下。我看到她的眼睛，很宁静。妈妈的两只手交互握着，上身直直挺着。我猜，她此时一定很紧张，觉得我不礼貌，觉得我在犯错误。继续沉默了一会儿，我突然觉得，可能跟心理咨询师聊聊也不错，我再一次抬头，心理咨询师正温和、平静地看着我，看到我看她，她说：‘你是想继续在这里？还是我们可以进去了？’我点点头，小声说：‘可以。’心理咨询师站起来，说：‘那么妈妈先在这里等一下，我们先进心理咨询室聊几句。’

“心理咨询室好像挺有意思，中间有个沙盘，靠两边的墙面放了好几个架子，上面摆满各种玩具。当然，我是大孩子了，这些玩具像是给小孩子玩的。可是，我真的从来没见过这么多玩具。我想起来，小学时，经常在校门口的小卖部门前流连，那里有些小玩具，我渴望了很久，例如大家都喜欢的恐龙蛋、奥特曼，哦，还有一些透明的小东西，透明的星星、月亮、音乐盒。妈妈总是一把扯起我的衣服就走，有一次还说我：‘怎么女里女气？净喜欢那些女孩子的玩意儿。’不，我觉得那些透明的东西那么澄澈、美好，单纯而干净。

“我站在架子旁，心理咨询师问：‘能告诉我你的名字吗？’‘卫。’心理咨询师说：‘卫，这些都可以拿，也可以玩，还可以按照你自己的喜好，摆放在沙盘里。’我点点头，视线开始在那些玩具上来回穿梭。看了一会儿，我指着一个房子说：‘可以拿这个吗？’心理咨询师点点头，说：‘可以。

看到妈妈买了教育类的书，卫联想到妈妈为了自己在做一些努力。说明，卫的内心渴望得到父母的爱。“我是被爱的”，这种感觉对一个人来说至关重要，关乎对自己的评价，也与安全感有关。

卫对妈妈有所怀疑。有时候，当孩子表现出对妈妈的不满时，其实，也是在向妈妈表达——我的心里有一些疑虑，希望和你谈谈。如果卫能早点把心中的疑虑告诉妈妈，也许就不会闹到辍学那样严重的地步。

你想怎么玩？’我想了一下，拿起房子走到沙盘旁边，用手把中间靠下的沙子扒开，把房子放了上去。

“我摆了一会儿沙盘，抬起头，说：‘好了，摆完了。’我走到架子旁，看着那些透明的玩具。过了一会儿，我说：‘小时候，我很想要这样的玩具。’心理咨询师认真地看着我，说：‘那是什么时候呢？’我迟疑了一下，讲起了小学时我经常在校门口小卖部里流连的事。我笑了一下，唐老师也跟着我微笑了一下。我没有对她讲，妈妈说，我怎么喜欢这些女里女气的东西的话。

“时间过得很快，心理咨询师提醒我，时间到了。她问我是否愿意和她聊一段时间，我说：‘试试吧’。唐老师告诉我，她需要和我的父母见几次面，了解一些我的生活史，我们之间的交流，都是保密的，没有我的允许，不会透漏给任何人，包括我的爸爸、妈妈、姐姐。她还说，每见我四次，她会见我的父母一次，这是围绕我的心理咨询做的资源整合，也是为了反馈必要的信息，帮助架起我和父母之间理解的桥梁，她再次强调，即使这样，我的心理咨询内容仍然是保密的。我点点头，同意了。

“每个周六的下午六点，是我做心理咨询的时间。我想，那就再试几次吧，反正关在屋里的滋味，也不那么好受。

妈妈的紧张说明什么呢？似乎，妈妈也害怕犯错。在心理咨询中，我们可以看到，在卫的身上也有这

“后来，在做到第八次心理咨询的时候，我去上学了。妈妈提出，结束心理咨询，我不知道是否应该同意妈妈的意见，我在心理咨询室里可以说自己想说的话，我逐渐确认，心理咨询室是一个安全的地方。唐老师对妈妈说，她尊重妈妈的决定，只是希望我们可以再花点时间去彻底解决问题。

“有时候，我觉得唐老师挺神奇的，似乎知道我在想什么。有时候，我又觉得她也挺普通的，但我在面对她的时候可以说说话，不用担心犯错，不用担心她评价我。生活中暂时有了这样一个避风港后，我愿意重新回学校，虽然在学校我还是有些紧张，仍然小心翼翼。

“我的心理咨询继续进行着。

“妈妈还在看那些书，我不知道看了有什么用。但是，有一次，我突然想到，这是不是妈妈在为了我而做的努力？唐老师说，她赞同我的想法。我也能更多地倾诉一些我的气愤、害怕情绪了。

“慢慢地，我可以在心理咨询中说更多的话，也会想到很多事情。有时候，在家里我也可以跟妈妈聊上几句。

“那次运动会之后，我经常频繁地眨眼睛，现在，这个症状慢慢消失了。

“不知道从哪一天开始，妈妈也开始做心理咨

种紧张感。母子两个人身上的紧张感有什么联系吗？在心理学上有个说法：创伤的代际传递。据相关研究表明，代际间的创伤传递由重点关注两代人都表现出创伤应激症的直接反映，转移到由于父母认知、情感等方面的影响，给孩子的内心留下了“看不见伤口的疤痕”。

虽然卫同意进行心理咨询，但一开始他不完全相信心理咨询师。

看到了妈妈的努力，卫开始接受妈妈的关爱，这是

询了，是唐老师介绍的一个心理咨询师。也许是在那次妈妈跟姥爷吵了一架之后，说是吵架，其实基本上是姥爷在吵妈妈，他说，妈妈做事总是做不好，妈妈的眼圈是红，她肯定哭过。姥爷又开始拿妈妈跟舅舅比，我看到，妈妈开始流眼泪。她抽抽搭搭地说：'什么都是你的儿子好，我怎么做都是错的。'我以前也见过妈妈挨训的场面，但妈妈是第一次说这种话，她就像一个受了委屈的小女孩。我悄悄地叹了口气。

"姥爷怒气冲冲地走了，妈妈坐在沙发上哭，低着头，肩膀往中间耸着，像只不知所措的小松鼠。爸爸和姐姐没在家，我给妈妈递了几张纸巾，我又可怜她又有点儿生气，因为我也想对她说：'难道什么都是你女儿好？她去表演就是优秀，我参加运动会就是出风头？'老师这么说我也勉强算了，把妈妈叫到学校，说我把自己搞得像明星，班里的女生都有点像'迷妹'，还特意告诉妈妈，这是同学说的原话。妈妈不分青红皂白，就立刻涨红了脸在办公室里训我。可她转过头面对老师的时候，都有点直不起腰来，缩着肩膀，不敢多说话。

"妈妈接过纸巾，还在抽泣，我想起妈妈偏爱姐姐时候，也是这样难过、想哭。我脱口说了一句，'同是天涯沦落人'，说完，有点担心妈妈生气，其

每个孩子都渴望的。能够重新接收到爱的信息，卫的内心就可以储存成长的能量，像手机有了充电器，汽车重新加了汽油。

当孩子能倾诉自己的内心想法，就不会再用发脾气、生病等其他形式表达情感、愿望了。

我们再来分析卫母子之间的相似之处。一个被姥爷拿来和兄弟对比并遭到批评的妈妈、一个觉得妈妈更偏爱姐姐的儿子，这种相似不是偶然的，在成长过程中，过去的生活会在内心留下一些印记，这些印记会变成促进孩子成长的阶梯。妈妈的想法是：我总是会犯错、被否定，多希望改变这一切，成为一个优秀的、招人爱的女孩子。妈妈把女儿当成理想中的自己，把自己渴望得到的肯定、赞美全投射给了女儿，把总是容易犯错的自己投射给了儿子。当然，其

实，我本来是想安慰她的。妈妈没抬头，我看到她的抽泣停顿了一下，抹眼泪的手也定格了一下。但是，她没有生气。那一刻，我心里突然有种满足感，似乎无意中抱怨了妈妈做过的、让我伤心的事，但这次她没有反应强烈地批驳我。我感觉到一点暖意，仿佛是飘在空中的我被一双手给托住了——在那双手的手心里，我有了实体的重量，找到了一点存在的感觉。

“做了一年半的心理咨询，从初一下学期到初三了。这段时间，有时候我们玩沙盘，有时候谈话。这真是我说话很多的一段时间，慢慢地在家里我也开始话多了，这让我觉得挺开心的，终于找到了家的感觉。有一次，爸爸挺高兴的，说趁着姐姐也放假，我们全家出去玩玩。我们去了远郊的一个植物公园，四口人在树阴遮蔽的小径上走，树叶浓密，但仍有星星点点的阳光照射下来，随着我们的走动在身上跳跃。我们走得不快，有时候交谈，有时候欢笑。我觉得自己是他们中的一员了，不再是‘围墙外的那个人’。

“有时候，想起一开始做心理咨询的情景，还有那次奶奶做的虾肉馄饨，我突然感觉自己长大了。我知道，心理咨询快要结束了。”

中有姐弟竞争的部分——妈妈跟自己的弟弟竞争，卫和姐姐的竞争，这一切是在不知不觉的情况下发生的，妈妈也曾是受伤的孩子，因此也需要进行心理咨询。

卫把心里的埋怨试探着表达了出来，这是寻求连接的信号，妈妈也没有生气和“报复”，成功接收了卫的求救信号，卫感觉被妈妈理解、接纳了，这就是情感连接的开始。作为一个人，需求不仅是衣食住行，还需要有人和自己的情感连接在一起，当卫和父母建立情感连接的时候，就会感觉自己融入了家庭，找到爱和被爱的感觉，同时，内心有了依靠。卫心里有改变的愿望，妈妈做了连接情感的努力，这些因素融合后，成了心理咨询的推动力量，最终成功将卫从自暴自弃中拉了回来。

心理咨询师的建议

1. 情感连接、有效沟通是养育、教育孩子的基础，被爱、被接纳是让人内心产生安全感的重要来源。情感对于人们行为的动力作用、调节作用一直都存在，教育者与孩子间建立起良好情感以及关系，是一切教育的基础。

2. 每个孩子都渴望被爱、被肯定，几乎所有的亲密关系都是这样的模式，无论是伴侣、父母、亲子甚至是职场人际关系，但是，卫的妈妈和卫几乎无法感知这样的情感。要教孩子表达出自己的情绪，不被情绪左右而出现过分的行为。

3. 学会表达情绪，而不是情绪化表达。处理情绪的真正方法，是表达情绪、坦诚交流，说出自己真实的感受和期待。

4. 孩子是父母的镜子，父母是孩子的榜样。如果孩子向家长表达不满，不要着急、伤心，可能是孩子压力过大在求助。多一些包容和理解，给予孩子言语上鼓励，接纳孩子，认可孩子的努力。

5. 对情绪的了解、接纳是管理情绪的基础，每个人都有情绪，有正面情绪或者负面情绪都是很正常的。认识自己和孩子的情绪，允许自己和孩子有负面情绪，才能真正帮助孩子管理好情绪，帮助孩子成长。

失控的世界

游雅如

尚未入夏，天气也只能算是温暖，她的鼻头上却渗出汗珠，一双大眼睛盯着屋里的那盆花，偶尔也会匆匆扫一眼我的膝盖。房间里充斥着她紧张不安的情绪，如同她的美丽，那么显眼，让人过目不忘。

这是小 C 第一次出现在心理咨询室里，她是个皮肤白皙、个子高高的漂亮姑娘，正在读大学二年级。小 C 告诉我，很久以来，她都很容易紧张，但尚可以控制和掩饰。近来，却感觉越来越严重，动不动就紧张得发抖、大脑一片空白，克制不住自己，不停地担心会出糗。类似的情况有过好几次，眼看有愈演愈烈的趋势，小 C 很怕这样下去，自己就完了。

引导小 C 尝试着练习放松，哪怕只是短时间的放松，成了心理咨询第一阶段工作的主要内容。随着时间越来越久，我和小 C 越来越熟悉，她也开始谈论学业、家庭等日常琐事，断断续续地讲述了自己的故事。

“这几年，最让我烦恼的就是学习，其实，我心里好像知道该怎么做，就是无法按照自己的意愿进行下去。我不是很满意现在读的大学，本来有能力考上更好的学校，但是高中时的学习状态就像进入了一个魔咒，明明轨道就在那里，却被一股力量控制着，怎么都无法进入正轨。

“小学时，我的成绩很好，以第一名的优异成绩考进本地最好的重点中学。刚开始，成绩也不错，到了初三，学习不那么轻松了，妈妈开始给我报各种辅导班，那时候我还能跟上，成绩基本在班里排到前十名，中考后，留在了本校高中部继续上高中。不知道是不是高中的功课突然变难了，还是我出了什么问题，从高一起，我怎么感觉这个世界都变灰、变暗了呢？数学老师和物理老师讲什么，我听着总是似懂非懂的，上课很想专心听讲，但很快就坚持不下去了，成绩急剧下降，成绩单拿回家，爸爸看了后，脸色不好，妈妈很紧张、很着急。

“高中功课真的那么难吗？如果我复读一年，成绩应该会比第一年好，也许就能上个更好的大学。但其实我知道，如果还是这个状态，再读一年也是

小 C 很焦虑，情绪易波动，也无法集中注意力，从而引发了学习困难，成绩的下滑反而又加剧了焦虑感。通过她的叙述，可以推测出，如果持续这种状态，小 C 将来走上社会可能会不太适应，也要多注意以后的婚恋问题。

小 C 的内心缺乏安全感，只能通过学习成绩这样的外在事物证明自己值得被爱，当成绩下滑时，小 C 会恐惧、担忧，对自我价值产生怀疑，更加无法专心学习。

没用。我经常人坐在教室，神却不知游荡到哪儿去了。学业上，其实就是数学课和物理课学起来很吃力，其他科目的成绩还是可以的，我觉得自己的理解力挺好的，有时候，老师换个思维、拐个弯去讲一道题，很多人还没醒过神来，但我已经知道怎么回事。我觉得自己不是笨，而是学习没热情。例如，我完全可以学文科，避开自己的弱点，但又懒得去背那些知识点，而且文科主要靠记忆，不需要动脑子思考，我更容易上课溜号、胡思乱想。老师，您知道吗？高考前，语文的文言文呀、要求背诵的诗词呀，我知道只要记住就能拿高分，但就是无法集中精神，根本背不下来，只好直接放弃了。但我不能告诉爸爸、妈妈这些，宁愿让他们认为我傻、笨，绝不敢让他们知道是我不努力、无法安静和专注地学习。高考的时候，进考场时，平时记得满清楚的理科公式，也都模模糊糊记不清的，所以，现在只能在二本的大学读书，虽然不甘心，我也认了，谁叫我学习不努力的呢？

“我曾经觉得学英语挺轻松的，不需要刻意背单词也能记得住，语法也学得非常好。高一时，英语老师对我可好了，她没有孩子，对大家都不错，但对我更好。她还说，我很像一个跟她关系很好的表妹，有时候还会悄悄塞一包零食给我。糟糕的是，

小C担心别人不喜欢自己，希望通过学习成绩获得关注，让别人认可自己。但实际上，一个疑虑重重的人很难相信他人的真诚和关爱，一旦遇到事情受挫（例

我的英语听力比较差，不知是英语老师为了提高我的听力水平还是真的喜欢我，经常在课上用英语提问我，我都不知道她问的是什么，自然无法作答，在课堂上很狼狈，我就越来越怕在众人面前回答问题，怕出丑，浑身不自在，结果，我越害怕，英语老师越叫我，慢慢地我开始生她的气了，为什么非要让我难堪呢？我开始躲避她，英语成绩也有些下滑，她似乎也不爱搭理我了。

“我害怕在人群中被注意到，觉得自己很糟糕，父母怎么会有我这样差劲的女儿呢？唉，太对不起父母了。有时候，我感觉周围的老师、同学也都离自己好远，心里总是空空落落的，周围的一切都似有似无。夜里，我常常梦见在考试的时候交了白卷，然后被吓醒。有时候，睡觉醒过来，动弹不了、喘不过气，像被什么邪祟压住了身体。

“看着我的精神状态，爸爸、妈妈特别着急，那段时间，家里的话题基本都是我，似乎我一下子变得重要了，他俩又是给我报辅导班，又是给我增加营养，偶尔也说些鼓励的话。其实，我知道这些都没用。后来，爸爸、妈妈看我的成绩一直没什么起色，就去找了有经验的心理咨询师。人家说，我可能是学习障碍，他俩虽然很失望，也只好接受了，跟我说，不再要求我什么，只要健康、快乐就好。

如小C与英语老师的互动），回避型依恋（也叫躲避依恋，是婴儿依恋类型之一，表现为母亲在场或者离开都无所谓，自己玩自己的，实际上这类婴儿与母亲之间并未形成特别亲密的情感联结，被称为无依恋婴儿，现实中这类婴儿占少数）模式又使她不断退缩，连表达不满的勇气都没有，也就是小C说的“无力感”。

嗯，再后来，我做什么事，妈妈都会用质疑的眼神看着我，好像言外之意是：‘你行吗？’我真的很想大声地告诉她：‘我行的！’但我做不到，内心总有个声音在说，你不行！考试时，这个声音在说；上课回答问题，这个声音也在说；我想争取点机会或权利，这个声音还在说。我恨它，也恨自己……这个声音时时刻刻都在提醒我的不好，这个声音让我感到羞耻，让我觉得自己无用、无能、无力。

“这个讨厌的声音一直伴随着我，老师，也许您说得对，越在乎的事情，往往结果越不好。我在准备时想要全力以赴，但真正做事的时候并不能全身心投入，我对自己很失望，因而更加焦虑不安，所以，每当我做事时，这个声音就格外刺耳。我还常常做一个梦，梦见自己开着一辆性能很好的车，刹车却失灵了，然后发生了可怕的车祸，我就被吓醒了。爸爸、妈妈对我失望，自己更失望，我不想永远这样下去，也想过很多办法，偷偷努力过，但根本没用，不是我想放弃自己，真的是无能为力啊！”

小 C 的声音明显开始哽咽，她试图控制自己的情绪，但眼泪却已趁机涌了出来，于是她干脆放弃了努力，一下子哭了出来。我没有说话，把茶几上的纸巾盒朝她推了推。没过多久，她还是极力让自己平静下来了，把脸埋在双手里，停了一会儿，抬起头，抱歉地笑了笑，继续说下去了。

“我没有吓到您吧？努力了也白费，还是得怨自己太没意志力、太没用！我上网查了，说这种情况需要训练自控力，所以我就开始按照网上的方法训练注意力，要求自己上课时做笔记，把老师说的每句话都记录下来，短时间内的确注意力提高了。可是好景不长，脑子累、心累、手累，听了一节课后，下面的几节课就不想听了，根本坚持不下去。后来，我想，必须在上课溜号时提醒自己，回到当下，所以，每次我发现自己走神后，就掐大腿，那种疼痛感能让我很快回过神来，可慢慢地这种方法也不管用了！越掐，下手越重，大腿青一块、紫一块的，最后掐不掐都疼，越来越没有效果。

“我还是心有不甘，听说适度运动可以训练专注力、意志力，于是我开始跑步，目标是每天 5 公里，要求自己必须做到，否则就饿自己一顿作为惩罚。据说，跑步能增加内啡肽、多巴胺的分泌，可以让人感觉快乐、平静，然而，我的运动之路充满了煎熬，我并不喜欢运动，却每天都需要强迫自己出门，尤其遇见刮风下雨的恶劣天气、生理期的特殊时期，我更是百般挣扎。运动的过程中我也不快乐，我的腿没有力气，常常跑着、跑着腿就发软了，总想摔倒。我特别想放弃，好不容易坚持到一半的距离，想想还有一半那么远，就想哭。跑步，似乎有点像我的人生，那么辛苦、那么孤单、那么无力，让我感觉无助、无望……

“就这样，我强迫自己坚持跑步四个月，发现收效甚微，最终就放弃了。之后，我消沉了一段时间，早上不想起床，不想上课，不想干任何事情，不知道自己到底为了什么而着！记得一个冬日的下午，我漫无目的地溜达，偶然发现，在寒冬的阳光下，一棵玉兰树的树梢上长出了毛茸茸的花苞，内心突然有种柔软的感动，褐色的花萼不起眼，却孕育着美丽的花仙子们，只待初春的到来就可以繁花似锦。那一瞬间，我突然很心疼自己，似乎自己也是树上一个不起眼的花苞，就算不是最艳丽的一朵，但也算是花仙子里的一员啊！有那么一瞬间，我感觉没那么难受了，愿意接受自己现在的样子，既然不能改变，先顺其自然吧。不过，可惜我只是一个让妈妈失望的花苞，不会开花的那种，也做不成花仙子。

“听奶奶说，妈妈发现怀孕时，说我来得不是时候，那时，她忙得不可开交，爸爸还常常值夜班，最后，她考虑到年龄大了，还是咬咬牙留下了我。姥姥的身体不好，奶奶还没退休，要上班，妈妈坐月子靠自己和请来的阿姨帮忙挺过去的。妈妈照着

小C像一个孤独、无助的孩子，带着内心深处强烈的羞耻感，努力挣扎着，为寻找自己存在的价值和生命的意义。

小C的父母很爱她，尽自己所能给她创造了很好的生活条件。从小C的妈妈描述自己的成长历程及一系列行为可以看出，她是一个因为承担了过高压

育儿百科养我，说我很不好带，有一次，我半夜吐奶，喷得到处都是，妈妈既恼火、又无奈，把我扔在一边，不情不愿地收拾了残局。那时候，我还爱拉肚子，好像消化系统不好，可每次只要去医院转一趟，不用吃什么药就痊愈了。妈妈休完产假就上班了，请了保姆带我，但没有特别合适的阿姨，先后换过好几个保姆。我差不多 1 岁的时候，奶奶退休了，开始照顾我。奶奶是一个老知识分子，据说，爸爸小时候，她就没怎么带过，是爸爸的外婆带大的，所以，奶奶照顾我也很吃力。于是，我刚到 2 岁，就被送进了幼儿园的托班。那时候，每天早上怎么送我全幼儿园，成了家人的难题，我要么赖床不起，要么扒着门框不离开家，或者去幼儿园的路上边哭、边死命地拉奶奶或妈妈的胳膊往家走。路上，遇到其他小朋友顺顺利利去幼儿园，妈妈就很恼火，骂我太黏人。为了培养我的独立性，2 岁半的时候，转成了整托。奶奶说，别的家长接孩子时，看到我趴在小桌上，头都埋在胳膊里，好可怜。我记不太清了，只有些模糊的印象，别的小朋友都有人接走，我却没人接，好像爸爸、妈妈、奶奶不喜欢把我留在家里。

“我们家应该算是幸福吧，不像有的家庭矛盾多，整个大家庭也挺和睦，家人们都通情达理。我

力而焦虑的妈妈，甚至在原生家庭中扮演妈妈的角色，照顾所有家人，很辛苦。但是小 C 的妈妈争强好胜，家里、家外的事情都处理得井井有条。这种情况下，小 C 的妈妈养育孩子时，很难给予小 C 足够的原初母爱灌注。同时，小 C 的妈妈从丈夫那里得到的支持也是少，丈夫本身似乎就情感淡漠，看起来他的母亲也没有给予足够的原初母爱灌注。想象一下，小 C 的生命初期，在这样的环境中，婴儿的情感需求没有被满足，妈妈觉得，照顾小 C 的生活起居就够了，并且，那时候妈妈的心里还在忧虑自己在职场上的发展前景，小 C 自然感觉得到妈妈的焦虑情绪，也会产生恐惧、不安，可以猜测，小时候的小 C 爱拉肚子，很可能就是一种不良情绪的躯体化反应。

觉得爸爸、妈妈也爱我，他们很少骂我、打我，而且都很优秀。爸爸是一个医生，妈妈是一个企业的部门经理，我们家的生活条件很好，他们也愿意给我买许多好东西。小时候,我有时候跟着爷爷、奶奶，有时候跟着姥姥、姥爷，他们对我都挺好的，但我好像跟谁都不太亲，包括爸爸、妈妈。遇到什么困难，我不愿意跟他们说，身边这么多家人，可心里总是感觉孤零零的。

“爸爸、妈妈都很孝顺，他们对两边的老人都很好。妈妈很好强，听姥姥说，妈妈怀着我时，为了参加公司改制后的岗位竞聘，还挺着大肚子去上课。妈妈是家里的老大，弟弟、妹妹的事都要管。妈妈的脾气很急，有主见，雷厉风行的，我怎么就一点不像她呢？我连吃什么、买个什么东西都犹豫不决，说话没底气、含含糊糊，妈妈常皱着眉头、嫌弃地看着我说：‘丫头，你能不能干脆点？急死人呀！’唉，妈妈都是对的，舅舅和小姨家买房、孩子上学，什么事都要跟她商量，姥姥的身体一直不好，姥爷常年在外地工作，从小妈妈就当家，大家都听她的。我没办法，也得听她的，例如上大学选专业，我想学社工，她让我学经管，嘲笑我说，社工没前途。或许，她是对的，我知道应该听她的，但不知为什么总觉得很委屈，想哭。我想做点自己喜欢的事，能养活自己就够了，老师，这个想法是不是很幼稚、也很不负责任？这个时代，没有钱是一件没有尊严的事，而且将来怎么养孩子，怎么赡养老人？妈妈应该真的是对的！

“我和妈妈在一起的感觉是什么？紧张吧，她那么强大、能干，我在她的面前显得笨笨的，像个傻瓜。记得小学三、四年级时，我看了一篇科幻小说，有些兴奋地跟妈妈说，你知道吗？仙人掌可以吃呢。妈妈问，哪里说的？我把书递给她，她看了一眼，然后带着不屑的口吻说，傻丫头，这是科幻，好吗？我的心顿时有坠落的感觉，觉得自己好傻。

“爸爸是独生子，在我的印象里，他是一个严肃的人，话不多，谦让、平和。爸爸和妈妈几乎不争吵，一来爸爸在家的时间很少，有时候还要值夜班；二来可能爸爸觉得妈妈经常要一个人照顾我，很辛苦，应该体谅妈妈吧。不过，有一次，好像因为什么事，爸爸没按妈妈的意思办，妈妈发火说他没脑子，爸爸生气了，摔了本书就出门了。当时，我除了害怕，还有些惊讶甚至高兴，觉得平时家里像是死水一潭，偶尔有人吵个架，也挺刺激的。

“我真羡慕有的室友几乎天天跟父母语音聊天，有时候还能发发脾气。我觉得家里像白开水似的，是一个没情感、没色彩的黑白世界。虽然我也

孩子的成长需要两种营养，一种是生理营养，这是大家的共识，如果没有生理营养，身体就不能健康地发育、成长。另一种是心理营养。如果能给孩子足够的心理营养，孩子就能养成健全的人格，有爱别人、爱自己、爱生活的能力。

离不开家，但是感觉没什么意思，永远不会有变化。爸爸、妈妈说，在我小时候，还常常带我出门旅游，我怎么一点儿都记不起来了呢？几乎没有任何印象。有时候，我担心自己是不是有点邪恶，因为我有过这样的想法——如果发生地震之类的天灾人祸，就说不好某个人会发生什么事，那么生活会不会有些变化呢？上高中时，我就想赶紧考上大学，只要能离开家，无论哪个学校我都能接受，我想，走得越远越好。我是不是白眼狼？很冷漠？

“前年，妈妈做体检，查出了早期乳腺癌，动了手术，我们更要照顾她的情绪了。老师，您说，她是不是压力太大了呀？我是个不孝的孩子，心太硬，我为什么不能好好地陪陪她呢？问题是，在她身边，她那个脚下生风的快节奏让我觉得特别紧张、难受，只有离开她才感觉轻松些。怎么又说到妈妈了！我好像也只会说妈妈了，脑子里没有太多关于爸爸的记忆，除了偶尔给我买几本他觉得我应该读的书，平时给我零花钱，真没什么可说的。有一次，在地铁里，我看到有一个小女孩一直赖在爸爸身上撒娇，下车的时候，她的爸爸一只手紧紧抱着她，另一只手护住她的身体，生怕她被别的乘客碰到。当时，我的眼泪就涌出来了，真的好羡慕那个小女孩。妈妈跟我说，我小时候跟他们出门玩，都是爸

小C对爸爸的印象模糊，看到别人父女间的互动，很感动也很羡慕，可以看出她对父爱的渴望。爸爸在小C生命中的分量确实轻了些，女儿对自我价值的认知与父亲的相关性极强，父亲与女儿的宠爱、保护、给予女儿的情感回应，对她的成长非常重要，直接影响到女儿的亲密关系模式、自我价值观、与男性的交流方式等。

小C的成长过程，表面上看来没有明显的创伤，原生家庭看似完整、和谐，却让人有窒息感，父母家人之间很少有情感沟通，大家都比较理性、务实，家庭氛

爸抱着我，我怎么一点印象都没有？我与爸爸的关系太平淡了。

“我最喜欢什么？喜欢幻想呀！我常常想起小时候看过的童话，幻想王子和公主结婚后如何幸福、快乐地生活在一起，还有灰姑娘幸福地在王宫里生活，被王子宠爱。我也幻想自己的故事，总幻想有一天我走在马路上，一辆红色的跑车突然停在面前，我的白马王子深情地拥抱我……。

“大学室友中有人在谈恋爱，大家都说我的条件好，不谈恋爱是因为眼光太高，其实她们错了。我确实欣赏那些鹤立鸡群的优秀人物，可人家凭什么喜欢我呢？我那么笨！曾经，有个喜欢我的男生说，你很现实。本来我不以为然，后来渐渐发现好像我真是这样。我不期待另一半有多么帅的外形，有多好的家庭条件，我只希望他有养家的能力，能好好爱我、宠我，其他都不重要。我喜欢幻想，幻想像《欢乐颂》里‘包总’那样的男人爱我，但那些仅仅是幻想、是奢望，事实上，我只求能找到一个真正爱我、把我捧在手心里的男人。

“老师，我有个秘密，大一放暑假后，我不想在家待着，就到一家公司做文秘助理，在那里认识了一个比我大 10 岁的大哥。他很会开玩笑，对我也格外地照顾，我不敢说的话，他都会替我说。

围比较宁静。小 C 从父母那里接收到的信息是，如果一个孩子学习成绩好，才是“好的、有用的”。一旦学习上遇到困难，小 C 就惊慌失措，她担心一旦成绩下滑，自己就不再是“好的、有用的”，因此陷入不良情绪中，难以自拔。小 C 原本就是个被忽视的孩子，需要更多的关心、爱护，但她从没被满足，就像一个极度饥渴的孩子，本能地想办法寻找食物，让自己活下来。对小 C 来说，这个食物就是“幻想”，这在某种程度上安抚了她，缓解了小 C 内心的匮乏感和不安全感。

小 C 渴望爱情，经常幻想爱情，心智却不成熟，没有成熟的爱情观。小 C 是一个没有得到精心照顾的孩子，非常缺爱，导致她渴望通过亲密关系寻找自己的自我价值，把情侣放在生命的第一位。真正的亲密是由关系互动中情感联结、沟通的深度、信任和理解、包容和接纳、共同成长进步决定的。小 C 只想得到爱，期待无条件的关爱。在一段感慢慢地，我就喜欢他了，如果哪天他请假没来或来晚了，我的心里就空落落的，开始想他。他的学历一般，还有家、有孩子，而且听同事私下议论说，他不靠谱，在单位里的账目不清楚，对家庭也不负责，常常在外面鬼混。可我觉得她们胡说，如果他能天天陪着我、照顾我，我愿意以后嫁给他，真爱不需要什么条件呀！暑假结束，我离开了那家公司，渐渐地也就把他忘了。有时候，我想，如果长期在那里工作，会不会真的就爱上他呢？那不就要酿成大错了吗？现在想想，其实挺后怕的。

“我认为一个人待着最舒服，可以自由地胡思乱想，在幻想的世界里，我感觉很放松，也很快乐，现实很繁杂，我觉得孤单。我适合做一粒尘埃，自由自在地随意飘荡，无人看见也无人在意。”

情中，如果其中一方的需求过高，会导致这段关系失去平衡，要维护这个平衡点，就要调节双方的需求感，从而达到平衡。可以想象，小C的伴侣需要不断去满足她的“被爱”需求，可能产生被压榨的窒息感，更可能导致恋爱关系的破裂。而对小C而言，这无疑又一次证明了潜意识中“没有人爱我”的信念。

心理咨询师的建议

给父母的建议：

1. 小 C 的父母一直在尽可能地给她所有的爱，但令人痛心的是，作为父母亲，他们在小时候也没有得到足够的关爱，一家人都有强烈的焦虑感。阿尔贝•加缪在《局外人》中说，“不被爱只是不走运，而不会爱则是一种不幸。”父母彼此之间没有太多情感交流，这种模式在家族代际传递着，可能后代中就会出现有精神问题的孩子。因此，父母要学习一些心理知识，理解孩子，支持孩子。

尽管孩子已经成长为青少年，但心理上的发育可能还停留在上一个阶段，仍然需要父母的呵护。孩子外出求学，父母要经常联系孩子，了解孩子的生活状态，及时满足孩子的需求，让孩子感受到自己在父母心中的位置，感受到自己被关注、被在乎，即使一个人在外求学，家也永远是一个避风的港湾。

2. 一家人在一起的时候，多聊聊天，有时间一起去公园游玩，增加一些生活乐趣。现在的孩子学业繁重，压力也大，适当地放松，更能让孩子感受到人生的乐趣。

3. 不要站在家长的角度评判孩子，尊重孩子，理解孩子的感受，尽管家长和孩子之间可能有代沟，有时候会产生矛盾，但是对孩子来说，家长的爱是不可或缺的。成长过程中，父母对孩子的爱主要体现在日常陪伴、积极鼓励上，让孩子有个温暖的家庭。如果和孩子之间有误会，也不要过于自责，这是修正亲子关系的契机，也是新时代父母的必修课。

给小 C 的建议：

1. 坚持与可信赖的心理咨询师建立一段关系，这是一种新体验，也是一个很不错的、安全的选择。在心理咨询的过程中，可以分析自己产生心理问题的原因，对症下药，解决这个问题，你就能恢复如初，依旧是一个青春洋溢、充满朝气的青少年。

2. 父母一直在用他们的方式爱着你，努力为你营造一个安全、健康的成长环境。可能你暂时还不太理解父母，但是，你要清楚地知道，自己已经不是一个小孩子了，必须学会成长，必须学会承担，哪怕要经历很多痛苦。很快，你将踏入了成年人的世界，要学会调节自己的心理状态，要学会反哺父母，不久的将来，你要成为父母的靠山。

3. 类似跑步那种高强度的运动可能不适合小 C，可以尝试瑜伽的冥想练习，集中注意力，感受身体内部传递的能量，身体与精神合二为一，努力尝试身心解放的感觉。慢慢地建立安全感，提升专注力，逐渐缓解内心的焦虑不安感。

4. 当你感觉情绪低落时，想要安抚自己，可以听一些轻柔的音乐，在美妙的音乐中，闭上双眼，张开双臂，紧紧地环抱住自己，温柔地摇晃几下；或者躺在床上，像胎儿那样蜷缩起来；也可以坐在摇椅上，轻轻地摇晃着，就像回到了小时候的摇篮里。

5. 即使做错了事，也要告诉自己，虽然事情没达到自己的预期，但并不代表“我不好”，要分清做事和做人的区别，以免陷入过度的自责、羞耻感。你要这样想——“这件事我已尽力去做了，这已经是最好的结果”，自我对话可以感受内心的想法。也可以写下自己做这件事的整个过程，值得肯定的部分写得越多越好，也要写一点可以改进的部分，写一点即可，瑕不掩瑜。

6. 自我理解、自我宽恕、自我接纳、自我关爱、自我鼓励，对于治疗心灵创伤大有裨益，无论什么时候都要告诉自己，我是独特的个体，我愿意为自己负责，关爱自己，温柔地对自己，永不放弃自己。

我想长大

周　丽

太阳照得火辣辣的，爸爸把草帽扣在我的脑袋上。

池塘里的浮标沉了沉，“咦？有情况！”我兴奋了起来。

坐在另一侧的妈妈掐了掐我的脸蛋，食指竖在唇中“嘘”了一下。我吐了吐舌头，压下心头冒出的喜悦，一本正经地盯着水面，只是那条本应上钩的鱼迟迟不出来，天上却下起了雨。

一团浓雾迅速包围了船，雨“哗哗”地下着，草帽已经不知被风掀到了哪里，除了雨声，四周一片空寂，人呢？为什么只剩我一人？船颠簸了起来，我站不住了……

我的身体在摇晃，妈妈的声音从遥远的地方突然飘到耳边，一直在碎碎念，我费尽力气地睁开眼，很不情愿地往床里缩了缩身子。妈妈的手掌隔着被子，重重地拍在我的屁股上："每天都这样，多大的人了，都 12 岁了，马上就要上初中了，还赖床，等一下又迟到！昨天你们班主任又跟我说你迟到的事了。"

好烦啊！

我跳下床，冲进卫生间，急切地妄图逃离妈妈的魔音。

为什么这个世界要有白天？我只要有夜晚就好了，这样就不用上学了！我低着头，无精打采地走着。自从一年前妈妈把我转到这间劳什子名校，我就没结交到一个好朋友。他们只会欺负新来的同学，我超讨厌这个学校的学生。我一个人势单力薄，也不敢跟他们一堆人对抗，只有忍着、忍着，再忍着。就算他们故意嘲笑我，我也只当没听见。

昨天，上课的时候，前面的同学把我的作业本丢到最后一排，我跑过去，他们又丢回到前面来，来回多少次我都没有理会，我想着不理他们，他们自然就觉得没意思了吧。可是这个恶作剧却没完没了，"哈哈，他就是个哑巴。""哈哈哈，他的样子好可笑，就是个小丑！""你连自己的东西都找不到，笨蛋！"

大多时候，学校发生的霸凌事件，出现在具备某种特质的孩子身上，例如有自卑感、困惑感的孩子，这些孩子不知道谁能帮助自己，也无法克服那种无能为力的感觉。

面对霸凌事件，首先不要害怕。同学、老师家长，都是你的坚强后盾，千万不要轻易向恶势力低头。内心笃定，就会散发出强大的威慑力，让坏人不敢贸然攻击。如果孩子成长在一个被重视、被爱护的家庭，自然会充满自信，不容易遭遇霸凌。

放学的路上，我的书包肩带突然被人往后勒，然后那人一松手，我正在用力往前拽，一股力量从后背袭来，我踉踉跄跄地往前跑了两步，支撑不住，膝盖一下子跪在地上，身后传来了哄堂大笑的声音。很疼，真的很疼！白色校服裤子的膝盖处渗出了点点殷红血迹，我努力把泪水憋回眼眶，回过头恶狠狠地瞪了他们一眼，拳头攥了又攥，我真想打他们！可是我不能！事情一闹大，妈妈就会来学校向老师告状，找那些同学的家长吵架，我会死得更惨，他们会加倍欺负我。妈妈只会找人吵架，回到家又会骂我没用，想到她那个又哭又闹的样子，唉！我更没脸在学校待着了。爸爸？我需要时，他从来都不在我身边。

晚上，妈妈看到我膝盖上的伤，问我是怎么回事。我撒谎说，自己不小心摔了一跤。躺在床上，我恨恨地把枕头丢向墙壁，把枕头当成那帮同学，暴打了一顿。在梦里，我拿起手中的魔杖，念一句咒语“昏昏倒地”，他们全都趴在地上！我和我的魔法师朋友们，骑着飞天扫帚，狠狠地教训了这帮坏人。

我的魔法师朋友们？是的，那时我梦里的朋友。在之前的学校，我还有两个朋友，那时候，我们经常在放学后一起跑、一起玩。我们最喜欢的游戏就

心理学家罗伯特·费尔德曼指出，青少年时期新发展出的复杂元认知能力（人

是“追人”，两个人在前面跑，一个人在后面追，只要手碰到前面的那个人，后面的人就赢了。我们经常跑得满头大汗，却感觉格外舒畅！可惜，我到了这个所谓的名校之后，再也不能和他们在一起玩了。在现在这个学校，刚刚进班的时候，有一个女孩子似乎对我挺好，当初，我还以为她是真的和善，甚至还傻乎乎地喜欢了她一阵子。她会跳舞，有一次，她在全校学生面前表演街舞，我真的惊呆了，所有灯光聚焦在她身上，飞扬的头发甩起来真的好漂亮！她还会弹琵琶，两种技能集合在一个人身上，是不是感觉有点不可思议？在班里，我见过她展示才艺，白皙、细长的手指居然那样迅速地翻飞，我才明白古诗里“大珠小珠落玉盘”形容的声音原来是真实存在的。她是班长，有一次，我想问她一个学习上的问题，只是无意中看到她敞开的校服领口，她就突然特别大声地骂我：“臭流氓！你看哪呢？你这种丑八怪，就应该把眼珠子挖出来！”当时，我真的恨不得立刻使用隐身术把自己隐藏起来，希望所有人都看不到我。

我不想上学了，一到学校，一想到学习，我就会头晕、肚子疼。我在家待了几个月，感觉只有在家里才舒服，特别是一个人玩电脑游戏的时候。

这世上是否有和我一样的人？我不喜欢自己，

们对自己思维过程的认识，以及对自己认知的监控能力），使他们很容易想象别人正在思考着自己，并且他们还能想象到别人思维的细节，这是青少年自我中心主义的原因。这是一种自我热衷的状态，青少年会误认为全世界都在关注自己，发展出所谓的“假想的观众”（认为自己的一举一动都会引起别人的注意），比如一个进入青春期的男孩可能觉得全班同学都发现了他下巴上新冒出的痘痘。

青春期的孩子特别渴望与志同道合的朋友交往，从儿童阶段发展到成年人阶段前，青少年通过友谊来探索人际关系的本质，这是一个重要的节点。

离异家庭里的孩子，在新的学校找到朋友，感受到自己被接纳、被需要，这是缓解心理压力的有效方法。

朋友对于青春期的孩子相当重要，青少年可以通过常常觉得自己很差劲，身边也没有人喜欢跟我玩，他们说我很怪，总喜欢自言自语。好像没有人愿意跟我讲话，除了啰嗦的妈妈和心理咨询室的老师。心理咨询师似乎对我说的一切都感兴趣，有时候，还问我游戏怎么玩才好呢。

因为我一上学就生病，反反复复，去医院里总也治不好，医生建议妈妈带我去做心理咨询，看是不是精神问题。

第一次走进心理咨询室，和我想象的差不多，幼稚可笑，布置得像幼儿园，哪里是我这个 11 岁的人来的地方。玩具、公仔、沙箱，竟然还有星球大战的楚巴卡，还有一个帐篷！搞笑，这是玩躲猫猫的吗？

“你好，辉仔！你好，辉仔妈妈！”心理咨询师跟我们打招呼。

“叫老师啊，辉仔，一点都不礼貌。”妈妈又来了。烦人！我最烦叫人，他们总是把我当成 3 岁小朋友！我偏不叫。

我抬起头，飞快地看了一眼那个老师，她有一双带笑的眯眯眼。

我坐在桌子的另一边，满屋子都是妈妈的叹息声：带我多么辛苦，爸爸不负责任，她多委屈。哎哟，我的胃又开始疼了……

交朋友寻找自我价值。要教会他们鉴别朋友的方法，教育孩子与同学互动，鼓励孩子勇敢去表达自己的情绪，创造机会，让孩子结交新朋友。父母也可以和其他孩子的爸爸、妈妈交朋友，交流彼此的育儿经验。

我有些烦躁，抓了把沙箱里的沙子，看了看里面的东西，没有什么好玩的，无聊！什么时候才能走啊……妈妈又说，我情绪有问题，对什么都不感兴趣，不愿上学，一上学就生病。

不想上就不上呗，我觉得大人有问题，干吗非要逼着我上学。

“我真的好着急”，听见妈妈把“zháo”读成“zhuó”，我忍不住了：“是 zháo 啊。”妈妈总是念错字！没文化，无知又好笑！我觉得妈妈一说话就会被人嘲笑。

我想，回去一定要把那盘没结束的电脑游戏打完。

这里真没意思！

到底什么时候能走啊？

心理咨询师转过头，用她的眯眯眼含着笑，看着我，对我点了点头，我懒得理她。

不记得从什么时候开始，爸爸回家的次数越来越少，每次一回来，就一定会和妈妈大吵大闹。他们两个人只要一吵架，家里就鸡飞狗跳的。我还记得印象中，爸爸、妈妈第一次吵架的样子，那时候我大概两三岁？或者三四岁？估计以前他们俩也吵过架，但是我不记得了。每次吵架，都是妈妈先开始唠叨爸爸不顾家，只知道在外面瞎忙，也不知道

家庭关系中，如果妻子感觉到安全和爱，在家庭的社交圈中受欢迎，那么就能更好地履行“母亲”这一角色的责任。

辉仔的爸爸、妈妈在互动中，由于夫妻关系的恶性发展，亲密关系越来越糟

忙出些什么成果。开始时，爸爸不说话，最后被妈妈说急了，就会突然特别大声地吼叫，然后，妈妈吼不过爸爸，就开始摔东西，她一般不会摔贵重东西，但一定会摔吃饭用的瓷盘、瓷碗，因为摔在地上声音大啊！妈妈摔东西的时候，家里的屋顶都会震动。慢慢地，我就习惯了，妈妈一开始唠叨、抱怨，我就赶紧抱着狗狗——强仔，一起躲到书房的桌子底下。我和强仔缩在那里，抱在一起，强仔一边抱着我，一边舔我的脸和手。有时候，我觉得幸亏有强仔。抱着它，我就有了金钟罩、铁布衫，再大的响声、再可怕的事情，都离我很远、很远。有时候，我甚至抱着强仔在书桌底下睡着了。我喜欢睡觉，睡着了就什么都不知道了，听不见、看不见，也感觉不到害怕，睡着之后的世界才是我的世界。我喜欢做梦，梦里我能和爸爸一起玩。小时候，爸爸还时常带我一起出去玩。现在，爸爸已经很久、很久没有带我出去玩了，偶尔会带我出去吃个饭，可是我更想和爸爸一起出去玩。

我家一般的规律是：爸爸回来后，和妈妈吵架，又被气走了。爸爸走后，妈妈一定连哭好几天，有时候，她自言自语，有时候，又对着我喊：不是为了你，早就跟你爸离婚了。有时候，又轻轻地对我说："放心，辉仔，妈妈不会不管你的，妈糕，双方也日益对婚姻感到绝望、无力。辉仔的妈妈无奈地把时间、精力、关注全部投注到孩子身上，孩子成为整个家庭的核心，对孩子的关爱渐渐演变为控制。

孩子越来越叛逆，丈夫越来越冷淡、疏离，妻子越来越痛苦，家庭关系越来越紧张，辉仔的家庭关系中，每一位成员都在不良情绪的漩涡中循环。

心理咨询师建议：

1. 辉仔的妈妈首先要关注自己的身心健康。辉仔的妈妈因为婚姻问题的困扰，明显有抑郁症的某些症状。作为家庭的重要成员之一，妈妈更要注意调节情绪，只有身心健康的母亲，才能照顾好孩子和家庭。

2. 辉仔的爸爸在家庭关系中的缺位，导致孩子的性格出现了问题。长期处于"父亲缺位"的环境，父母的夫妻关系恶劣，辉仔看待问题时，总是往最坏的方向去思考，容易陷入悲观的情妈只有你了。”我真的好害怕，妈妈的表情看起来好吓人。

今年，我都12岁了，可妈妈还把我当成小孩子。学习的时候一定要在旁边陪着，其实，我只是做简单的抄词作业，她也不放心。虽然我不喜欢上学，但是这点简单的作业根本难不倒我。妈妈还要管我吃饭的事情，我吃多一点她就说，要学会自律，吃少一点她又说，浪费食物，不体谅她做饭的辛苦。也管我穿衣服的事情，每天睡觉前，一定要把我第二天要穿的衣服搭配好，连内裤、袜子也要给我放好，说我的生活习惯不好。生活习惯不好，不是更应该自己的事情自己做吗？偶尔，我出去找同学玩，她也要唠叨，同学都笑我，说我是妈妈的小棉袄。我是男人，我可不愿意当小棉袄。

可是，我稍稍一发脾气，妈妈的眼泪就像水龙头一样收不住，好像一切都是我的错。唉！

这周，爸爸又没回家。

有时候，我甚至感觉，某一天爸爸就永远不回来了。他总说要出差，见鬼的出差，我就不明白，为什么有些工作必须长期出差。

爸爸的出差日，也是我们家的“乌云日”，“乌云日”来了，我只能和强仔躲在桌子下，戴上耳机，待在桌下的世界里。

绪。海兹曼报告显示：缺乏父爱的少年儿童，情感障碍尤为突出，普遍存在焦虑、自尊心低下与自制力弱等缺陷，并伴有攻击性行为，甚至成年后有许多不良的生活习惯。

3. 随着孩子的成长，父母要逐渐完成和孩子的分离，这是成长的本质“你不是我的希望，你是自己的希望。”

父母只能参与孩子生命的一部分，应该逐渐放手，让孩子尝试自己做自己的事，培养独立自主的能力，这是给孩子最好的爱。

原生家庭，尤其是父母，对孩子的影响是非常大的。因为孩子在成长过程中接有时候，我真的好想爸爸。有一次，他带我去野战营探险。那是我玩得最开心的一次，野战游戏哎，是可以打枪的那种。爸爸常常说，我很厉害，又灵活、又勇敢，其实，我觉得他才是又灵活、又勇敢，没有他在身边看着我、鼓励我，我不知道自己还会不会这么勇敢。

我不明白，爸爸为什么对我那么好，对妈妈那么凶？我不敢问他，我怕一问，他也会凶我。爸爸说，我会有一天长大，要学会一个人独立生活。我希望自己快点，也害怕长大。我希望长大了能变成爸爸说的那样，又勇敢、又灵活，就不用害怕那些讨厌的同学、老师，也不会再被那么多人欺负、嘲笑，会有好多、好多人喜欢我，我也会喜欢别人，等我长大了，一定会爱护自己喜欢的女孩子。可是，我真的能变成那样吗？我害怕长大了还是现在这个样子，我做不到爸爸说的独立、勇敢，我还是胆小如鼠。我也害怕长大了变成爸爸那样，他一个人长期在外出差，真的开心吗？他被妈妈唠叨的时候，一定也很烦，才会变得那么凶，我会不会也像他那样，变得凶狠、暴躁？

后来，心理咨询师总带我到游戏室玩。房间里静悄悄的，我一个人面对她，有时候真的不知道该跟她聊什么。

触最多的就是父母，学习的榜样也是父母。所以，孩子的兴趣特长、为人处世、性格人格、价值观等等在很大程度上都与父母的家庭教育有关。

如果家庭关系发生了变化，例如分居、离异，都会给孩子带来深远的影响，如果再也无法回到从前的好时光，父母如何在婚姻解体后，扮演好自己的角色呢？

在孩子的成长过程中，父母的角色功能是不同的。作为女性，妈妈孕育了孩子，与孩子有更多的联系，更多地照料孩子的生活起居。在心理角度看，妈妈敏感、细腻、警觉，是孩子的守护者。作为男性，爸爸往往不太关注孩子成长的细节，但是爸爸的运动能力强，可以带孩子进行体育锻炼、外出探险。从心理角度看，爸爸粗放、开朗、具创造性，可以做孩子的玩伴、教练和朋友。

因此，心理咨询师建议，如果遭遇婚姻变故，父

“你愿意玩什么？”

“我什么也不想玩。”

“你觉得这些都是小孩子玩的游戏，没意思？”

“有点吧。”

“那我们就这么说说话，你愿意吗？”

“我无所谓。”我耸耸肩，不知道怎么回答。

有时候，那个老师问着问着，我就不回答了，她也不再说话。再后来，我就只是在她面前发呆，有一次竟然睡着了。我也不知道睡了多久，醒来看到老师微笑看着我。“噢，你刚才睡着了。”是，好像我睡着了，在梦里，我仿佛回到了从前，楼下的草地上，有阳光、有刚割过草的清香，在梦里我又做梦了……

好奇怪。为什么在心理咨询师，连睡觉的感觉都不一样？我已经想不起来上次睡得这么香甜是什么时候的事了。

在家里，我睡觉的时候，总觉得门外还有一双眼睛。妈妈经常在我的房间里走来走去，她说，要拿个什么东西，可是，我知道，她就是想看看我究竟在做什么。我不想让她进房间，总觉得有什么东西让我不舒服。

我已经12岁了，我知道这个年龄意味着快要到青春期了，虽然我不知道青春期到底是什么样子。

亲要将自己定位为一个主动的、重要的、参与性的角色，陪伴、鼓励和支持孩子走出阴霾，与妈妈一起承担养育的责任。

孩子在获得社会身份和社会认可中，父性力量的引领至关重要。现实生活中，如果父亲缺位，可以帮助孩子寻找“可替代的父性力量”，例如老师、教练、舅舅、叔叔、心理咨询师等。

班里的女生，很多人的个子比我还高，她们穿的校服，上衣已经开始鼓鼓的了。甚至，有一次，班上有个女生的裤子沾上了血，她红着脸提前回家了。我听到有男生偷偷笑着，说她来大姨妈了。我心里明白这是什么意思。

在家里，妈妈换衣服并不避开我，虽然我和她说了好多次，但是没用，她说，母子间有什么可避讳的。我洗澡的时候，她偶尔也会突然闯进来，说是帮我搓背，可是我并不想要这样。

在家里，我做不了这样美妙的梦。大多数时候，家里是死气沉沉、寂静无声的。

爸爸回来的时候，家就成为战场。

每次，妈妈看到爸爸，那张脸就会变得跟平时不一样，脸上的五官都挤到一起，好凶的样子，好丑、好可怕！我总是想起语文老师教过的一个词语——狰狞。

我大力地关上门，巨大的声响也盖不住妈妈尖锐的叫骂声，它们铺天盖地地涌过来，再怎么厚重的门也挡不住。我觉得有虫子在咬我的心，难受极了，我能不能变成尘埃，飘到世界的尽头？

爸爸已经有几个月没回家了，无所谓，反正我也习惯了。尽管他每次回来，都带我出去吃好吃的、买玩具，带我玩野战游戏。但我不敢告诉

自我成长的过程注定是孤独的，独处，是情感发展成熟的重要信号。父母要学会利用“观众效应”（指在一些场合，有别人在场与否，工作效率发生明显变化的现象。社会心理学的研究证明，他人在场产生的“观众效应”，既有促进个体行为效绩的一种，同时，在某种情况下，也有干扰个体活动效绩的一种），适当给予孩子自由空间，创造独处的环境，让孩子学会与自己相处。在孩子的成长过程中，适度的留白能让孩子明白，自己是一个独立的个体。

由于辉仔父母的夫妻关系恶化，辉仔的爸爸、妈妈最后只能无奈放弃了婚姻。辉仔的妈妈把时间、精力、情感投注到辉仔身上，原本

妈妈，我害怕她掉眼泪，希望她开心，她让我做什么我都肯做。吃中药、调理身体，做心理咨询、调理心情，我已经不觉得中药苦了，感觉自己的人生比药更苦。

笑眯眯的心理咨询师要求做家长访谈，需要把爸爸一起请来。我不愿意，如果他们在一起，又会吵架的。但是,老师坚持要爸爸来心理咨询师。果然，那次妈妈和爸爸又吵得天翻地覆。

爸爸说，他和妈妈已经商量过离婚的事，已经准备了所有的东西。妈妈号啕大哭，紧攥着我的手，说爸爸狠心，为了我，她不会离婚的！

妈妈的哭泣声一直往我耳朵里、心里钻，我忍不住尖叫，大喊着让妈妈出去，不让她待在我身边。

心理咨询师俯下身，靠近我，说：“辉仔，你是担心妈妈受不了，也不知道怎么办，心里很害怕，是吗？”

她柔和的目光笼罩着我：“我们让爸爸、妈妈来处理他们自己的事情，好吗？”

妈妈震惊地看着我失控的样子，哽咽道：“是，我以为，不离婚，儿子就不会受影响，我想错了，这场婚姻里，所有人都痛苦。我既没有照顾好自己，也没有照顾好你。”

“所以，我想，今天，你们大人认真讨论一下

是无微不至的照顾，渐渐变成了无孔不入的控制。面对妈妈过度的亲密，辉仔感觉压力很大，甚至经常出现胃痛、头痛的躯体化反应。

在心理咨询中，除了陪辉仔玩游戏，心理咨询师在很长时间里都没有主动地跟辉仔进行互动，默默地陪伴着他，慢慢建立情感连接。日常生活中，家长也应允许孩子偶尔放空自己，给孩子一个自由的空间，创造温暖的环境，让孩子体验自由的感觉。

婚姻的问题，当着孩子的面，不再隐瞒。”心理咨询师让我们三人一起围着桌子坐下。

爸爸似乎很内疚：“儿子啊，我们对不起你，这是我们的事，不该让你受罪。你长大了，可以做自己喜欢的事。爸爸永远是爸爸，这不会改变……”

长久的家庭生活里，我见惯了他们的争吵，这是第一次听他们讨论，他们的将来、我的将来。我不知道长大是什么，是一件好事吗？长大的过程中，要经历这些痛苦吗？将来会怎样？也许像爸爸说的，我只需要做好自己？

梦里，那条小船在水上飘飘摇摇，天空中一会儿风雨交加，一会儿艳阳高照，只是它一直前进着。

结　语

在本案例中，辉仔通过儿童视角，描述了他眼中的家长、同学和自己的生活。“第一人称”的叙事角度，让我们更深刻地看到、听到、想象到辉仔内心的彷徨、痛苦。成年人的婚姻破裂，可能只是短时间内纠结、痛苦，但是同样遭受父母婚姻问题折磨的孩子，却可能长久地陷入负面情绪中。

辉仔来做心理咨询，是因为他的辍学问题。辉仔的辍学，原因有很多：家庭变故、霸凌事件、自身软弱等。即将进入青春期的辉仔感觉很迷茫，强烈的躯体化反应（胃痛等）就是内心不良情绪的表达。

青春期是人生旅途中一个非常美妙、奇异、灿烂的时期，进入青春期的孩子体验着自我意识的觉醒，体验着成长的力量。“变得有主意了”，孩子的心态逐渐成熟，面对青春期的孩子，父母要给予孩子情感上的依托，帮助、指导孩子，勇敢面对挫折，适应新环境、新变化，走上正确的道路。

成长意味着分离，每一个独立个体都会从融合走向分离，那是一段很长的路，持续一生。希望每一个孩子或曾经的孩子，勇敢战胜苦难，勇敢做自己！

心理咨询师的建议

对家长的建议：

在成长过程中，孩子可能经历家庭结构的变化，包括父母离婚、分居、重组家庭等，这些变化对家长、孩子造成了很大影响，甚至可能产生一些不良情绪。父母应如实告知孩子家庭的变故，教育孩子面对现实，让孩子知道即使家庭关系出现变化，自己也永远是父母的至爱。

1. 父母妥善处理婚姻问题，坦诚告知孩子事实

有些夫妻决定离婚后，害怕影响孩子，或拖延不敢说，或找借口开脱，让孩子如坠云里雾里，不明白究竟发生了什么事。因此，孩子可能会根据自己的理解来想象一些糟糕的后果，对家庭关系产生灾难化思维（指想象消极事件的最坏结果，将事情的后果灾难化，甚至对将来不可能发生的事情也要做最坏的打算，消极事件产生的负面影响会被急剧放大）。辉仔不知道父母之间发生了什么事，担心、害怕，对未来充满了恐惧。当心理咨询师劝说辉仔的父母告知实情后，辉仔反而轻松地释然了。

2. 关注孩子的感受，缓解孩子的负面情绪

面对家庭的分崩离析，每一位家庭成员都有强烈的感受，如愤怒、不信任、妒忌、悲伤、孤独等。成年人情绪崩溃时的歇斯底里，对孩子来说是一种巨大的伤害。父母要管理好自己的情绪，无法处理时可以寻求专业的心理治疗。家长的负面表现，往往会成为孩子的模仿对象，所以，家长应该积极地面对、处理好婚姻问题，给孩子树立一个好榜样。

3. 告知孩子未来的安排

一般来说，未知容易带来恐惧、茫然的感觉，要及时告诉孩子父母的安排、未来的计划等，不要让孩子卷入父母之间的矛盾。有时候，十几岁的孩子知道父母离婚的消息，可能很冷漠或很安静，这只是孩子面对突发情况时的手足无措，只能选择压抑情绪、逃避现实。要善于体察孩子的内心变化，避免自己的言行伤到孩子，多进行正面引导，在生活上关心孩子、在学习上多帮助孩子、在感情上多亲近孩子、在思想上多开导孩子。

4. 逆境也能产生力量

家庭中出现危机，相较于家长来说，可能孩子的逆商（指人们面对逆境时

的反应方式，即面对挫折、摆脱困境和超越困难的能力）更高，短时间内就能接受现实并积极应对。家长要告诉孩子，挫折是人生中的常态，不要因为恐惧而逃避。逆境给孩子提供了磨炼意志的机会，从逆境中走出的孩子，更容易学有所成、有所作为。